数字文化经济学文库

数字文化产业导论

周正兵◎著

首都经济贸易大学出版社
Capital University of Economics and Business Press
·北京·

图书在版编目（CIP）数据

数字文化产业导论/周正兵著．--北京：首都经济贸易大学出版社，2023.10

ISBN 978-7-5638-3550-8

Ⅰ.①数…　Ⅱ.①周…　Ⅲ.①文化产业—研究—中国　Ⅳ.①G124

中国国家版本馆 CIP 数据核字（2023）第 130398 号

数字文化产业导论

周正兵　著

SHUZI WENHUA CHANYE DAOLUN

责任编辑　王玉荣

封面设计　砚祥志远·激光照排　TEL：010-65976003

出版发行　首都经济贸易大学出版社

地　　址　北京市朝阳区红庙（邮编 100026）

电　　话　（010）65976483　65065761　65071505（传真）

网　　址　http://www.sjmcb.com

E-mail　publish@cueb.edu.cn

经　　销　全国新华书店

照　　排　北京砚祥志远激光照排技术有限公司

印　　刷　唐山玺诚印务有限公司

成品尺寸　170 毫米×240 毫米　1/16

字　　数　217 千字

印　　张　13.25

版　　次　2023 年 10 月第 1 版　2023 年 10 月第 1 次印刷

书　　号　ISBN 978-7-5638-3550-8

定　　价　55.00 元

文库总序

莱昂内尔·罗宾斯在《论经济科学的性质和意义》一书中论述经济科学的性质时，引用了约翰·穆勒的一段话："正像修建城墙那样，通常不是把它做成一个容器，用来容纳以后可能建造的大厦，而是用它把已经盖好的全部建筑物围起来。"也就是说，一个学科的形成与发展并不是事先就规划好了的，那种具有事先性质的"城墙"也许并不重要，甚至也不太现实，重要的是要有"建筑物"——各种各样有价值的问题，当这些建筑物达到一定规模之后，修建"城墙"就顺理成章，一个新的学科也就有了眉目。

文化经济学自1966年由威廉·鲍莫尔开创之后，就开始了其独立发展的历程，在诸多应用研究领域取得了丰硕的成果，建成了不少有分量的"建筑物"。特别是2006年，文化经济学界集体撰写了《艺术和文化经济学手册》一书，为这个学科设定了"城墙"的范围，文化经济学逐渐走向成熟。相比较而言，数字文化产业领域就要稚嫩得多，这个学科尚无"城墙"，就连找寻"建筑物"都要几经周折。

好在自1994年我国接入互联网以来，数字技术与文化产业高度融合，涌现出诸如电子书、网络音乐、网络直播等新现象，缔造了双边平台、交叉补贴等新模式。这些现象与模式不仅缔造了BAT等商业帝国，更成为中国人"存在"的"家"，并引发社会各界广泛的兴趣。我们深知这是一个未成型因而也是高风险的领域，我们很难对尚在变化中的并不确定的对象做什么研究，因为理论研究是历史科学，而非关于未来的占卜学。

学术界虽然也有著述，关注数字文化产业现实问题，但是，仅有的几部具有"报告"性质的著作，不仅缺乏必要的学理支撑，甚至连解释我国数字文化产业的实践都有些乏力。不过，如果不局限于数字文化产业领域，我们会发现数字经济领域已有不少的理论贡献，从信息产品的公共产品属性、数字平台的网络效应，到数字劳动力的虚拟属性，以及数字消费的拉动效应等，都为数字文化产业解释提供了重要工具。而且包括露丝·陶斯教授在内的西方学者已经编撰了《数字创意经济学手册》(2013)，为这个领域提供了结构性的认知框架，这让编者有底气结合中国的数字化场景做些尝试，编撰数字文化经济学文库。

当然，此文库的重要职责就是要找寻“建筑物”——那些能够准确解读数字文化领域现象的基础理论，并将译介这个领域的前沿成果：列夫·曼诺维奇（Lev Manovich）关于媒体技术的前沿论述，雪莉·特克尔（Sherry Turkle）关于数字自我的心理学哲思，何塞·范·迪克（José van Dijck）关于数字平台的政治学思考，乔尔·沃德福格（Joel Waldfogel）关于数字经济复兴的乐观态度，布伦斯（Axel Bruns）关于产用融合的创新，克里斯蒂纳·福克斯（Christian Fuchs）关于数字劳动力的哲学思考，等等。当然，此文库更要包括这个领域已有的集大成之作，即露丝·陶斯所编撰的《数字创意经济学手册》。与此同时，此文库也要为中国数字文化产业实践提供科学研究模式，基于现有的新现象、新案例，对其商业模式进行专业性解读，同时将这些解读方式汇集起来，为数字文化经济学提供基本的分析框架。对于这个崭新的学科而言，我们无法毕其功于一役，也希望更多的学界同仁加入其中，众人拾柴火焰高，共同促进本学科的发展和繁荣。

编者谨识

目 录

CONTENTS

第一章 绪 论

在研究文化经济学15年之后，笔者终于尝试构建了这个学科的历史图景，这就是“文化经济学学术史”。在此，笔者将文化经济学的历史视为一种“建筑物”与“建筑师”（即客体与主体）相互交融的“思想活动史”。一方面以客体为纲，通过问题的演进描述其历史的线索，包括序幕、开端、根基寻找、领域扩张与体系建构等五大历史阶段；另一方面以主体为目，梳理包括凯恩斯、罗宾斯等10位重要的文化经济学家的理论，通过描述其对解决问题的贡献及相关思想资源，以期纲举目张，最终构建一个丰满的文化经济学学术史[①]。这段历史的时间跨度已近百年，似乎让笔者有底气去写一部学术历史，甚至编撰了《文化经济学经典导读》这本教科书[②]，毕竟之前已有不少经典的学术著作与著名的学术大师可供我们借鉴与学习 。但是，笔者在写完之后似乎有些失落，这种失落除了来自学术研究的惯性——登临高峰之后的茫然——之外，更重要的是这些成果似乎缺乏对当下数字文化产业发展现状的回应。按照露丝·陶斯（Ruth Towse）的说法，文化经济学学术史所描述的是“文化经济学已经改变了什么”，尚未涉及“文化经济学仍需改变什么”。“文化经济学作为一门学科已经取得了实证层面的进展，有一些颇具意义的理论应用。但自威廉·鲍莫尔（William Baumol）的成本病概念出现以来，并未再有重大的理论突破。文化经济学研究的意义在于打破了现有的模式，并激发了适用于数字时代的一系列新经济学模式的研究，如网络经济学和平台经济学等。数字供应商正在使用新的商业模式，这既包括定价也包括非价格策略，如搭售和产品版本控制

① 周正兵．文化经济学学术史［J］. 北京联合大学（哲学社会科学版），2020（1）：47-60.

② 周正兵．文化经济学经典导读［M］. 北京：首都经贸大学出版社，2020.

等。注意这些新的发展会让教师和学生对文化经济学兴趣倍增"①。

显而易见的是，笔者最近几年指导或评阅的各个层次的学位论文都表明，学生们对于新兴的数字文化产业确实"兴趣倍增"，作为教师常常是被拖入数字化的潮流之中的，尚未有过主动性的思考和研究。笔者深知这是一个未成型因而也是高风险的领域，我们很难对尚在变化中的对象做什么研究，因为理论研究是历史科学而非关于未来的占卜学。况且，笔者对于这个领域的学术资源实在是知之甚少，当去查阅这个领域的学术著作时，在国家图书馆的馆藏目录中也只找到少得可怜的几本专著，如《中国数字文化产业研究》（宋奇慧，2013）与《数字文化产业的未来》（崔保国，2016），以及包括《中国数字文化产业发展趋势研究报告》（2019）在内的若干报告。应该说，这些著述和报告关注数字文化产业现实问题，开始从数据与事实层面关照并描述这个新兴行业，其突破价值毋庸置疑。但是，同样不可否认的是，所有这些研究都具有"报告"性质，不仅缺乏必要的学理支撑，而且谈不上什么理论的突破，甚至在解释我国数字文化产业的实践等方面都有待加强。

不过，笔者在翻译《文化经济学手册》（第三版）时，倒是眼界大开，这种震撼如同 15 年前，当时我作为初涉这个领域的研究者，首次接触《文化经济学手册》第一版②，当时的感觉就是终于找到了这个学科的"寻宝图"或"工具箱"。2013 年，这本书又有了第二版，大约自 2015 年起，我就将其作为本科生的参考书，让他们每人翻译其中的一章，我自己也乘此机会不止一次研读其中的内容，于是，就有了译介这部手册的动议。原本打算在 2018 年出版，但是，主编陶斯教授告诉我这部书正打算出新版，以适应数字创意产业（西方的通用说法，我国官方称为数字文化产业，为统一口径，本文统一采用中国式表达，但是涉及西方语境时，仍有数字创意产业等表述）发展的新形势。2020 年 1 月，我终于拿到第三版电子版，而翻译的工作都是在"抗疫"期间，其中不少于 10 章是关于数字文化产业的内容，这些内容基本涵盖了数字文化产业所有重要的方面。与此同

---

① Towse R. What has changed in the cultural economy and what should change in cultural economics [R]. Central University of Finance and Economics, Beijing, China, July 2017.

② Towse R. A handbook of cultural economics [M]. Cheltenham, UK: Edward Elgar Publishing, 2003.

时，笔者又按图索骥搜遍其后的所有注释文献，笔者视野中的数字文化产业的学术图景终于开始显山露水。再加上原本笔者在阅读陶斯教授所编的《数字创意经济学手册》时，就有了一个基本的问题框架：创意经济中的数字化问题，主要是针对数字化给经济所带来的革命性影响及其相关分析理论；创意经济中的技术发展，主要是研究诸如媒介融合等新技术在创意经济中的应用与影响；数字创意经济中的政策与版权问题，主要研究各国对于新的经济形态的政策应对，特别是版权政策；创意产业研究，主要研究数字化对具体行业的影响，如音乐、电影等①。

有了这些，笔者终于可以“拼凑”出数字文化产业的学术版图：数字技术与创意产业，数字内容、平台与消费，数字政策与规制等。笔者试图按照这个版图编写《数字文化产业导论》，以描述数字文化产业的概貌。当然，笔者深知这种努力的“拼凑”性质：其一，数字文化产业作为一种新兴行业，有其独特的样貌与特征，它具有全局性、系统性，因此，所有的理论描述只能如盲人摸象，拼凑出来的样貌并不完整；其二，数字文化产业的发展日新月异，其很多昨天还万众瞩目的商业模式，很快就成了明日黄花，这就意味着我们无法真正捕捉其动态演变的生态，这里的描述充其量就是个静态的拼图；其三，无论就笔者本人，还是学术界而言，对于数字文化产业的理解都有着明显主观的立场，尚缺乏普遍的共识，因此任何个体的学术努力只能是管窥之见，其片面性不可避免。即便如此，我们还是有必要采用一个框架，将学术界的所有努力及其结果搭建一个初步的体系。就当前发展阶段而言这是必要而且务实的：之所以必要，是因为我们不能再像10年前那样赤手空拳地诠释数字文化产业的生动实践，毕竟我们已经有了一些像样的理论分析工具；之所以务实，是因为我们还无法像文化经济学那样给出一个像样的学术史，在此情况下给出一个聚合式的导论是务实的选择。以下我们就按照这个思路，分六个章节，试图“拼凑”出数字文化产业的学术版图。

一、数字技术与创意产业

《数字创意经济手册》的两位编者在前言部分这样评述数字技术与创

① Ruth Towse，Christian Handke. Handbook on the digital creative economy ［M］. Chelterham，UK：Edward Elgar，2013.

意产业之间的关联："数字化过程已经开始对创意产业有相当程度的影响。创意性作品日益重要的要素就是信息商品和服务，它们可以用数字比特捕获。数字化不仅改变了创意作品的产生、传播和使用方式，而且催生了新的创意产品和服务（如电子游戏），新的融资手段（如众筹），模糊了生产者和消费者之间的界限……"[①]。甚至可以毫不夸张地说，创意产业是数字技术最为重要的实验室，其中诞生了若干重要的数字化商业模式的先驱："新进入者在已有行业的分量（如出版业的 Amazon、音乐行业的 iTunes、视频领域的 Netflix……），其他形式评估的激进性（用户生成内容和免费共享网站，如 YouTube 等），社区门户和内容聚合平台的重要作用（摄影或视听网站，如 Flickr 或 Instagram），挑战传统内容分发系统经济性的订阅经济（以谷歌 News in the press 为例），以及各种并行开放营销方法（以多人视频游戏为例）。"[②] 因此，要想理解数字技术与创意产业之间的关联，我们首先就要了解数字技术到底对创意产业会产生什么样的影响，又是如何影响的，而创意产业又是如何响应这种变革，做出商业模式调整的，其未来又将如何。

对于数字技术到底会有什么样的影响这个问题，笔者倒是有着深切的体会，特别是在最近十年关注的实体书店问题上。在笔者的研究视野中，实体书店在数字化语境中呈现出两种截然相反的图景：一方面，数字化通过"去媒化"实施破坏，打垮了不少实体书店，甚至出现令人触目惊心的倒闭潮；另一方面，数字化又通过"再媒化"实施创新，催生了不少新型书店（当然也有人不认同这些是书店），整个行业大有回暖趋势。本章我们将聚焦于数字技术给实体书店行业带来的巨大变革：有些传统企业将黯然退出历史舞台，其场景有些凄惨而令人神伤；有些新兴企业却悄悄走向前台，并在不经意间成了霸主，让我们须臾难分。当然，我得承认这种分析是片面的，但是，它的确可以有管窥知豹之用，以期感知数字化技术对文化产业的革命性影响，毕竟数字化对这个领域的影响程度，犹如实体唱片领域一样，可谓摧枯拉朽，有着革命性创新的效果。

---

① Christian Handke，Ruth Towse. Introduction ［M］//Ruth Towse，Christian Handke. Handbook on the Digital Creative Economy. Cheltenham，UK：Edwan Elgar Publishing，2013：1-6.

② Pierre Jean Benghozi. Business models ［M］//Ruth Towse，Christian Handke. Handbook on the Digital Creative Economy. Cheltenham，UK：Edwan Elgar Publishing，2013.

二、数字文化产业的特征

数字文化产业研究专家乔尔·沃德弗格（Joel Waldfogel）曾在《数字复兴：数据和经济学所知道的文化的未来》一书中关于数字语境下的文化有着乐观的估计，考虑到其经济学家的身份，这似乎情有可原。然而法兰克福学派关于技术语境下的文化的悲观论调几乎占据了主导地位，本雅明在《机械复制时代的艺术》一书中替机械技术语境下艺术“光韵”的消失而唱响挽歌，其后类似的声音更是不绝于耳①。在数字技术崛起初期，几乎所有互联网内容平台都曾经信誓旦旦地宣称“内容为王”，但是，如今数字文化产业进入平台阶段，我们几乎很难再听到这样的声音，如今文化产业的霸主显然已经易位，从先前的内容生产商——大制片厂、唱片公司、出版社等——转移至技术平台，如 Google、Facebook 和 Youtube 等，它们根本不生产内容，而只是一个内容聚合的技术服务商。帕特里·克勒格罗（Patrick Legros）在《版权、艺术和互联网：是福还是祸》一书中对新技术的影响有着不错的解读，“新技术的出现既是艺术之福，也是艺术之祸。幸运的是，艺术创作有了更多的机会。祸害之处在于，更多的人可以利用它，这使得工艺变得不那么重要，并且现在我们可能不得不依赖工艺以外的标准，将艺术品与那些有着类似外观的事物区分开来”②。其实，所有有关数字技术对文化产业内容影响的表述，都关涉一个最为重要的内容，即数字文化产业的特征与性质。

本书在相关理论与实践的基础上，认为数字文化产业可以概括为“以满足精神需求为目的，以文化为核心要素，通过创意驱动与数字技术支持，以网络文学、游戏、直播等新兴数字文化产业等重点业态发展为主体，加快推进产业结构升级与业态创新，形成需求活跃、技术先进、价值导向正确、制度保障有效的自主性、科学性和可持续的产业发展体系”。由于采用数字技术，文化产业的所有内容本质上是存储在计算机硬盘或互联网服务器上的 1 和 0 组成的字符串，这些字符串是基本的生

① 瓦尔特·本雅明．机械复制时代的艺术作品［M］．王才勇，译．北京：中国城市出版社，2001：12-14.

② Patrick Legros. Copyright, Art and Internet: Blessing the Curse?［M］//Ginsburgh VA, Throsby C. Handbook of the economics of art and culture. Amsterdam: North-Holland, 2006.

产单元，可以相互融合，生产新的数字产品，即“它们本质上是由象征性内容组成，这些内容能够刺激玩家的思维，让其获得独特的经历或沉浸体验”。国际知名文化经济学家迈克尔·哈特（Michael Hutter）在撰写“信息产品”条目时将其特征概括为三个方面，即“访问、丰裕和依附”，让我们从信息产品的基础构架、生产与消费特性等方面，更为透彻地了解数字文化产业的属性，这应该是解读数字文化产业领域的重要理论地基。

以访问权为例，我们知道，传统的文化产品需要用户在物理意义上获得“占有”权，但是，对于数字文化产业这种信息产品而言，用户可以在不独家“占有”的前提下“访问”信息产品①。但是，即便是信息产品，其生产也需要消耗资源，如果没有产权保护就不会有足够的生产，因此，产权保护是信息生产的先决条件。因此，信息产品产权设置的重要目标就是促进生产，保证有源源不断的产品来刺激与活跃市场，但是，这里所强调的“访问”而非“占有”，考虑的视角更多是涉及公共物品属性的分享问题。例如，我在腾讯视频网站上花了 258 元购买 VIP 会员资格，就能在今后 1 年的时间内免费“访问”腾讯视频所载有的大部分网络资源，不过你并不“占有”所有这些资源，这些资源仍然掌控在腾讯手中。但是，当无数个体都拥有“占有”权时，这就给腾讯更大的经济刺激，促使它源源不断地生产更优质的内容产品。

三、数字文化产业的生产

我们也许都还记得《时代》周刊将 2006 年度人物颁给“你”时，这也许让所有的“你”都大跌眼镜，但是，“你”无法否认的事实是“‘你’控制了信息时代，欢迎进入‘你’世界”（Time Magazine，16 December 2006）。在这种新的时代与新的场景之中，生产者、消费者等角色面临重新设置的任务。对于这种解读，学术界有不同的说法，从西方早期阿尔温·托夫勒（Alvin Toffler）提出的“产消者”（prosumer），到阿克塞尔·布伦斯（Axel Bruns）最近提的“产用者”（produser），当然，也包括我国

① Hutter M. Postscriptum：Analyzing Property Rights in the Age of Digital Transactions ［J］. Munich Social Science Review New Series，2018（1）：5-16.

重写概念的尝试，即创意者经济。其中阿克塞尔·布伦斯的应答尤为值得关注，他认为在网络社交语境下我们必须重读生产者，“如今正在发生一个意义重大的范式转变。随着所谓社交软件或者 Web3.0 环境的兴起，这些新事物将对社会实践、媒体、经济与法律体系以及民主社会本身产生深刻的影响；然而，我们对于这些认知却少得可怜，理论化的程度更是不足。特别是，我们对于用户主导的网络现象的研究，常常未经批判性反思，还在应用工业化时代所建立起的、如今已经过时的分析框架。在网络用户主导的内容生产语境之中，从开源数据到大型多人在线角色扮演游戏，有关内容生产的观点应该接受挑战：而生产与使用的新组合，产用（produsage①），可能提供一个更加实用的模式”②。质言之，产用者不简单是一个概念的创设，而是一种具有双重目的的理论策略：一方面，这种命名是为了与以往工业化语境中的概念区别，从而避免落入工业化生产思维模式的窠臼；另一方面，这种命名也是为了更紧密地拥抱网络社会背景下的新模式——产用模式，从而能够揭示这种新模式的新特征。

同时，我们要注意的是，随着 Facebook（现为 Meta）、微信等社交帝国的崛起，社交媒体从 1.0 时代转化为 2.0 时代，即自由开放的公共产权进入少数社交媒体掌权的垄断时期。这个时期学术界关注的焦点从媒体的所有权，转向“你”及“你”创造的所有权问题。当然，正如这方面研究的开创者——媒体政治经济学家达拉斯·斯麦兹（Dallas W. Smythe）所言，这是马克思主义研究的盲点，当然也是媒体研究的盲点③。正是达拉斯·斯麦兹所提出的“受众商品论”，让受众的非劳动时间也具有劳动价值，从而揭示媒体“免费的午餐”背后的资本控制逻辑。后来，克里斯蒂安·福克斯（Christian Fuchs）对此有着明晰的辨析：“传统大众媒体和互联网的受众商品的区别在于，在后一种情况下，用户也是内容生产者，有用户生成的内容，用户从事永久性的创造性活动、交流、社区建设和内容

---

① 阿克塞尔·布伦斯将 production 与 usage 组合在一起，创造 produsage，将 production 与 user 组合在一起，创造 produser。两者内涵是一致的，只是所指对象有所区别，前者指行为，即产用，而后者指称主体，即产用者。

② Axel Bruns. Produsage: Towards a Broader Framework for User-Led Content Creation [J]. Knowledge Management, 2007, 6 (8): 99-106.

③ Dallas Smythe. Communication: Blindspot of Western Marxism [J]. Canadian Journal of Political and Social Theory/Revue canadienne de theorie politique etsociale, 1977, 1 (3): 1-27.

生产。”① 更为重要的是，这类用户劳动是免费的，社交媒体企业只是为用户提供自由接入服务或平台的机会，让这些劳动者提供各种用户生成内容。

学术界将其命名为数字劳动力，并认为这是数字资本主义积累的秘诀所在，即通过人的行为的资本化或数据化，来创造价值与积累资本。对此的形象表述莫过于克里斯蒂安·福克斯基于 Facebook 上市公告书所做的计算：“2011 年，Facebook 所产生的价值为 105 亿×365＝38 325 亿分钟＝每年 638. 75 亿个工作小时，而全职工人每年平均工作时间为 1 800 小时，那么，Facebook2011 年所产生的价值就等于 35 486 111 个全职工作所创造的价值。”② 当然，对于这组数据也会有不同的解释——这些只是消费者的业余休闲时间的累积而已。例如，朱利安·库克里奇（Julian Kücklich）首创“玩工”（playbour＝play＋labour）概念，意指数字劳动力具有游戏或者休闲的性质③，而大卫·海斯莫汉（David Hesmondhalgh）则视数字劳动为业余爱好，根本就不在市场经济讨论的范围之内④。本章主要聚焦于数字化语境下数字劳动力的概念及其特征，与此同时，会结合中国数字文学领域数字劳动力现状，阐述数字劳动力的创意管理问题。

四、数字平台

“一个 13 岁的女孩正在写故事，但这不是她的日记，她的姐姐也不会是唯一的读者，因为她正在写一本小说，并把它贴在 FanFiction 上。一位音乐家在地铁里弹吉他，但他并不是等着制作人找上门来——他在 Kickstarter 上筹集首张专辑所需资金。一位老人即将离开一个音乐会现场，他在自己的 Facebook 账户上发布音乐会的照片，并向朋友和家人推荐这场音乐会”⑤。从一个消费者的角度，我们可以毫不夸张地说，“无平台不消

---

① Christian Fuchs. Social Media：A Critical Introduction［M］. London：Sage，2014：100.

② Christian Fuchs. Digital Labour and Karl Marx［M］. Londen：Routledge，2014：105.

③ Julian Kücklich. Precarious Playbour：Modders and the Digital Games Industry［J］. The Fibreculture Journal，2005（5）.

④ Hesmondhalgh，David. User－generated content，free labour and the cultural industries［J］. Ephemera，2010，10（3-4）：267-284.

⑤ Maya Bacache－Beauvallet，Marc Bourreau. Platforms［M］//Ruth Towse，Trilce Navarrete，Hernάndez. Handbook of Cultural Economics. Third Edition. Cheltenham，UK：Edward Elgar Publishing，2020：421-429.

费”；而对于生产者而言，虽然无法夸口“无平台不生产”，但是，文化生产与发行的诸多内容都有了平台的参与。以电影行业为例，不仅电影的票务和发行实现了数字化，甚至在生产层面也出现了数字血统的新物种——网络大电影。其实，平台现象早已有之，报纸就是较早的平台，它有着读者和广告商双边市场。而数字平台则是新兴的现象，相关研究也只有十余年时间，还很不成熟，甚至连概念界定都众说纷纭。

玛雅·波瓦莱和马克·布尔罗（Maya Bacache-Beauvallet and Marc Bourreau）采用最大公约数法，综合其他界定给出一个可以普遍接受的双重定义：“定义1：多边平台是促进不同用户组之间直接互动的中介，并在这些用户组之间或内部呈现网络效应；定义2：转售平台是指从独立供应商处购买产品或服务，再转售给消费者（可能需要重新设计），其向消费者出售的产品或服务具有网络效应”①。根据这个界定，平台概念的外延可以概括为两种类型，即多边平台与转售平台。前者如Youtube和快手，平台通过提供便利条件促进用户之间的互动，降低交易成本；后者如Netflix和腾讯视频，平台通过采购海量（有时也制作）内容，并将其转售给用户，能够节约用户的搜索成本。

平台概念的关键性特征就是网络效应，其产生方式可分为直接与间接两类：直接网络效应是指多边的一边的用户，会由于用户数量的增加而受益；间接网络效应是指多边的一边的用户，会由于另外一边参与者数量的增加而受益。前者如快手，用户愈多，其上传的视频就越多，所受到的关注也就越多，每一个注册用户都会因此受益；后者则如腾讯视频，其所聚合的来自内容提供商的作品愈丰富，消费者就更能通过订阅服务，降低交易成本，并因此获益。基于平台的定义，我们就可能理解并解释平台的商业模式、融资与行为，比如说定价策略，如何采用价格歧视，将多边中的哪个边定义为“亏损领先”（loss-leading），将价格设定低于边际成本（甚至免费），以吸引足够的用户，并在另一边将这些资源货币化。随着数字经济的发展，这些平台不知不觉主导了数字文化产业的生产与消费，了解这些平台的概念与商业模式，以及这些平台如何通过融资、定价等商业模

① Maya Bacache-Beauvallet，Marc Bourreau. Platforms［M］// Ruth Towse，Trilce Navarrete，Hernández. Handbook of Cultural Economics. Third Edition. Cheltenham，UK：Edward Elgar Publishing，2020：421-429.

式影响文化产业价值链就变得十分重要，本章将就数字平台概述、融资模式与定价模式展开论述。

五、数字消费

人类大约有 1/3 的清醒时间花在看电视和电影、听音乐或读书上。美国人平均每天花 6. 15 个小时消费文化产品——电影、电视节目、书籍和音乐；巴西人花费 6 个小时；波兰人花费 5. 7 个小时；德国人花费 5. 25 个小时；法国人花费 5. 05 个小时。美国人平均每天睡 8 个小时，平均工作（所有美国人，包括那些没有工作的人）3. 61 小时，消费文化产品的时间仅次于睡觉[①]。文化消费所花的时间，占到人类可支配（睡觉之外）时间的 1/3，甚至超过了工作时间，其重要性毋庸置疑，除此之外，更为重要的是，在人类解决"经济问题"之后，文化消费更关乎人类生活的质量。这让我们想起凯恩斯在差不多百年前所发出的"天问"："'经济问题'将可能在百年内获得解决，或者至少是可望获得解决。这意味着，如果我们展望未来，经济问题并不是'人类的永恒问题'……因此，人类自从出现以来，第一次遇到了他真正的、永恒的问题——当从紧迫的经济束缚中解放出来以后，应该怎样来利用他的自由？科学和复利的力量将为他赢得闲暇，而他又该如何来消磨这段光阴，生活得更明智而惬意呢？"[②] 可惜的是，对于这种"天问"却应者寥寥，人类关于文化消费的研究乏善可陈，就更别说新兴的数字文化消费。因此，这个部分的综述"拼凑"痕迹更为明显，因为这个部分的研究图景原本就是残缺的。

其实，经济学对消费无从下手的一个重要原因是，消费就如同黑洞一样存在信息方面的问题，特别是不确定性与不对称性。面对这种不确定与不对称性，消费者试图通过各种各样的信息，如广告、质量认知、评奖、口碑等，来寻找更为合理的依据，以便做出明智的决策。而在数字消费语境下，数字化与信息技术为消费者提供了更为便捷的方式和更为重要的信息工具，这被学术界称为 3R 系统，即评论（Review）、评级（Rating）和

① Waldfogel Joel. Digital Renaissance：What Data and Economics Tell Us about the Future of Popular Culture［M］. New Jersey：Princeton University Press，2018：1.

② 凯恩斯 . 预言与劝说［M］. 赵波，包晓闻，译 . 南京：江苏人民出版社，2000.

推荐（Recommendation）系统[①]。众所周知，3R 系统如今变得十分重要，它不仅是平台功能实现的重要引擎，更是引导消费者购买行为的重要方法支撑。对于 3R 系统而言，它们最主要的功能是提供信息，特别是有关产品以及买卖双方的各种信息，并能实现买卖双方的更好匹配。就此而言，3R 系统对数字平台的性能至关重要："潜在买家在评估产品和服务的质量，以及是否符合自己的品位方面，会产生机会成本。因此，他们很欣赏评级、评论和推荐，了解其他买家过往行为，有助于他们做出更明智的决定"[②]。

诚如恩斯特·卡西尔所言，"人不再生活在一个单纯的物理宇宙之中，而是生活在一个符号宇宙之中"[③]。也就是说，人类的生活最初面对物理世界，如早期哲学探讨自然的奥秘，但是，自苏格拉底开始，哲学研究的对象就从物理世界转向人类，将"认识你自己"作为哲学的使命。从这个意义来讲，符号是人类交流的媒介，而自消费市场崛起以来，消费一直是人类日常生活的重要符号。到了数字化时代，我们通过经典屏幕与符号之间有了更为亲密的接触，这种符号不仅呈现了自我，更是通过自我与其他群体沟通交流，形成不同的文化圈层与部落，这些都是人类生存的重要互动精神空间。作为重要的精神空间，我们认为它主要包括两个方面的信息：其一，在这种精神空间中，每个人的参与是有梯度的，即社会学意义上的参与阶梯（Participation Ladder），我们将从参与阶梯的角度分析个体的参与程度；其二，在内容互动方面，个体之间的互动是双向的，即社会学意义上的符号互动仪式链（interaction ritual chain theory），我们将分析文化消费作为符号的互动仪式链。因此，本章主要介绍数字文化消费的概念，并在此基础上描述内容与社交的互动、3R 的推荐模式，以及数字文化消费的独特消费模式，即打赏模式。特别是打赏模式意味着礼物交换的回归，即打赏所交换不只是"物"，而是"有礼之物"（或人类学意义上的有灵之

① Belleflamme Paul, Martin Peitz. Inside the Engine Room of Digital Platforms: Reviews, Ratings and Recommendations [M] // Ganuza Juan Jose, Gerard Llobet. Economic Ananalysis of the Digital Revolution. Madrid: Funcas, 2018.

② Belleflamme Paul and Martin Peitz. Inside the Engine Room of Digital Platforms: Reviews, Ratings and Recommendations [M] // Ganuza Juan Jose, Gerard Llobet. Economic Ananalysis of the Digital Revolution. Madrid: Funcas, 2018.

③ 恩斯特·卡西尔. 人论：人类文化哲学导引 [M]. 甘阳，译. 上海译文出版社，2013：33.

物)，它承载了交换双方的情感，具有明显的象征性符号价值。

六、政策规制

众所周知，从学科规范的角度而言，作为战略性行业的数字创意产业，其实很难称得上库恩所谓的“常规科学”：“坚实地建立在一种或多种过去科学成就基础上的研究，这些科学成就为某个科学共同体在一段时间内公认为是进一步实践的基础”①。就我国而言，关于文化产业的概念即便在政府层面仍不乏争议，如一些地方政府就采用创意产业（或文化创意产业）。以至于国家统计局还专门官方发文，要求各地统一文化产业的用法，以维护官方概念的权威性。就此而言，数字创意产业的提法其实是一种概念创新，其目的是适应实践创新，去包容文化与经济发展所出现的新业态与新模式。当然，对于学术研究而言，这就需要相应的范式革新，毕竟传统的经济学或者文化产业范式已经很难给予科学的解释。

对此，西方学者安迪·普拉特（Andy Pratt）有着精炼的概括，“实证和规范经济学所预设的对象和程序，对于创意经济而言，要么已经消逝，要么正在减少或转变”：例如“企业”不再是传统边界清晰的组织，而演变为“系列项目的组织者”，流动性与不确定性成为“企业”的基因；就业也不再是工业化企业的长期雇用性关系，而是临时性的自我雇佣；创意产业的需求原本就子虚乌有，供需平衡的观点面临挑战，如此等等②。就此而言，创意产业从概念层面而言，也是一种学术层面的新范式，它所强调的不再是规模化的生产，而是创意资源基础上的融合性创造。就此而言，我们大概将创意产业范式概括为一种基于创意核心资源的配置与平衡模式，特别是创意与非创意性资源之间的权衡。毕竟，经济学本质上就是资源配置的学问，只不过传统经济学是在资源稀缺背景下的优化配置问题，而创意经济的核心资源在于创意，其实创意作为一种知识资本，并不存在物质稀缺性问题，其关键要素是要做好激励与平衡问题，以便释放主体积极性的同时，促进其商业的变现。

当然，正如传统文化产业一样，数字文化产业具有十分强的社会和

① 库恩．科学革命的结构［M］．金吾伦，胡新和，译．北京：北京大学出版社，2003：10.

② Pratt A C. A research agenda for cultural economics［J］. Journal of Cultural Economics，2020，44（1）：185-187.

经济的外部性特征，相较其他产业而言，市场机制配置资源的效率更低，因此，几乎所有国家都会基于“公共利益”的考虑，对数字文化产业的发展采取一定程度的政府规制手段。对于数字文化产业而言，其规制手段既涉及内容方面的规制，以保证其意识形态内容的合法性；另外，平台生态与平台垄断的崛起，也让平台反垄断成为各国制定的重要规制手段。因此，本章主要描述数字内容的政策规制，以及数字平台的反垄断规制。

第二章　数字技术与创意产业

第一节　数字技术的破坏性影响：以实体书店为例

2012年前，笔者曾经组织过一次研讨会，其主题是“实体书店向何处去”，在那次会议上，实体书店的从业者曾经做过若干预测，其中刘苏里和徐智明两位先生的观点最为鲜明。刘先生“谨慎乐观”地预测实体书店走向消亡是大势所趋；而徐先生则旗帜鲜明地认为，如果实体书店不能实现数字化转型将难以为继，除非实体书店能够实现商业模式的转型。如今，时间已经过去10余年，实体书店并没有像刘先生所预测的那样走向消亡，但其商业模式在去媒化（disintermediation）[①] 的过程中经历了革命性变化，我们甚至认为，互联网革命所带来的去媒化是我们理解实体书店10余年变化的重要切入点，也是我们理解如今在“互联网+”场景中崛起的新型书店的不二法门。本文正是在此背景下，基于去媒化理论的视角，剖析互联网给实体书店带来的破坏性影响及其具体表现，试图回答实体书店危机的成因，并希望以此为起点探索实体书店如何重建的问题。

一、什么是“去媒化”

众所周知，自从有了当当、卓越等网络书店以来，图书领域的价格竞争就十分频繁，特别是2011年前后，随着京东、苏宁、淘宝等诸多综合电商的加入，图书价格竞争愈演愈烈，甚至陷入旷日持久的价格战。包括笔

① Gellman R. Disintermediation and the internet [J]. Government information quarterly, 1996, 13 (1): 1-8.

者在内的很多学者都将此视为不正当竞争，并呼吁主管部门借鉴西方的固定定价模式，实施图书限价制度，遏制价格战，保护实体书店①。10年之后，再回顾当时的情形与想法，委实觉得当时的想法有些经验主义，用一种实体经济领域的经验来评价互联网经济的崭新商业模式，其结果正是印证了西哲的那句话："人类一思考，上帝就发笑。"其实，当时的价格战除极少数情形下个别企业涉嫌低价倾销之外，都应该是互联网经济的正常现象，即为互联网对传统经济形态去媒化过程中所释放出的成本优势，而这种成本优势最终体现为产品价格优势。因此，解释这种经济现象的工具就不应该是实体经济语境中的价格战，而是互联网经济语境中的去媒化。

英文 disintermediation，在朗文字典上解释是"去中间商化，网上直销"，我国学术界习惯将其翻译为"去媒化"，这种翻译最早出现在金融领域，这倒是暗合这个概念最终的起源。我们知道，传统金融业务的本质就是低息揽储而高息贷款，银行通过这种方式赚取利差，如果这种利差额度不大，消费者也就不太在意。但是，到了20世纪60年代，随着金融业放松管制，消费者开始有了更多的直接投资渠道。消费者发现，相对于将资金存入银行，通过直接投资能够获取更高的回报。于是，金融业在这一时期创制了去媒化概念，用以描述这种现象。的确，金融业在20世纪六七十年代见证了去媒化现象的兴起，大量新兴金融企业与业务相继涌现，争夺银行客户，银行已经不再是中小储户独有的金融中介，或者说银行被去媒化了，即其传统的信贷业务不断受到挤压，甚至被排挤出去②。事实上，银行的确面临着巨大的压力，利差收入减少，市场不断萎缩，那些依靠传统业务的银行已经很难生存，但是，银行业并没有坐以待毙，而是积极应对去媒化，积极推进业务创新与转型，不断提升服务品质与客户满意度，如今银行仍然是金融服务最重要的媒介。

随着互联网时代的到来，互联网通过去媒化、去实体化（dematerialization）与去集中化（disaggregation）等方式，对传统行业实施破坏性创新，彻底

① 周正兵．新世纪图书价格战的历史、成因及其对策：兼论"以书价破题促改革"的必要性［J］．中国出版，2012（5）．

② Robert Gellman. Disintermediation and the Internet［J］. Government Information Quarterly, 1996, 13（1）: 1-8.

改造传统行业，而去媒化趋势较之20世纪六七十年代的金融业而言，无论是深度与广度都有了大幅的提升，如今已几乎延伸至所有行业①。正如诺思所言，大规模生产的工业革命的发生其实是以规模销售为前提的，因为大规模销售大大降低了交易费用②。显而易见的是，互联网所带来重大变革的关键因素之一就是提升了交易的效率，增加了交易的透明度，并大大降低了交易费用，从而引起了传统产业中介的去媒化。有学者对此做了一个图示，形象地描述了互联网去媒化的要点所在，如图2-1所示③。

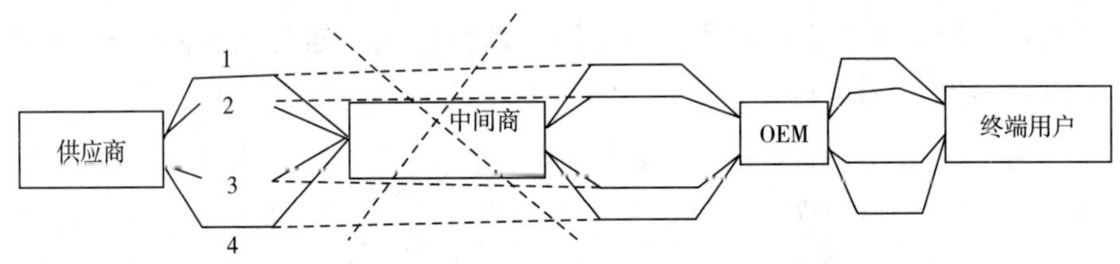

图2-1 去媒化过程示意

注：OEM，即original equipment manufacturers，指原始设备制造商；
1代表信息流；2代表物质流；3代表知识流；4代表现金流。

我们知道，传统的商业中介基本承担的是生产商代理的角色，它们代理并销售产品，然后根据其所提供的服务与创造的价值收取佣金。其基本职能就是促进商品、信息与现金的流动，而所有这些职能由于互联网的出现，其成本大幅降低甚至归零。从图2-1来看，传统中间商所提供的各种服务——信息、物质、知识与货币的流动，如今随着互联网时代的到来，已经完全实现了数字化，其成本大幅降低，提供这些服务的中介的价值也大大降低甚至不复存在。以信息流为例，传统行业产品信息是通过中介抵达消费者的，如今随着数字化技术的发展，此类信息已经实现了数字化，不仅初始成本大幅降低，边际成本为零，而且可以无需任何中介而高效地直达消费者，这些中介便没有了存在价值，这就是去媒化的本质所在。

---

① McKinsey Global Institute. Digital China：Powering the Economy to Global Competitiveness [R/OL].（2017-10-03）[2022-01-05]. http：www. mckinsey. com.

② 道格拉斯·诺斯．经济史中的结构与变迁［M］. 陈昕．陈郁，译．上海：上海三联书店，1991：188.

③ Dan L Shunk，Joseph R Carter，John Hovis，Aditya Talwar. Electronics industry drivers of intermediation and disintermediation [J]. International Journal of Physical Distribution & Logistics Management，2007，37（3）：248-261.

当然，这只是去媒化故事的一个方面，即要去除传统的中介，但是，传统中介所承担的职能并没有消失，这就构成了去媒化故事的另外一个方面，即这些职能需要寻找新的媒介去承担，这就是所谓再媒化（reintermediation）。这是因为“供应网络中节点的去媒化是一个复杂的过程。去除中间商通常意味着公司不仅要复制中间商核心竞争力的功能，还必须复制特定节点的信息流、物流和知识流以及现金流”①，而这种新型的中间商就是所谓“信息中间商（Infomediary）”②。我们今天所熟知的亚马逊、当当网、阿里巴巴、京东等大抵都是此类的中间商，它们通过破坏性创新，破坏了传统的中间商，实施了去媒化，然后又创制了新型中间商——信息中间商，它们取代传统中间商，承担其核心职能，却又有了互联网的竞争优势，特别是价格与信息方面的优势。

总而言之，由于互联网所带来的破坏性创新，商业领域的中间商经历了去媒化之破坏与再媒化之创新的过程，这两者如同硬币的两面，相互依存，演绎了商业模式的演化与发展史。这显然也是我们看待实体书店所经历各种现象时应有的逻辑，即不能因为看到去媒化的破坏性影响，就无视其再媒化创新所带来的社会福利。

二、去媒化与实体书店危机

2010 年，号称“全球最大全品种书店”的第三极开业仅 3 年之后就因为亏损严重而倒闭，紧接着广州的三联书店、“学而优”暨南大学西门店、龙之媒书店等三家知名书店停止营业；2011 年，年初风入松书店宣布关门，年末最大的民营连锁书店光合作用宣布破产……实体书店掀起倒闭潮，其场景异常惨烈，时至今日，仍然让人记忆犹新。其实，这个时期整个零售业均受到互联网冲击，去媒化是一个大的趋势，只不过实体书店行业表现更为突出。为什么去媒化会找上实体书店，并且造成如此惨烈的破坏？这种破坏又是如何实现的？“为什么”与“怎么样”这两个问题显然

① Dan L Shunk, Joseph R Carter, John Hovis, Aditya Talwar. Electronics industry drivers of intermediation and disintermediation [J]. International Journal of Physical Distribution & Logistics Management, 2007, 37 (3): 248-261.

② Pinto J. Disintermediation-II: the customer perspective [EB/OL]. [2023-03-11]. http: //www. jimpinto. com/writings/disintermediation2. html.

是我们理解实体书店危机的关键所在，以下我们依次展开分析。

（一）为什么是实体书店

西方学者平托（Pinto）从生产商的角度就“为什么”问题提供了一个颇为周全的评测清单，现引述如下：“你的客户是精通电脑的买家吗？你的产品和系统的组装过程是非资产密集型吗？你的产品和服务有很高的价值吗？这些产品能在一夜之间空运吗？深入了解你的经营方式、销售内容和方式，确定你在供应链中的地位，是否可以通过互联网连接和供应商与客户之间的数据库共享来消除。”① 其实，这个清单所评测的关键是，传统零售商能否适应生产商与消费者在新语境下的新需求，如果不能适应这种需求就自然面临被去媒化淘汰的命运。这就意味着，去媒化效果虽然集中表现在实体书店身上，但是对其原因的寻找恐怕要换个角度，即要从生产者与消费者的视角入手。以下我们就循此思路，从消费者、生产者角度来回答“为什么”这个问题。

首先，我们来看消费者。传统消费者都是通过实体店购买图书的，如今随着移动终端的出现，客户都成了平托所谓的“精通电脑的买家”，网上购物也正在取代实体购物，成为人们的一种消费习惯。根据麦肯锡中国数字消费调查报告（2017 年）显示，如今纯粹的实体购物消费者的比重仅有 10%，其他消费者都或多或少利用网络辅助或直接购物，由此出现了多种不同的新型消费模式，如线下体验后线上购买、线上比价后线下购买以及全渠道购物等②。这就意味着，随着技术的变革，人们的消费习惯与场景发生了根本的变化，其消费渠道的变化也就理所当然，去媒化乃是趋势所在。就实体书店而言，当前的消费群体中只有 10%仍是其忠实的用户，而其余 90%的消费者都已经习惯于网络消费，实体书店必须与网络书店展开竞争，在这场去媒化的战斗中获胜，否则就会被淘汰。我们知道，图书是典型的经验性产品，消费者对于图书的品质，特别是内容的质量知之甚少，传统条件下消费者会到实体书店浏览内容，再决定是否购买，因此线下的行为似乎必不可少。但是，如今消费者恐怕少有线下阅读内容，然后

① Pinto J. Disintermediation stirs up industrial automation [EB/OL]. [2023-01-12]. http://www.jimpinto.com/writings/disintermediation.html.

② McKinsey Global Institute. McKinsey iConsumer China Survey 2017 [R/OL]. [2022-03-02]. http://www.mckinsey.com.cn.

再决定是否购买，因为互联网提供了更丰富的信息，如在线试读乃至全文免费阅读等，以及更多元的内容，如名家荐读、读后感等。更为重要的是，这些内容常常嵌入社交媒体之中，消费者往往通过日常网络社交就能获取各种图书信息，并通过轻松点击鼠标实现下单购买。质言之，消费者的行为及其场景发生了本质性变革，如果传统书店在适应这种变革中应变能力有所欠缺，自然就避免不了其去媒化的命运。

其次，从生产商角度来看，如果传统中间商所提供的服务不能满足产品销售的功能，且与其分享的价值之间并不对等，生产商自然要考虑去媒化，或者更准确地说要更新中间商，以适应商业环境的变化，实现自身商业利益的最大化。如前所述，传统商业中介基本承担的是生产商的代理角色，它们代理生产商产品的销售，其基本的商业逻辑是通过分工协作，提供氛围、品类、区位、交付、信息等专业服务①，提升专业化程度与效率，实现共赢。以信息服务为例，传统出版商的产品信息很难直接到达消费者那里，只有通过实体书店的中间商，以广告、陈列、促销等方式，这些信息才能触及消费者，而这显然会发生成本。但与此同时，它也创造了增加值，如减少消费者的搜索成本与生产商的库存成本，更为重要的是，实体书店通过信息服务扩大了销售规模。但是，随着数字化时代的到来，生产商发现数字化让传统中间商所提供的服务变得不再重要，或者说不再需要由分工协作来完成，而是可以通过数字化方式由自己完成，并且这种去媒化方式让企业与消费者有了更为紧密的互动，也更有效率。

对此我们不妨以人民文学出版社为例予以说明。以往由传统实体书店，如某地文学书店作为代理商，为其提供环境、品类、区位、交付、信息等专业服务。但是，如今这种服务已经从线下移至线上，如天猫的人民文学官方旗舰店，它通过数字化方式完全实现了去媒化，替代了实体书店除环境服务之外的所有中介功能。在这种情况下，品类服务已经变得不再重要，数字化让全品类服务成为可能，其成本大幅降低，且长尾效应让出版社有了更大的利润空间；区位与交付服务如今交给更为专业的服务商（如阿里巴巴）后，不仅可使服务的区位大大拓展、交付的方式更为便捷，

① Roger Betancourt. The Economics of Retailing and Distribution [M]. Cheltenhanm, UK: Edward Elgar Publishing, 2013: 19-20.

而且可使服务成本随着规模提升而降低；如今已有出版社自行承担信息服务，信息的内容也变得更为丰富与多元，更为重要的是，它与消费者的信息沟通更为直接并且具有互动性，这不仅促进了销售，而且消费者的信息将直接为产品决策提供支撑。质言之，从生产商的角度来看，传统语境下实体书店的中介功能似乎不可替代，其也确实能够通过分工协作提升市场效率，但是随着数字化场景的出现，实体书店所承担的功能已经被成本更低的数字化方式所替代，基于成本与效率的考虑，生产商采取去媒化策略也就在情理之中。

（二）如何实现去媒化

1. 网络书店价格战

如前所述，去媒化与再媒化乃一体两面，这种现象如果从零售业发展逻辑的角度来看，这就是哈佛大学商学院马尔科姆·麦克尼欧所创立的零售轮定律。在他看来，新旧零售业态的变革与交替具有周期性，这个周期性恰似车轮旋转一样地发展变化，其标志就是价格的高低起伏变化①。质言之，无论是互联网经济角度的去媒化，还是新旧零售业态的演变，其演变的切入点往往是价格，而价格战往往是其表现形式。让我们先从直观的现象开始分析，笔者选取写作本书的一个时点——2019 年 9 月 21 日 21 时，在当当网采集现代社会科学名著《乡土中国》的相关信息，该书标价 21 元，如果你在传统新华书店购买，只买一本的话，要原价购买，如果你购买的数量较多，可以享受一定的折扣，但是通常不会低于 9 折；而在当当网，同样是这本书，一般顾客都可以享受 6.86 折，VIP 顾客则可以享受更高的折扣，如果是这本书的电子版，则只需 6.99 元，并且这一切在家上网只需几秒就能搞定。这里所描述的就是随着网络书店及其新商业模式的兴起，图书零售市场价格竞争升级更新之后的场景，而价格显然是这场竞争的利器，同样价格也是我们分析如何去媒化的重要切入点。关于这一点，有着很好的数据支撑，开卷的统计数据显示，2012—2018 年，实体书店的销售额从 335 亿元降至 321 亿元，网络书店的销售额则从 130 亿元增至 573 亿元，这一增一减正好反映了这种去媒化趋势，并且这种趋势将会持续下去。

---

① 罗伯特·卢斯．零售商业企业经营管理［M］. 梁一南，译．北京：中国商业出版社，1986：158，159.

从我们所采集的数据来看，网络书店的售价通常较之实体书店要低3折左右，而这3折通常是出版商给予销售商的批发折扣价，以覆盖销售商在销售环节付出的成本。如今，这笔原本应该体现在价格中的成本，由于互联网的去媒化作用而被节省下来并将相应的优惠转移给消费者，这就成了网络书店巨大的成本优势。具体而言，这种价格优势主要源于网络书店大幅降低成本的三种手段。

其一，无形店铺节约开店成本。数字书店与实体书店最大的区别在于，前者是网络书店，无需实体店铺，不用支付高昂的店铺租金以及店铺运维等相关费用。其实回顾2012年前后的书店倒闭潮，房租无疑是其中最重要的原因之一，随着各地（特别是一线城市）房租成本的不断上升，加之网络书店的挤压，实体书店因腹背受敌而难以为继。网络书店只需网站建设成本，其费用相较于实体店铺而言几乎可以忽略；网站运维的边际成本则更为低廉，相比实体书店而言，这种无形的电子书店几乎是零成本。

其二，无存货商店节约库存成本。对于传统实体书店而言，库存图书的品种与数量几乎是一家书店最核心的竞争力，以大型书城为例，其营业面积在5 000平方米以上，全店面图书陈列品种不少于10万种，库存则高达数百万之多，这不仅需要巨大的库存空间，而且需要消耗不菲的管理成本。相比较而言，网络书店就可以实现无库存化，它可以在接到顾客订单后向出版社订货，再由出版社直接发货给消费者，特别是随着物流业的高速发展，所有这些均可高速而便捷地实现。基于此，网络书店所要做的是，在网络上提供图书目录及其相关信息，顾客只需轻点鼠标就可以下单购买，其成本自然大幅降低①。

其三，数字化服务节约人力成本。诚如文化经济学家鲍莫尔（Baumol）所言，零售服务业等劳动力密集型行业，由于成本病的原因，其成本承受较大压力②。对于实体书店而言，员工工资与房租是其成本最重要的构成部分，特别是最近几年，全社会平均工资水平有着较快的增长，而图书零售行业的利润水平则并无多大变化，加之网络书店的竞争，实体书店市场

---

① Roger Betancourt. The Economics of Retailing and Distribution［M］. Cheltenham，UK：Edward Elgar Publishing，2013：102.

② William J Baumol. Macroeconomics of Unbalanced Growth：The Anatomy of Urban Crisis［J］. The American Economic Review，1967，57（3）：415-426.

份额不断萎缩，所以，工资也成为这个行业发展的重要约束性要素。反观网络书店所提供的数字化服务，则多是通过数字化方式自助实现的，因而其对劳动力的依赖程度大幅降低，雇请员工的数量更是屈指可数，这显然大幅缓解了成本压力。综合而言，网络书店通过数字化方式，去除或革新了实体书店作为中间商的很多中介职能，特别是去掉了其中消耗成本较大的资源，如房租与劳动力，从而大幅降低成本，让利于消费者，因此其能够以价格竞争的方式赢得与实体书店的竞争。

2. 数字化图书

如果说价格竞争是互联网去媒化的首要利器——因其直接导致很多实体书店由于成本压力而退出市场，那么去实体化（dematerialization）①——通过数字化方式将产品生产流程从物理状态转化为虚拟状态——则从根本上消除了实体书店存在的根基，或者说，实体书店已经不是数字化时代应该有的商业物种。更为形象地说，去媒化是实体图书借助数字化销售的成本优势并进而通过价格竞争实现的；去实体化则从根本上改变了图书的存在形态，将实体图书演变为数字图书，因而从根本上否定了实体书店存在的必要性。正如本文案例所示，《乡土中国》电子书显然不同于纸质书，它对销售商中介作用的需求便不复存在，从这个意义来说，实体书店去媒化就是必然的趋势②。在我们看来，这种去实体化所带来的去媒化可以从两个层面予以分析：一是数字化阅读已成潮流，而这无疑将挤压纸质书的生存空间；二是电子书渐成趋势，成为人类阅读的重要选择，纸质书自然面临较大竞争压力。以下我们就此展开分析。

根据中国新闻出版研究院公布的《全国国民阅读调查报告（2018）》，我国数字化阅读的接触率从 2008 年的 24.5%增至 2018 年的 76.2%，增幅达 3 倍之多，年均复合增长率为 12%。与此同时，数字阅读率自 2015 年首次超过图书阅读率之后，两者的差距开始不断扩大，截至 2018 年两者差距已经扩大至 17.2%，而这种趋势将愈演愈烈。更为重要的是，数字化阅读，特别是基于互联网的社交阅读已经成为一种习惯，据亚马逊《2017 全

---

① McKinsey Global Institute. Digital China：Powering the Economy to Global Competitiveness ［R/OL］.［2022-10-12］. htt：//www. mckinsey. com.

② Van Der Merwe Dana. The dematerialization of print and the fate of copyright ［J］. International Review of Law，Computers & Technology，1999，13（3）：303-315.

民阅读报告》显示，80%的人会选择通过社交平台分享阅读的有关内容，包括微信、微博、豆瓣、知乎等，17%的受访者会在社交平台留下读者评论。作为社交的阅读，其核心功能不在阅读而在展示，即展示个体在网络群体中的身份与角色，因而呈现出明显的社交性特征。一方面，数字阅读的文本是一种超文本，阅读的主文本与其他各类副文本——图像、评论、广告等有着紧密的联系，这些文本之间存在互文性，这就意味着阅读行为将不停地在多个文本、多重目标之间来回切换，因而表现出超文本的社交性①。另一方面，数字阅读常常是一种网络群体间的集体行为，每个个体的阅读行为，不仅与超文本之间存在互动，而且与群体中的其他个体存在互动的可能性，或者说，每个阅读者同时也是表演者，其在被看的过程中与旁观者有着积极的互动。质言之，阅读的功能已经从传统知识获取型的沉浸型阅读，转向社交性质的浏览型阅读，阅读的功能及其表现方式发生了根本的变化，而纸质书随着这种阅读方式转型，其历史性地位有可能会逐渐被数字化阅读所取代。

如果说数字化阅读通过阅读方式转变，从沉浸型阅读转向浏览型阅读，挤压纸质书的生存空间，那么图书数字化则是在阅读方式没有发生变化的前提下，以电子化方式实现去实体化，从而用另外一种方式挤压纸质书生存空间。以笔者自己为例，差不多以2010年为界，我用于学术研究的资料性图书几乎发生了根本性转变——从纸质书转向电子书，这除了家中空间有限无法容纳太多的纸质书之外，更为重要的是电子书从功能意义上已经能够全面替代纸质书：不仅实现了任意批注、摘要，而且提供自动翻译等功能，当然，还有复制、粘贴等其他便捷功能。笔者的这种个人感受也有行业的数据支撑，以美国为例，公开资料显示，2016年其国内图书销售总量达到8.95亿册，其中电子书销量达到2.21亿册，渗透率超过25%。我国电子书的渗透率相对较低，2016年仅为6.2%，但是，2012—2016年我国数字图书市场规模已从31亿元上升到52亿元，其复合增长率达到13.8%。显然，电子书是未来图书的新势力，必将挤压纸质书的市场份额。质言之，即便是在纸质书具有相对优势的沉浸型阅读领域，数字化读物仍然凭借其技术优势展开竞争并崭露头角，占领了一定的市场份额，也在一

① 周宪．从“沉浸式”到“浏览式”阅读的转向［J］．中国社会科学，2016（11）．

定程度上挤压了纸质书的生存空间。

三、小结

10年前由于价格战造成的实体书店倒闭潮仍然让人记忆犹新，如今回想起来，其外在的表现是价格战，似乎有不正当竞争之嫌，但其本质是互联网破坏性创新的结果，也是商业模式革新的表现形式，去媒化则是其创新的重要手段。就此而言，我们只有基于去媒化才能理解实体书店倒闭现象之“为什么”与“怎么样”的问题。综合本文的分析，我们认为互联网通过去媒化方式对实体书店实施创造性破坏，其具体方式有二：一是以网络书店形式去除传统零售渠道，实现图书行业零售业态的交替，其表现是网络书店取代实体书店，成为图书销售的主渠道；二是以电子图书形式取代纸质书，实现图书业态的数字化升级，其表现为数字阅读行为已成潮流，并且电子书销量节节攀升。但是，如前所述，去除传统的中介——实体书店，只是去媒化故事的一个方面，实体书店所承担的功能并没有消失，这些功能仍然需要新媒介予以承担，即再媒化，这是故事的另一个方面。因而实体书店行业要做的是，在去媒化所破坏的废墟上再次出发，通过再媒化打造新型实体书店，在新场景之下打造新模式，实现实体书店的新未来。当然，实体书店行业建设一个新世界显然任重道远，不过作为一名长期关注这个领域的学者，笔者觉得本章的任务——了解互联网如何破坏一个旧世界——显然是有必要的，它不仅有助于我们了解破坏旧世界的方式，而且有利于我们找到建设新世界的途径。

第二节　数字技术语境下的商业新物种：以实体书店为例

如前所述，我们用去媒化解释了实体书店的倒闭潮，但是却无法为再媒化而催生的新型书店提供足够的解释，理论界出现这种颇为尴尬的局面，其原因恐怕就在于理论更新的速度远远滞后于实践的发展，笔者就曾按照实体经济的逻辑来评价互联网经济所带来的破坏性创新，其结果自然是驴唇不对马嘴，如今的情形恐怕亦是如此。如果我们仍然用实体经济的逻辑，或者商品主导逻辑来诠释实体书店的新物种，恐怕都很难登堂入室，也就谈不上什么解读了。相反，如果能够从更为新兴的服务主导逻辑来解读这种新现象，倒是更能认清其本真面目，也就有可能科学解读这种现象。就此而言，西方学者瓦格和卢什（Vargo and Lusch）自 2004 年就倡议用服务主导逻辑（service dominant logic）取代传统商品主导逻辑（good dominant logic）来理解经济行为，如今这种理论已有广泛的应用，特别是对于互联网背景下的新兴经济形态有着很好的解释力，是本文“接着说”的重要学理资源[①]。正是在从商品主导逻辑转向服务主导逻辑的语境中，我们运用商品主导逻辑解读传统书店的商业模式与现实困境，运用服务主导逻辑剖析实体书店新物种的商业模式[②]，并在此基础上结合行业中的优秀案例——全民畅读，解读实体书店新物种商业模式的具体实践，以期科学理解实体书店新物种的商业模式与运营逻辑。

一、产品主导逻辑与传统实体书店

（一）交换价值与产品主导逻辑

经济学最早的源头可以追溯至色诺芬的家计学，是指家庭经济的管理问题。在《经济论》中，作者提出这个学科最为重要的一个概念——财富，即“一个人能够从中得到利益的东西”，如果所有者不知道如何使用它，那么就无法得到利益，“即便是钱，对于不会使用它的人也不是财富”[③]。阅读这些朴素的经济学文献，我们不难发现它与作为科学的现代经济学有着明晰的分界：一是它没有撇开价值问题，且始终将价值作为经济讨论的基点，所谓的利益并不是简单的有用，而是符合伦理道德或“善”的利益；二是它没有多少交换价值的概念，而是将财富始终集中在使用价

---

① Lusch R F，Vargo S L. Service - Dominant Logic：Premises，Perspectives，Possibilities [M]. Cambridge：Cambridge University Press，2014.

② 刘林青，雷昊，谭力文. 从商品主导逻辑到服务主导逻辑：以苹果公司为例 [J]. 中国工业经济，2010 (9)：57-66. 在这篇文章中，作者对商品主导逻辑与服务主导逻辑有着很好的综述，特别是其分析框架，即以交换价值与使用价值分别表述两种逻辑，对本文的分析逻辑有着重要的启发意义，特此说明并致谢。

③ 色诺芬. 经济论 [M]. 张伯健，陆大年，译. 北京：商务印书馆，1961：3.

值的功用上，这与现代经济科学强调交换价值恰恰相反；三是它兼顾价值形成的物质与能力要素，始终强调如果没有能力的话，物质并不能给人类带来利益，换言之，财富是人类利用其能力使用物质的结果，不是可以独立于人类而存在的物质。其后的柏拉图与亚里士多德虽然区分了使用价值与交换价值，但是他们对于财富或者价值问题也基本秉持这种朴素的思想，即价值或者财富的根基在于满足人们需求，并且这种需求要符合伦理意义上的正义。不过，到了亚当·斯密那里，这种朴素的思想就被抛弃了。他从劳动分工与市场交换入手严格区分了交换价值与使用价值，却由于使用价值的具象性，不具备科学特征而被彻底抛弃，自此经济学有了明显的物质主义倾向，即“经济学是一门研究人类一般生活事务的学问，它研究个人和社会活动中与获取和使用物质福利必需品最密切相关的那一部分”①。更为严重的是，斯密还基于国民财富积累这个终极目标，区分了生产性劳动与非生产性劳动——前者是产生资本积累的活动，后者是“服务家庭内消费需要的活动”②，并将非生产性劳动污名化，因而彻底抛弃了使用价值所蕴含的积极内容——“有一种劳动，加在物上，能增加物的价值；另一种劳动，却不能够。前者因可生产价值，可称为生产性劳动，后者可称为非生产性劳动……在这一类（非生产性劳动——笔者注）中，当然包含着各种职业，有些是很尊贵、很重要的，有些却可说是最不重要的。前者如牧师、律师、医师、文人；后者如演员、歌手、舞蹈家”③。经济学史家马克·布劳格认为，“斯密对生产性劳动和非生产性劳动的区分可能是经济学说史上最有害的概念”④，其重要的表现就是，经济学开始由产品主导逐步走向商品主导逻辑，呈现出明显的物质中心主义与生产中心主义倾向。

1. 物质中心主义倾向

按照商品主导逻辑，物质性要素处于中心地位，而非物质性要素一直被边缘化甚至被忽略。其实只要我们重温古典经济学的规范定义，这种倾

---

① 马歇尔．经济学原理［M］．宁琦，译．长沙：湖南文艺出版社，2012：38.

② 马克·布劳格．经济理论的回顾［M］．姚开建，译．北京：人民大学出版社，2009：38.

③ 亚当·斯密．国民财富的性质和原因的研究［M］．郭大力，王亚南，译．北京：商务印书馆，1997：303-304.

④ 马克·布劳格．经济理论的回顾［M］．姚开建，译．北京：人民大学出版社，2009：38.

向就一目了然，马歇尔认为“经济学是一门研究财富的科学[①]，同时，由于它研究人类在社会中的活动，所以也属于社会科学的一部分，而这一部分是在研究人类为了满足欲望而所做的种种努力。这种努力和欲望能用财富或它的一般代表物——货币——来作为衡量的标尺”[②]。质言之，经济学研究的是那些可以用货币来度量的物质财富，这就是古典经济学的经典定义。在这个界定中，古希腊经济学思想中关于财富的所有人性的内容——人的能力与需求都被抽象掉了，经济学演变为研究可以用货币衡量的那部分物质福利（即便马歇尔本人清晰地意识到“在这一切方面，经济学家所研究的是一个实际存在的人：不是抽象的或‘经济的’人，而是一个有血肉之躯的人”[③]）。经济学在其发展早期必须走科学化的道路，以货币这种可以科学计量的尺度来取舍其研究内容，就必然要以可用货币衡量的物质性商品及其交换价值为中心，而舍弃那些非物质性、非生产性要素及其使用价值，其原因在于其 IHIP 特性，即无形性（intangibility）、异质性（heterogeneity）、不可分离性（inseprablity）和不可存储性（perishabilty）[④]。由于非物质性财富的这种特征，斯密认为这种财富不利于积累，因而加以“非生产性劳动”的污名，将其赶出《国富论》的疆域，其后马克思又以不能带来资本增值之名将其逐出《资本论》的讨论范围。马克思对此解释道：“成为使用价值，对商品来说，看来是必要的前提，而成为商品，对使用价值来说，看来却是无关紧要的规定。同经济上的形式规定，像这样无关的使用价值，就是说，作为使用价值的使用价值，不属于政治经济学的研究范围。”[⑤]于是，我们眼睁睁地看着经济学原始智慧关于财富的两种重要的内涵——对人类需求的满足与人类使用财富的能力，由于其非物质性的原因，全部被逐出经济学的版图，经济思想成了一种物质主导的思维模式。

---

① 至于财富的内涵，马歇尔是这样表述的，“一个人外在的财物中那些能用货币来衡量的部分”，也就是说，经济学研究的是物质性福利，而非物质性福利显然不在研究之列，这当然是受到亚当·斯密生产性与非生产性劳动区分的影响。参见：马歇尔．经济学原理［M］．宁琦，译．长沙：湖南文艺出版社，2012：43.

② 马歇尔．经济学原理［M］．宁琦，译．长沙：湖南文艺出版社，2012：38.

③ 马歇尔．经济学原理［M］．宁琦，译．长沙：湖南文艺出版社，2012：47.

④ Zeithaml V A，Parasuraman A，Berry L L. Problems and Strategies in Service Marketing［J］. Journal of Marketing，1985，49（3）：33-46.

⑤ 中共中央编译局．马克思恩格斯全集：第 13 卷［M］．北京：人民出版社，1962：16.

2. 生产中心主义倾向

按照商品主导逻辑，企业主体处于主动地位，而消费主体一直处于被动地位甚至被边缘化。众所周知，传统经济学基于理性人的假设，常常忽略对消费主体及其行为的研究，一个显然易见的例证是，人们常常将房子等同于家，因为只有房子是可以货币化的市场交换对象，而房子里面的行为，由于无法进行货币的计量而常常被忽略。但是，正如马克思所言，房子所代表的只是交换价值，家才是使用价值的真正载体，也就是说，房子是家的重要构成成分，但是房子并不是家，房子的交换价值也不可与家的使用价值同日而语，而其中的关键是，家的使用价值是由消费者创造出来的，虽然房地产企业建造了房子，为家提供了基本的物质条件，但是，对于家的使用价值而言，其功能仅此而已，而家的全部使用价值需要消费者的倾情投入与无私奉献，消费者才是家的主人及其使用价值的缔造者①。由于忽略消费者的主动作用，经济活动常常被描述为以企业主导的价值链，其中迈克尔·波特的价值链学说最具有代表性，在他看来，所谓价值链就是“用来进行设计、生产、营销、交货以及对产品起辅助作用的各种活动的集合”②。按照价值链学说，消费者常常处于价值链末端，是一个将价值消灭的可有可无的角色，而且价值链中所有的价值创造行为从来都没有消费者。在商品主导逻辑下，所有的参与主体——各类型的企业，包括材料供应商、生产商、销售商——前后相继并参与价值的生产，每个阶段都是一次价值增值的过程，任何不能实现价值增值的活动及其主体自然被排除出价值链之外。消费者恰恰是那种无法实现价值增值的角色，所以就被驱逐到价值链末端，甚至是价值链之外的旁观者角色。其实，经济学对消费者的忽视由来已久，古典经济学家亚当·斯密与马克思就基于消费无法实现资本增值而将消费问题排除出经济学的讨论范围之外，亚当·斯密甚至从伦理价值上贬低消费行为，因为这种行为不利于国家财富的积累。

（二）传统实体书店的价值链

综上所述，价值链是传统工业经济语境下商品主导逻辑的最为重要的

① Christian Grönroos. Service logic revisited: who creates value? And who co-creates [J]. European Business Review, 2008, 20 (4): 298-314.

② 迈克尔·波特. 竞争优势 [M]. 陈小悦，译. 北京：华夏出版社，1997.

隐喻，按照这个隐喻，每一个生产环节——设计、生产、营销、交换——都是价值增值的过程，而每个主体——供应商、生产商、销售商——都通过各自的活动赋予商品新的价值，并由此构成了一个完善的价值链条，以下我们不妨以图书行业为例构筑一个完整的产业链（如图 2-2 所示）。

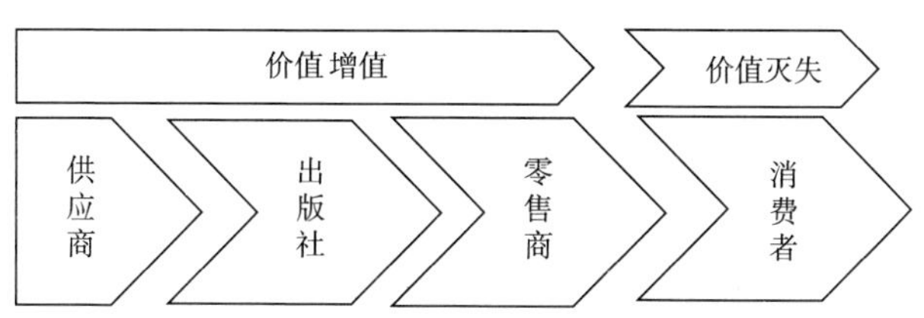

图 2-2 传统图书行业价值链

资料来源：作者整理。

正如经济学家诺思所言，大规模生产的工业革命的发生其实是以规模销售为前提的，因为大规模销售大大降低了交易费用①。图书领域的零售商，或者实体书店出现的价值正在于此，它通过分工协作实现规模化销售，这大大降低了交易费用，或者从价值链的角度而言，就是实现了增加值，而实体书店也根据增加值收取佣金。按照商品主导逻辑，实体书店作为出版社的代理商，其核心功能就是通过促进商品流动，将图书从出版社那里递交至消费者手中，完成价值链的全部过程。其实，图书领域最早的零售商——书肆的形成就是如此，由于城市与知识分子群体的出现，大规模销售成为可能，而书肆作为中间商取代了传统的出版商，专门从事图书销售，因为这种方式通过专业分工能够提升效率，满足市场需求。现代书店亦是如此，它们通过专业化分工，不论是大型书城还是专业独立书店，均大大降低了交易成本，让图书商品更快速地抵达消费者。所以传统的书店均以商品——实体图书为核心，并辅以信息流——图书的陈列、广告，以及知识流——书店所举办的各种发布会与讲座，从而促进图书商品的流动，这就是所谓的商品主导模式。在商品主导模式下，实体书店的所有活动均围绕商品这个核心展开，信息流、知识流只是辅助功能，其目的在于

① 道格拉斯·诺斯．经济史中的结构与变迁［M］．陈昕，陈郁，译．上海：上海三联书店，1991：188.

促进图书商品销售。如果这些辅助功能不能促进商品销售，也就没有价值增值功能，那么这些功能自然就会被舍弃。因此，在商品主导逻辑下我们通常从商品与交换价值两个维度描述书店：从商品的角度描述书店，实体书店常常被分类为大、中、小型书店，其所拥有图书商品的数量成为实体书店分类的重要标准；从交换价值的角度描述书店，实体书店的绩效指标往往根据其销售码洋（出版行业术语，指图书销售额）来判定，正所谓得码洋者得天下。所以，我们就不难理解传统实体书店在极端情形下更像是一个书库，而不是我们今天所说的公共空间、美学空间，因为在商品主导逻辑下，前者是实体书店每一个平方米店面租金价值最大化的最优实现方式，毕竟图书是其实现价值增值的源头。但是，作为消费者的我们深知自己所需要的不仅是图书，还有阅读及其相关服务①，质言之，在商品主导逻辑下实体书店所提供的并非我们想购买的：消费者所需求的往往并不是那个作为实体存在的书籍，而是阅读图书的行为及其所带来的满足感——它可能是知识的获取，也有可能是精神的愉悦，而实体书店显然忘了消费者的这个“初心”，而只是提供那些可以兑现货币价值的实体图书。

二、使用价值共创与服务主导逻辑

如前所述，古典经济学出于其所理解的使用价值或者消费的 IIHP 特性，而直接用交换价值取代了使用价值，并将使用价值问题全部搁置起来，而这种倾向在 20 世纪后叶饱受批评。这种批评最先来自行为经济学派，如诺贝尔奖获得者加里·贝克尔（Gary Becker）就认为，“将消费既解释为用货币换取市场商品与劳务，同时又解释为从这些商品与劳务中获取效用显然缺乏直观上的感召力。对消费的这种解释没有说明效用是来自所购买商品的获取、占有还是使用，而通过强调市场商品消费涉及它在一种更为基础的产品生产中的使用，可以使人们洞悉商品有用性的本质”②。其后，学术界更加关注使用价值问题，不过他们关注的焦点并非什么是使用价值，而是使用价值是由谁创造的、又是如何创造的。关于谁创造价值

① Lusch R F, Vargo S L. Service-Dominant Logic: Premises, Perspectives, Possibilities [M]. Cambridge: Cambridge University Press, 2014: 28.

② 加里·贝克尔. 人类行为的经济学分析 [M]. 王业宇，陈琪，译. 上海：上海三联书店出版社，1995：165.

的问题，相关学者普遍注意到消费者的重要性，他们认为“虽然价值可以借由企业及其产品的互动获得，但是，它也可以通过消费产生，而且可以相当程度上独立于企业交易与干预”①。基于此，有学者深入探讨作为使用价值创造主体的企业的地位与角色问题。有学者认为使用价值在消费服务之前并不存在，因而生产者无法对其进行传递或交换，而只能提出价值主张，最终的价值创造则要交给消费者②。被誉为服务营销之父的格罗路斯（Grönroos）则认为，消费者是价值的最终创造者，但是，生产者也可以在不同情境中担当两种不同角色，即促进者与共创者。前者采用商品逻辑，只提供商品资源，为消费提供物质条件，并没有参与消费，也不能影响价值创造过程；后者采用服务逻辑，在产品提供过程中与消费者积极互动，共同创造最终的使用价值③。当然，最值得推荐的还是“服务主导逻辑”，即“从无形的人类经验、互动和协作，资源的演化与整合等角度来理解商业问题”④。以下我们将就此展开分析，描述其理论框架与核心特征。

如前所述，现代经济学商品主导逻辑的根基在于其独特的资源观，即将物质及其交换价值作为资源，而未能重视主体能力作为资源的重要作用。色诺芬关于财富的朴素界定则强调财富是人类利用其能力使用物质的结果，因而人类使用有形物质的无形能力是财富的重要内容。在瓦格和卢什看来，前者是对象性资源（operand resource），即“固化的资源，需要施加行为才能提供价值”，如金子这种自然资源，需要发现、开采、提炼、锻造与使用才能创造价值；后者是操作性资源（operant resource），即能够施加于其他资源而创造价值（在给定的适当环境下）的资源，其典型例子就是人类的能力、知识与技能，它们能够用于价值创造的过程之中，如金子的发现、开采、提炼、锻造与使用等活动⑤。显然易见的是，随

① Christian Grönroos. Adopting a service logic for marketing［J］. Marketing Theory，2006，6（3）：317-33.

② Stephen L Vargo，Paul P Maglio，Melissa Archpru Akaka. On value and value co-creation：A service systems and service logic perspective［J］. European Management Journal，2008，26：145-152.

③ Christian Grönroos. Service logic revisited：who creates value? And who co - creates［J］. EuropeanBusiness Review，2008，20（4）：298-314.

④ Lusch R F，Vargo S L. Service-Dominant Logic：Premises，Perspectives，Possibilities［M］. Cambridge：Cambridge University Press，2014：19.

⑤ Lusch R F，Vargo S L. Service-Dominant Logic：Premises，Perspectives，Possibilities［M］. Cambridge：Cambridge University Press，2014：36-37.

着人类社会进入知识经济时代，操作性资源取代了对象性资源，成为经济活动中最为重要的资源。基于这种不同的资源观，经济运行与分析的逻辑框架就必须重新改写，即从商品主导逻辑转向服务主导逻辑，具体参见表 2-1①。

表 2-1　基于资源观的两种不同主导逻辑差异

	传统商品主导逻辑	新兴服务主导逻辑
交换对象	人们交换以获得商品，这些商品多是对象性资源	人们交换以便获得基于特别能力（知识与技能）或服务的收益，其中知识与技能是操作性资源
商品作用	商品是对象性资源与最终产品。市场营销者作用重大，它们改变资源的形态、地点、时间及其所有权	商品是操作性资源（应用性知识）的传递者，它们作为中间商品被其他操作性资源（如消费者）应用于价值创造过程
消费者作用	消费者是对象性资源，只是商品的接受者，市场营销者针对消费者开展营销行为，包括分类、配送、促销等	消费者是操作性资源，它是服务的共创者，而营销是一种与消费者互动的过程，消费者只是偶有场合充当对象性资源
价值的定义与来源	生产者决定价值，它体现于对象性资源并将其界定为交换价值	消费者基于使用价值感知并决定价值，价值源于操作性资源应用所带来的收益，企业只能提出价值主张
企业-消费者关系	消费者是对象性资源，企业对消费者采取行动以促进资源交易	消费者是操作性资源，消费者积极参与互动交换并共创价值
经济增长源泉	财富源于有形资源和商品的增加值，它包括拥有、控制和生产对象性资源	财富是通过应用与交换特殊的知识与才能获得的，它代表未来使用操作性资源的权利

① Vargo S L, Lusch R F. Evolving to a New Dominant Logic for Marketing [J]. Journal of Marketing, 2004, 68 (1): 1-17.

基于不同的资源观，作者提出服务主导逻辑的10种假设，并从中提炼出4条公理[①]作为理论基础：服务是交换的根基，消费者是价值共创者，行动者是资源整合者，受益者现象性地决定价值。以下我们就此结合实体书店行业的新模式予以概述，由于第1与第4条公理略有重叠，故合并阐述。

首先，与商品主导逻辑以商品作为交换的根基不同，服务主导逻辑以服务作为交换的根基。如前所述，服务主导逻辑所强调的资源是操作性资源，因此，服务被界定为利用操作性资源（如能力与技艺）为他人谋取利益的能力及行为。就本文所讨论的实体书店而言，实体书店所提供的不只是商品——图书，更多的则是一种服务——阅读及其相关服务，后者才是实体书店与读者之间交换的根基。这也意味着我们必须按照服务主导逻辑重新审视与解读阅读服务的特征——无形性、异质性、不可分离性和不可存储性：其一，阅读服务具有经验性质，每个读者的所得均是经验的结果，而且与经验须臾不分；其二，阅读是异质性的，每一个读者都会从同样一本书中获得不同的感受，所谓“一千个读者眼中有一千个哈姆雷特”，消费者最终获得的是自己独特的“哈姆雷特”；其三，阅读具有不可分离性，它始终以读者为中心，围绕知识资本、具体场景、语境的阅读行为与效果；其四，阅读虽然有赖于实体图书，但是，阅读的经验又稍纵即逝，具有易逝性[②]。

其次，消费者并不是被动的价值接受者，而是价值共创者。我们知道，传统的商品主导逻辑认为，价值是由生产者创造并传递给消费者的，而消费者是价值的被动接受者，或者利用者。以图书为例，当出版社出版的图书通过实体书店送达消费者时，其交换价值就已经完成，对此传统的商品主导逻辑认为，有关图书的经济行为就已经终止。但是，作为读者都知道，当我们按照21元定价在新华书店买了一本人民出版社出版的《乡土中国》后，从出版社的角度来看，这个节点确实是交换价值的终结，但是对于消费者而言，这只是使用价值的开始。当我们回家之后，在明亮的

---

① Lusch R F, Vargo S L. Service - Dominant Logic: Premises, Perspectives, Possibilities [M]. Cambridge: Cambridge University Press, 2014: 37.

② Lusch R F, Vargo S L. Service-Dominant Logic: Premises, Perspectives, Possibilities [M]. Cambridge: Cambridge University Press, 2014: 111.

灯光下，打开这部装帧朴素淡雅的书籍，就如同开启一场心灵的对话，仿佛费孝通先生邀请我们走进了传统乡土社会的差序结构，更深入地了解中国社会。因此，从服务主导逻辑来看，交换价值不是终点，而是起点，由此开始，作者、出版者与读者共同创造了使用价值，而读者无疑发挥了更为重要的作用，即读者的知识资本与努力程度将直接决定使用价值的有无与大小。

最后，按照服务主导逻辑，价值共创并非只有生产者与消费者这两类行动者，而是一个行动者网络，所有行动者又都是资源的整合者，其所整合的资源类别包括操作性资源——如知识与技能，以及对象性资源——如商品与货币。如前所述，《乡土中国》的价值不仅仅在于 21 元人民币的交换价值，而是我们阅读该书时所获得的精神享受，这就意味着价值的重心此时已从出版社基于交换价值所测度的单位产出，转向消费者基于使用价值所整合的资源。也就是说，阅读不再是价值的传递与增值，而是价值的再造，这需要消费者整合资源，共创价值。这些资源不仅仅包括实体的图书，更包括读者个体的知识资本与阅读技能，且决定其价值的往往是这些操作性资源。

三、新物种与新模式：基于全民畅读的个案分析

众所周知，实体书店行业在经历挫折之后，终于在 2013 年起有了明显的复苏迹象：其中不乏新兴连锁品牌，如西西弗和言几又；也有不少极具个性的特色书店，如全民畅读、春风习习书店；当然也有传统的书店改头换面，焕发崭新的面容，如三联书店三里屯店、新华书店城市书房；等等。显而易见的是，这些场所已经不是传统意义上的实体书店，而是“新零售”潮流中涌现的“新物种”，传统的商品主导逻辑显然已经无法解读这种新物种，而本文所倡导的服务主导逻辑就具有相当的解释力。以下我们将结合服务主导逻辑的基础商业模式分析框架（如图 2-3 所示），以全民畅读书店为案例，分析此类新物种、新模式。

首先，要想理解新物种的新模式，我们就必须深入理解当前社会人类阅读场景的变化及其作为商业模式基础理念的革新。就其本质而言，实体书店之所以从传统的图书售卖场所演变为如今的文化体验空间，其根本原因在于人类阅读行为的场景发生了变化。接下来我们将根据场景理论，构

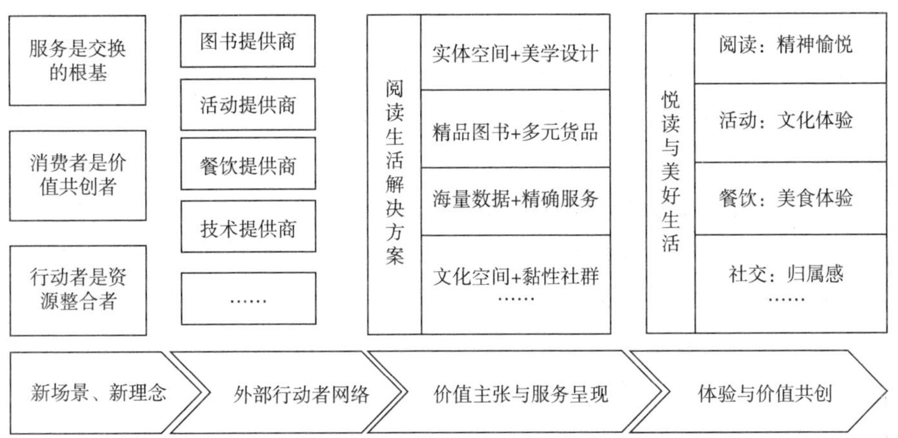

图 2-3　实体书店新商业模式示意

资料来源：笔者绘制。

筑这些新物种的基本场景。众所周知，实体书店的场景构建，既包括客观的空间要素，也有主观层面主体的习惯与体验，以及两者发生“化学反应”时所产生的氛围，大致可概括为空间、体验、习惯与氛围等四个要素，以下分别加以阐述①。

第一，按照戈夫曼的表演理论，空间是主体表演发生的地方，也就是表演的前台②。空间作为舞台至关重要，消费者正是在空间这个“舞台”及其相关服务的基础上完成“表演”并获得其最终产品——体验。营销学理论往往将空间描述为物理的空间及其设计，而媒介学者则将空间视为环境。在笔者看来，对实体书店的空间研究尤其要关注位置——外部空间与环境的关系，以及设计——内部空间的设计与美学呈现。

第二，“体验事实上是当一个人达到情绪、体力、智力甚至是精神的某一特定水平时，其意识中所产生的美好感觉”③，它是人类经济社会发展到一定层次的必然产物，是人类较高层次的心理需求。在场景时代，阅读的体验则表现出以下几个特点：一是阅读与日常生活的关系，它体现为阅

① 周正兵．实体书店如何迎接场景时代：以全民畅读为例［J］．中国编辑，2019（6）．

② 戈夫曼．日常生活中的自我呈现［M］．黄爱华，冯钢，译．杭州：浙江人民出版社，1989：128.

③ 约瑟夫·派恩，詹姆斯·吉尔摩．体验经济［M］．夏业良，等译．北京：机械工业出版社 2002：18-19.

读与生活的情境关系，即阅读是否构成一种生活方式，它能在多大程度上融入生活并提升生活品质；二是阅读自身的体验，阅读某种程度上是借由图书或者其他触媒而实现“精骛八极，心游万仞”，从而与他人或者另外的世界交往并获得某种“美好感觉”的。

第三，如果说体验是即时性的，那么习惯则是历史性的，它代表主体的过往体验，如果按照李泽厚先生的“积淀说”①，主体的过往经历或者习惯与即时体验之间是须臾不分的，习惯会影响体验的方向与深度，体验则会重塑习惯。以阅读为例，我们的阅读习惯与阅读史，不仅决定我们选择什么样的书籍，而且会决定我们能从这些书籍中获取什么样的体验。这样，当主体与客体相遇并发生化学反应时，就会产生氛围，它是1+1之后所产生的大于2的综合性效果。这种氛围具有象征性符号价值，它传递了一定的价值观，从而使场景具有强大的社交功能。如果我们能够在这样的场景中解读实体书店，自然也就能够理解其商业理念的革新，对此我们在前文已有分析，这里就不再赘述。

其次，在服务主导逻辑下，实体书店作为行动者，是一个资源整合者，它不简单是一个实体空间，而是一种零售平台，其具有中介组织的经济性质，通过实体空间整合多元行动者，从而进行多边交易②。对于新型实体书店的资源整合平台性质，全民畅读的经营者是这样理解的，“从读者到消费者，从阅读到生活，从卖场到空间，从实体到平台……书店，正是通过将读者变成消费者，从服务阅读转向服务生活，从图书卖场转变成消费空间，从实体空间转型为超级平台，实现了从消费终点到消费起点的转变”③。质言之，新型实体书店本质上是零售平台，它必须整合多元行动者的资源，构建一个多边的市场。这就意味着，实体书店必须开放企业的边界，接纳更多边界之外的资源，通过与这些外部行动者的协作，共同为消费者提供更优质的服务场景与更多元的精准服务。以全民畅读书店为例，较之传统实体书店而言，它所整合的资源就更为丰富与多元，经营者

---

① 李泽厚．美的历程［M］．合肥：安徽文艺出版社，1994.

② 田洪刚．产业平台、销售平台和产业链环节的重塑：一个服务主导的逻辑［J］．现代经济探讨，2015（10）．

③ 本文案例分析部分主要参考全民畅读经营团队提供的内部研究报告《创造城市书店概念下的新文化空间　建立城市精英人群文化聚集地》，本文未特别注明的引用均出自该报告，本次引用征得作者同意，特此说明并致谢。

对此也有着清晰的认知，“这对空间运营者的跨界整合能力要求相当高：不是书店，但要比书店的选品好；不是一个咖啡简餐馆，但要比其他餐食咖啡好；不是流行地标，但要更时尚、更开放、更舒服、更实惠、更具有人情味”。以下我们就图书、餐饮与服务三个方面展开分析。

第一，图书显然是书店的基础性资源，而全民畅读所整合的不仅仅是实体的图书，更有与图书相关的各类资源，如出版社与作者资源。例如，它就与中信出版社在生活类图书方面有着深度合作，与出版社共同打造并引导轻奢生活方式，这种服务显然超出了图书商品的边界，而其所整合的资源也已经超出了传统企业的边界。就此而言，中信出版社与全民畅读是共同行动者，它们整合彼此的优质资源，共同创造了一种新的价值，而不仅仅是传统商品主导逻辑所强调的价值增值。

第二，既然要倡导一种轻奢生活方式，餐饮显然是必不可少的资源，为了更好地整合这些资源，全民畅读创始团队中就设置了一个特殊的角色——餐饮运营总监，该团队的餐饮运营总监朱永文有着 14 年西餐行业管理经验，且担任过多家连锁企业的行政总厨。从服务主导逻辑的角度来看，餐饮运营总监就是一种操作性资源，其所掌握的丰富的知识与技能，能够调集并整合对象性资源，提升资源品质与利用效率。以全民畅读（特港店）为例，该店所提供的简餐品种丰富，价廉物美，甚至在大众点评网上都有着不错的评价，而这些服务为该店提供了 60% 的毛收入，相比而言，图书的收入只占到 10%。显而易见，这家书店已经不是传统的图书销售场所，而是一种城市文化生活空间，这里所提供的是文化生活体验。就此而言，图书抑或书店是一种体验品，而非消费品，正如创办人赵杰接受媒体采访时所言：“我们想做的是把一本 20 元的书，变成价值 200 万元的体验卖出去。”

第三，与传统的商品主导逻辑不同，服务主导逻辑所强调的不是企业作为主体传递价值，而是各种行动者共创价值，因而企业就承担了不同的角色。具体而言，传统观点认为企业是价值的创造者，消费者是价值利用者，服务逻辑则认为这种观点显然是一种误解，它不仅低估了消费者的作用，同时也高估了生产者的功能：消费者不是被动的价值利用者，而是主动的行动者，其通过自身的操作性资源整合企业所提供的对象性资源，从而共同创造价值；生产者并非唯一的行动者，更不是价值的唯一来源，它在价值创造中的重要角色不是提供价值，而是提出价值主张，并提供与这种价值主张相关的服务。就此而言，全民畅读书店商业模式的关键点在于，它以图书为触媒向其目标客户——城市精英人群，提出了一个新的价值主张——轻奢文化新生活。全民畅读的经营者给出的客户画像是这样的，“他们对于文化生活的渴求以及对生活方式的追求极其敏感而强烈。他们的共性可以通过以下关键词概括：受过良好的高等教育、自律、有爱、开放、向往自由、个性鲜明、有文艺情结、爱好运动、对品质需求大于品牌、注重自我提升等”。按照这种客户定位，全民畅读向消费者发出价值主张，并邀请那些价值观相同的消费者来到自己所提供的服务平台，共创、共享这种价值。当然，全民畅读作为服务提供者，必须提供空间、商品与服务，这里仅就其亲子书店的10月份活动安排（见表2-2），来说明全民畅读如何实现其价值主张——轻奢文化新生活。

表2-2　全民畅读2019年10月份活动安排

序号	内容	时间	条件
1	黄琪英亲子钢琴音乐会	12日17：00—19：00	免费：40组家庭；6～12岁儿童
2	儿童摄影大师班公开课	13日10：00—11：30	免费：40组家庭；7～12岁儿童
3	小昆虫大世界公开课	13日14：30—16：30	免费：30组家庭；6～10岁儿童
4	儿童太空探索公开课	13日10：00—11：30	免费：30组家庭；8～12岁儿童
5	国风民乐演奏会	20日10：00—11：30	收费：199/人，299/2人，399/3人，限额70人；会员85折优惠
6	全球风光摄影大师阿刘专场	27日14：00—16：00	免费

资料来源：根据全民畅读官方海报整理。

最后，当那些志同道合的消费者接受全民畅读的价值主张，走进全民畅读所提供的实体空间，体验它所提供的各种服务时，这个奇妙的价值共创之旅就正式开启了。正如服务营销之父克里斯琴·格罗路斯所言，消费者是价值的最终创造者，而生产者提供产品和服务并与消费者积极互动，共同创造最终的使用价值①。就此而言，消费者的角色至关重要，它不是一种被动的对象性资源，而是一种主动的操作性资源，消费者除了投入时间与精力之外，还需要掌握各类技能与资本，如消费者要有使用商品的知识与技能②。除此之外，由于使用价值发生于不同的场景之中，因此，消费者的独特经验、体验以及社会关系，将影响使用价值的生成③。就此而言，体验与价值共创本质上是一种经验，而不是一种理论，我们当下无法在理论层面界定使用价值，因此，我们只能从来到全民畅读书店的读者的体验层面予以描述。

"左拐右拐，我们终于找到了一个幢土黄色的大楼，不！应该是旧式厂房，一股强烈的文化气息扑面而来，在这远离街道喧嚣和市井繁闹的空旷厂区，我们好像找到了一个全新的精神家园。"④ 这位博主消费者所描述的，正是消费者对全民畅读所提出的价值主张的首次应答，即消费者愿意进入这种召唤结构，主动地参与价值共创的过程。进入书店，读者流连于书店的各种空间，尝试书店所提供的各种服务，享受书店所营造的特殊氛围，读者的全部个体经历与文化资本将全部参与到这场价值共创中，于是就有了在小红书上署名慕容暄的网友的这样一段描述："全民畅读书店是北京最佳体验的书店，打造了最有感觉（feel）的阅读区域，这是一个环境 super nice（超棒）、氛围 super nice、读书 super nice、咖啡 super nice……的绝佳书店，一切都让人感觉舒适无比。"⑤ 当我们作为旁观者，读到这四个"super nice"之时，大概就能理解这次体验的绝妙之处，其所共创的价值自然也超出预期。从这位网友提供的《故宫营造》这部作品的封面中，我们可以想象他（她）坐在有着半个世纪历史的厂房中，悠闲地与有

---

① Christian Grönroos. Service logic revisited：who creates value? And who co - creates ［J］. European Business Review，2008，20（4）：298-314.

② Vargo S L，Lusch R F. Evolving to a new dominant logic for marketing ［J］. Journal of Marketing，2004，68：1-17.

③ Cova B，Dalli D，Zwick D. Critical perspectives on consumers' role as "producers"：broadening the debate on value co-creation in marketing processes ［J］. Marketing Theory，2011，11（3）：231-241.

④ 京西特钢老厂房里的"全民畅读"，安放你自由和追求的文化空间［EB/OL］.［2022-05-27］. http：//www. yxtvg. com/toutiao/5074449/20171021A07YKK00. html.

⑤ 刀刀. 最佳体验书店：全民畅读［EB/OL］.［2022-05-27］. https：//www. xiaohongshu. com/discovery/item/5d1030060000000002801b804.

着几个世纪历史的故宫展开对话，历史与现实，现代的厂房、古老的故宫与那个逼仄抑或宽敞的家之间都会粉墨登场，个中况味可想而知；而该网友所提供的提拉米苏的照片，也许由于光线的原因，提拉米苏的色泽有些暗淡，不过，这种图片所提供的暗色倒是更有咖啡的感觉，让人口中有了丝丝的苦涩，可能会让来访者想到宜家的提拉米苏，这种过往的经历，显然提升了个体的当下体验。当然，其中最为重要的是所有这些发生的空间及氛围，对此这位网友不惜笔墨，大肆渲染了一番："去过很多网红书店，但全民畅读书店让我感觉最放松，体验最佳，设计感十足，功能实用又不浮夸，大面积的阳光房，舒适的阅读桌椅，错落有致的书架，咖啡飘香的餐饮区，每一个角落都利用得恰到好处。"①

四、小结

从上述经验性描述来看，消费者在决定其消费行为时，不仅需要根据理性人效用最大化原则，决定是否消费该产品——这就是传统经济学所强调的交换价值，而且需要自己的情感、文化资本、时间的投入，而其所有的经验与情绪都会参与使用价值的创造，这种丰富与重要程度显然超出经济学所关注的交换价值。换言之，传统商品主导逻辑的研究思路，其研究方法是基于理性人基础上的抽象演绎，将生产者视为价值的生产者与传递者；新兴服务主导逻辑的研究方法，则强调多元行动者共创价值，其研究方法也更多是基于经验的实证研究。就此而言，前面就是一个关于实体书店新物种之新模式的实证研究，我们试图分析各方行动者——经营者与消费者——的动机与行为，以期还原新模式背后的逻辑。

① 刀刀．最佳体验书店：全民畅读［EB/OL］．［2022-05-27］．https：//www.xiaohongshu.com/discovery/item/5d103006000000002801b804.

第三章　数字文化产品的特征

西方知名经济学家瓦尔德福格尔（Waldfogel）曾在其专著《数字复兴：数据和经济学所知道的文化的未来》[①] 中宣称数字化带来了文化产业的复兴。因为数字化将通过去媒化摧毁不少传统产业；但是，随着创意性活动的大幅增长，将推动更多、更受消费者关注的作品进入市场，因此，“我们似乎正在经历一场数字复兴”[②]。对于本章而言，我们先要明确的是，文化产品的数字化形式是什么？正如我们对传统文化产品所分析的那样：将文化产品分为三种类型，即简单形态、复杂形态和特殊形态[③]，通过对这些形态的分析，为对其特征、定价等诸多事项分析奠定了良好的基础。作为数字文化产业讨论的第一个部分，接下来我们将主要讨论文化产业的数字化及其特性，以此作为后续分析的基础。

第一节　文化产品的数字化形式

一、数字文化产业的概念

数字创意产业是现代信息技术与文化创意产业逐渐融合而产生的一种新经济形态。和传统文化创意产业以实体为载体进行艺术创作不同，数字

① Waldfogel Joel. Digital Renaissance：What Data and Economics Tell Us about the Future of Popular Culture ［M］. New Jersey：Princeton University Press，2018.

② 露丝·陶斯，特里尔赛·纳弗雷特．文化经济学手册［M］.3 版．周正兵，译．北京：首都经济贸易大学出版社，2022：294-300.

③ 周正兵．文化产业导论［M］.2 版．北京：经济科学出版社，2014.

创意是以 CG（computer graphics）等现代数字技术为主要技术工具，强调依靠团队或个人通过技术、创意和产业化等方式进行整体设计、开发和服务，强调产品与用户之间、用户与用户之间的互动连结与价值创造。数字创意产业的特点决定了它与技术、文化等诸多领域密切相关。作为一个新概念，数字创意产业在国际上尚无统一标准。就目前的政策而言，我国原文化部与国家发展改革委两大权威机构分别提出过对数字文化（创意）产业的理解。

由 2017 年颁布的《文化部关于推动数字文化产业创新发展的指导意见》中确定数字文化产业的“变革性界定”，即强调数字技术对文化内容生产与消费的变革性提升作用，其界定是：“数字文化产业以文化创意内容为核心，依托数字技术进行创作、生产、传播和服务，呈现技术更迭快、生产数字化、传播网络化、消费个性化等特点，有利于培育新供给、促进新消费”。由国家发展改革委主导的《国务院关于印发“十三五”国家战略性新兴产业发展规划的通知》（国发〔2016〕67 号）确定了数字文化创意产业的“融合性界定”，即强调基于数字技术的行业融合，其界定是：“以数字技术和先进理念推动文化创意与创新设计等产业加快发展，促进文化科技深度融合、相关产业相互渗透。”其后，2018 年 11 月，国家统计局发布《战略性新兴产业分类（2018）》，战略性新兴产业由 2012 年的 7 个增至 9 个，文化创意产业首次被纳入战略性新兴产业，其包括四大部分：数字创意技术设备制造、数字文化创意活动、设计服务以及数字创意与融合服务。

2010 年以来，我国政府进一步重视新兴重大技术突破的革命性影响，并提出《国务院关于加快培育和发展战略性新兴产业的决定》，将战略性新兴产业视为“以重大技术突破和重大发展需求为基础，对经济社会全局和长远发展具有重大引领带动作用，知识技术密集、物质资源消耗少、成长潜力大、综合效益好的产业”。战略性新兴产业的范围从 2012 年公布的七大类，即节能环保、新一代信息技术、生物、高端装备制造、新能源、新材料和新能源汽车，增至 2018 年的九大类，即新增数字创意产业和相关服务业。为此，国家统计局制作了两版《战略性新兴产业分类》，即 2012 版与 2018 版，其中 2018 版分类将数字创意产业正式列为战略性新兴产业（见表 3-1）。这两份文件是讨论我国数字文化产业的重要依据，特别是在其范围界定方面具有权威性。

表 3-1　国家统计局《战略性新兴产业分类（2018）》之数字创意产业

数字创意产业	数字创意产业细分行业	对应国民经济行业名称
数字创意技术设备制造	数字创意技术设备制造	电影机械制造、广播电视节目制作及发射设备制造、广播电视接收设备制造、专业音响设备制造、应用电视设备及其他广播电视设备制造、电视机制造、音响设备制造、其他智能消费设备制造
	数字文化创意软件开发	应用软件开发
	数字文化创意内容制作服务	动漫、游戏数字内容服务、其他数字内容服务
	新型媒体服务	互联网其他信息服务、其他数字内容服务、数字出版
数字文化创意活动	数字文化创意广播电视服务	有线广播电视传输服务、无线广播电视传输服务
	其他数字文化创意活动	其他电信服务，互联网游戏服务，地理遥感信息服务，其他数字内容服务，其他技术推广服务，广播、电视、影视节目制作，广播电视集成播控，电影放映，录音制作，文艺创作与表演
设计服务	数字设计服务	工程设计活动、规划设计管理、工业设计服务、专业设计服务
数字创意与融合服务	数字创意与融合服务	互联网广告服务、其他广告服务、科技会展服务、旅游会展服务、体育会展服务、文化会展服务、旅行社及相关服务、电子出版物出版、图书馆、博物馆

按照《国务院关于印发“十三五”国家战略性新兴产业发展规划的通知》的解读，数字创意产业分为基础支撑领域、核心开发领域和融合渗透领域，各领域相互影响和作用，形成产业发展新动能（见图 3-1）①。

① 潘云鹤，丁文华，孙守迁，等. 数字创意产业发展重大行动计划研究［M］. 北京：科学出版社，2019：23.

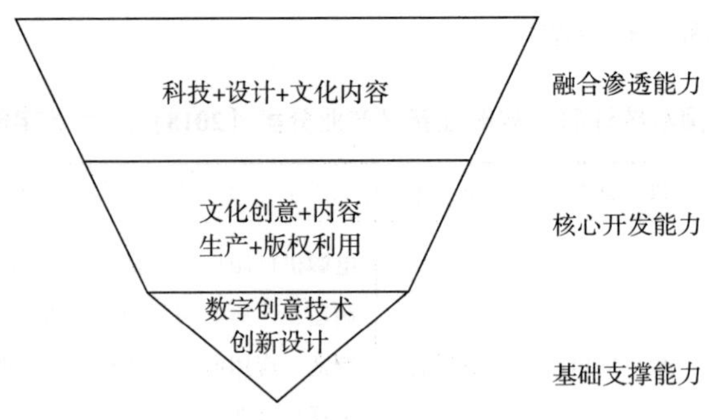

图 3-1　数字创意产业三大领域

按照潘云鹤院士的解读，数字文化创意产业可以从组成结构层面分为三层神经网络结构。其中，基础支撑能力分别为创意技术（technology）和创新设计（design），它们是产业发展的基础能力。与英国的创意产业所强调的创意相比，我国的数字文化创意产业中增加了技术这一维度，当然这与战略性新兴产业是由技术驱动的有紧密关联。中间层主要与文化内容相关，它们提供数字创意产业的核心内容并形成可以向外辐射的版权，其核心内容包括文化（culture）、创意（creativity）、内容（content）与版权（copyright）。随着中间层的内容创意与版权形成，它们就形成了强大的辐射能力，向其他业态进行渗透（X），包括玩具（toy）、体育（gym）和旅游（travel）等多个节点，且随着使用者与生产者的融合，这些节点将得到无限扩张（见图 3-2）①。

二、数字文化产业的规模

对于我国数字文化产业的规模，虽然国家统计局已经出台了数字创意产业统计指标，但是目前尚无相关的统计数据，只有国务院发展研究中心有一个规模预测，初步估算出了我国数字文化产业的规模：2017 年，数字文化产业增加值约为 1.03 万亿~1.19 万亿元，总产值约为 2.85 万亿~3.26 万亿元（详见《中国数字文化产业发展趋势研究报告》，2019）。要想对新兴行业做一个完整周密的统计并非易事，如谷歌委托国际权威机构所做的《互联网和数字化对欧洲创意产业的影响》就直白地承认，由于数据

① 潘云鹤，丁文华，孙守迁，等．数字创意产业发展重大行动计划研究［M］．北京：科学出版社，2019：23.

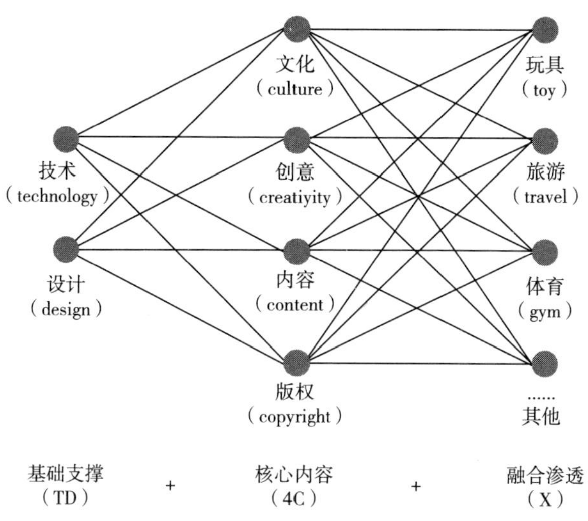

图 3-2　数字创意产业网络全景图

制约因素，所以该报告选择了四个版权类产业，即电视、电影与录像，音乐，图书，视频游戏，及其各类文化机构①，这显然也是统计数字创意产业数据的必要方法。本书根据中国工程科技发展战略研究院出版的《中国战略性新兴产业发展报告（2020）》中所显示的若干重要数字创意产业领域的数据加以描述，即网络文学、数字音乐、网络视频与数字出版等四个领域。

（一）网络文学

阅文集团在其招股说明书中就网络文学发展进行了如下客观描述：①萌芽阶段（20 世纪 90 年代至 21 世纪初），以网络文学网站为主，影响有限且缺乏商业模式；②付费阅读阶段（21 世纪初至 2010 年），付费阅读模式兴起，商业模式成型，市场规模迅速扩展；③移动端阶段（2010 年至今），移动阅读兴起，市场规模迅速膨胀，诸如阅文等大型平台崛起，垄断格局基本形成。中国音像与数字出版协会的《2020 中国网络文学发展报告》显示，2020 年中国网络文学市场规模达到 249. 8 亿元，网络文学用户

① Oliver & Ohlbaum Associates Ltd and Analysys Mason. The impact of the internet and digitalization on the European creative sector [EB/OL]. [2022-12-06]. https://www.analysysmason.com/globalassets/x_migrated-media/media/analysys_mason_the_impact_of_the_internet_on_the_creative_industries_apr172.pdf.

规模达到 4.60 亿人，日均活跃用户约为 757.75 万人，当年累计创作 2 905.9 万部网络文学作品，网络文学作者累计超 2 130 万人，见表 3-2。

表 3-2　网络文学产业市场规模

年份	2016	2017	2018	2019	2020
作品数量（亿部）	0.14	0.16	0.24	0.26	0.28
用户规模（亿人）	3.33	3.78	4.32	4.55	4.60
市场规模（百亿元）	0.97	1.28	1.54	2.05	2.50

资料来源：《2020 中国网络文学发展报告》。

（二）数字音乐

艾瑞咨询的数据显示，2017 年，美国的录制音乐市场规模是中国人均市场消费的 45 倍以上，2013—2017 年间，中国在线音乐付费比例从 0.4% 提升至 3.9%，人均支出翻了两番以上，展现出巨大的增长潜力。目前，在线音乐流媒体服务的很大一部分收入是通过基于下载的收费模式产生的，用户被允许在指定的时段内下载一定数量的歌曲。在线音乐平台一直在探索付费流媒体收费模式，这将为该行业提供了巨大的增长潜力。易观分析的《中国在线音乐市场年度综合分析（2022）》显示，在技术推动作用下，中国在线音乐行业快速发展。与此同时，受新冠疫情影响，在线音乐获得发展红利，云 Live 等新业态为行业注入发展动力，中国数字音乐市场规模平稳增长，到 2020 年市场规模增长至 710 亿元（见表 3-3）。

表 3-3　数字音乐产业市场规模

年份	2016	2017	2018	2019	2020
用户规模（亿人）	4.7	5.1	5.5	6.3	6.6
付费率（%）	4.0	5.4	8.9	10.7	10.9
市场规模（百亿）	5.3	5.8	6.1	6.5	7.1

资料来源：《中国在线音乐市场年度综合分析（2022）》。

（三）网络短视频

短视频是指在新媒体平台上播放、适合在移动状态观看、高频推送、时长在几分钟内的视频内容。自 2011 年“GIF 快手”短视频出现起，短视频行业迎来快速发展：先是数据技术与传输渠道催生短视频行业如雨后春笋般生长起来，行业进入发展期；2016 年后，随着资本的大举进入，抖音、快手、西瓜、土豆等短视频企业展开激烈争夺，用户与市场规模竞相增长；自 2018 年以来，随着抖音与快手占据该行业头部地位，短视频行业进入稳定期。2021 年 8 月中国互联网络信息中心发布的《中国互联网络发展状况统计报告》显示，我国短视频用户已达 8.88 亿，占全体网民的 87.8%，人均日使用时间长达 125 分钟，超过半数的人每天都会刷短视频，2020 年网络短视频市场规模已达到 1 504.89 亿元。表 3-4 为 2016—2020 年我国网络短视频产业市场规模。

表 3-4　网络短视频产业市场规模

年份	2016	2017	2018	2019	2020
用户规模（亿人）	1.90	4.10	6.48	7.73	8.73
市场规模（千亿元）	0.19	0.55	0.47	10.06	15.04

资料来源：《中国互联网络发展状况统计报告》，2021。

（四）数字阅读

就笔者而言，自 2010 年以后就很少买实体书，而更多是阅读数字化读本，数字化读本是通过去实体化（也就是数字化方式）将产品生产流程从物理状态转化为虚拟状态。笔者之所以进行数字化阅读，是家中的物理空间实在有限，另外，与实体书相比，数字出版具有存储量大、检索便捷、便于保存、成本低廉等优点。根据中国音像与数字出版协会等机构出版的《2021 年度中国数字阅读报告》，2020 年中国数字阅读产业规模达 351.6 亿元，数字阅读用户规模达 4.94 亿（如表 3-5 所示），人均电子书阅读量 9.1 本，人均有声书阅读量 6.3 本，平均单次电子阅读时长为 79.3 分钟，有声阅读时长为 62.8 分钟。

表 3-5　数字阅读市场规模

年份	2016	2017	2018	2019	2020
用户规模（亿人）	3.33	3.78	4.30	4.68	4.94
市场规模（千亿元）	0.97	1.28	1.54	1.83	3.52

资料来源：《2021 年度中国数字阅读报告》。

第二节 数字文化产品作为信息产品的特征

对于数字文化产业而言，以什么样的学科范式来描述显然是个问题，《文化经济学手册》（第三版）给出的解释是“信息产品”：“它们本质上由象征性内容组成，这些内容能够刺激玩家的思维，让其获得独特的经历或沉浸体验。”国际知名文化经济学家迈克尔·哈特（Michael Hutter）在撰写“信息产品”条目时将其特征概括为三个方面，即“访问、丰裕和依附”，这让我们从信息产品的基础构架、生产与消费特性等方面，更为透彻地了解数字文化产业的属性，这也是解读数字文化产业领域的重要理论地基[①]。

一、信息产品

从经济学角度而言，对信息产品或者信息经济的研究最早始于美国学者弗里茨·马克卢普（Fritz Machlup）。他在其1962年撰写的信息经济论著《美国的知识生产与分配》中首次提出了“知识产业”这一概念，主要包括教育、科学研究与开发、通信媒介、信息设施和信息活动等五个方面。与此同时，他还大胆测算出“知识产业”在1958年美国国民经济当中的占比为29%，其劳动力占比则为32%[②]。10年后，美国哈佛大学的社会学家丹尼尔·贝尔在《后工业社会的来临》中正式提出并界定了“信息经济”：“信息在本质上是一种集体商品而不是私人商品（如财产）。在商品销售上，生产商之间的‘竞争’战略显然是可取的，这可以避免企业变得懒散或形成垄断。然而，为了优化社会对知识领域的投资，我们必须采取‘合作的’战略，以提高知识在社会内的扩散和使用。关于信息的这个新问题，在后工业社会的理论和政策方面，向经济学家和决策者们提出

---

① 露丝·陶斯，特里尔赛·纳弗雷特．文化经济学手册［M］. 3版．周正兵，译．北京：首都经济贸易大学出版社，2022：361-366.

② 弗里茨·马克卢普．美国的知识生产与分配［M］. 孙耀君，译．北京：中国人民大学出版社，2007.

了最有力的挑战。”① 在他看来，由于信息经济的崛起，新的社会网络不再是传统的工业社会的旧模式，而是一种新型的模式，即后工业或后现代社会，与此同时，他还列举了后现代社会的几大特征：智能技术的出现，知识阶级的扩展，从商品转向服务以及匮乏的终结等。应该说，这些探讨对于理解信息经济或信息产品有着开创性意义。但是，这些理论大多具有预测性质，距离本书中要讨论的数字经济或者数字文化产业尚有一定差距。就此而言，“数字经济之父”唐·塔普斯科特（Don Tapscott）所著的数字经济开创之作——《数字经济：网络智能时代的前景与风险》，成为我们分析信息经济的立足点。

在这部专著中，唐·塔普斯科特率先指出，数字经济作为一种新的经济范式，其所承载的信息与传统经济有着明显区别：“在传统经济中，信息流是有形的：现金、支票、发票、提货单、报告、面对面会议、模拟电话或广播和电视传输、设计图、地图、照片、乐谱或直邮广告等。在新经济中，各种形式的信息则都数字化了——简化为存储在计算机中的比特，并以光速跨网络流通。使用计算机的二进制代码，信息和通信变成数字化的 1 和 0。”② 正如丹尼尔·贝尔所预测的黏性，智能技术必然带来知识阶级的崛起，其人口占比将不断增长。不过他没有想到的是，这种知识阶级的崛起不是以个体的身份，而是以集体智慧的方式：“新经济也是一种知识经济，它基于我们所生产的一切及其方向。在新经济中，越来越多的经济附加值是由大脑而不是肌肉创造的……这不仅是技术的网络工作时代，而且是人类、组织和社会的网络工作时代。”基于此，唐·塔普斯科特绘制了新的数字经济的方式，即融合技术所生成的新的经济范式：“计算机（硬件、软件、服务）、通信（电话、有线、卫星、无线）和内容（娱乐、出版、信息提供商）的融合形成了一个新的工业部门”③。如图 3-3 所示。

当然，对于这种新范式的描述有很多种类，如彼得·德鲁克（Peter Drucker）称之为“网络组织（networked organization）”，彼得·森吉（Peter

---

① 丹尼尔·贝尔．后工业社会的来临［M］．高铦，王宏周，魏章玲，译．南昌：江西人民出版社，2018.

② Don Tapscott. The Digital Economy：Promise and Peril in the Age of Networked Intelligence［M］. New York：McGraw-Hill Inc.，2015：16.

③ Don Tapscott. The Digital Economy：Promise and Peril in the Age of Networked Intelligence. New York：McGraw-Hill Inc.，2015：17-19.

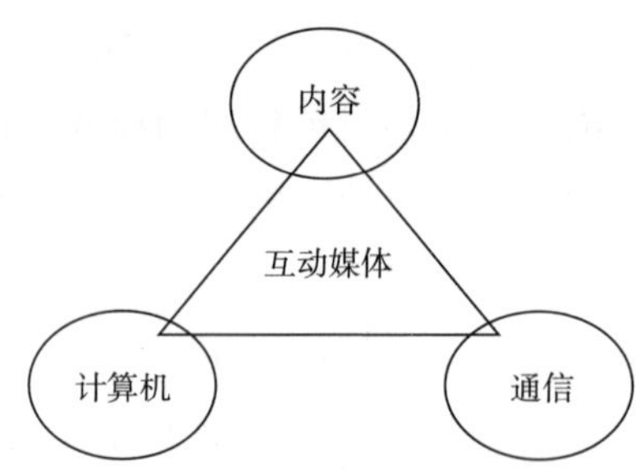

图 3-3　基于融合技术的新范式

Senge）则称之为“学习型组织”，大卫多和马龙（Davidow and Malone）称之为“虚拟企业”，彼得·基恩（Peter Keen）称之为“关系型组织”等①。不论你如何称谓这种范式，都意味着这种新范式将有不一样的运作模式，唐·塔普斯科特重新引入科斯定律对这种新范式加以说明，这显然也是我们理解新范式的逻辑起点。

我们知道，科斯定理的要义在于发现了交易费用与产权安排的关系，其中交易费用包括搜索成本、合同成本及其执行成本，这些成本将决定产权制度的安排，以便决定是通过设立企业并通过内部制度实现强制性交易，还是通过市场实现自由交易。也就是说，如果产权通过制度安排实现内部交易的成本低于市场交易的成本，那么企业就有可能扩张规模，通过内部交易降低成本。这就是科斯在 20 世纪 30 年代面临美国超级企业崛起时所给出的答案，但是，在互联网时代，科斯定律将会因为互联网生产范式发生什么样的变化？在唐·塔普斯科特看来，互联网使交易成本迅速下降，以至于内部执行的交易成本不再超过外部执行的交易成本。因此，“从现在开始，生态系统而不是企业本身，应该成为试图理解新经济的商业战略家的起点，以及那些力争在新经济中取得成功的管理者、企业家和投资者的起点”②。接下来，我们就基于这种新范式来理解计算、内容、通信的意涵和特征。

首先，所谓计算（computing）表示的是，数字化信息本质上呈现为由

① Don Tapscott. The Digital Economy：Promise and Peril in the Age of Networked Intelligence [M]. New York：McGraw-Hill Inc.，2015：21.

② Don Tapscott. The Digital Economy：Promise and Peril in the Age of Networked Intelligence [M]. New York：McGraw-Hill Inc.，2015：53.

1 和 0 组成的数值形式。列夫·马诺维奇（Lev Manovich）在《新媒体的语言》中对此也有着准确的说明，即这些信息都以数学形式来描述，并且受算法的控制，因此所有信息语言都是可编程的[①]。在唐·塔普斯科特看来，这种数字形式可以表述为分子化——独立存在的最小数字元素，而可编程性则给信息带来巨大的融合性，这在数字经济中有着深入的分析，以下我们就此展开说明。对于信息的数字化，列夫·马诺维奇有着清晰的描述，即通过采样与量化，将各种信息演化为数字化的分子，这些作为分子的信息可以个性化定制与自动化生产。基于此，所有受众都可以通过成百上千的分子化媒体渠道，进行自动化沟通与互动。与此同时，因为这些分子化媒体是自动化与互动的，所以这些信息具有强大的融合性特征，即“新经济是一种网络经济，将分子整合到集群中，与他人建立网络，以创造财富”[②]。这就是知识经济，即通过分子化网络集聚集体的智慧，得到、喜马拉雅等就是这方面的明证。

其次，所谓内容，是指包括娱乐、出版等在内的诸多信息，这些信息最大的特征就是创新性。在唐·塔普斯科特看来，“在新经济中，从大规模生产将过渡到商品和服务的大规模定制——就像从亨利·福特公司所生产的每辆车都是黑色的，而好莱坞明星亨利·方达所表演的每一部电影都迥然不同”[③]。当然，这种内容方面的创新性主要与生产者的角色转化有关，如今的生产者皆可称为数字劳动者，对此我们将在数字文化产品生产部分展开说明。

最后，所谓通信，表达的是媒体的交互性，即信息内容通过多渠道网络相互交流与沟通。列夫·马诺维奇对此有着明确的描述，即“旧媒体有固定的呈现顺序，用户无法与其进行交互。但现在的用户可以与媒体进行交互。在交互的过程中，用户可以选择显示哪些元素或者用怎样的路径读取文件，从而生成一个独一无二的作品。从这种意义来看，用户成了新媒体作品的作者之一”[④]。在唐·塔普斯科特看来，这种交互性最大的体现就

---

① 列夫·马诺维奇．新媒体的语言［M］．车琳，译．贵阳：贵州人民出版社，2020.

② 列夫·马诺维奇．新媒体的语言［M］．车琳，译．贵阳：贵州人民出版社，2020.

③ Don Tapscott. The Digital Economy：Promise and Peril in the Age of Networked Intelligence［M］. New York：McGraw-Hill Inc.，2015：64.

④ 列夫·马诺维奇．新媒体的语言［M］．车琳，译．贵阳：贵州人民出版社，2020.

是生产者与消费者界限的消失，生产者与消费者融合为一种新形式的产消模式（prosumption），对此我们将在数字文化消费部分展开说明。

唐·塔普斯科特基于数字经济的角度分析，显然可以作为信息产品的基础，因为数字文化产业只是内容有所不同，即它是由具有象征性的内容构成而已。因此，本文据此采用迈克尔·哈特对信息产品的界定，即“它们本质上是由象征性内容组成的，这些内容能够刺激玩家的思维，让其获得独特的经历或沉浸体验”。

二、信息产品的基本特征

（一）访问而非占有

数字文化产业的核心是内容产业，包括数字出版、数字文学、数字音乐等，这些数字化产品其实是用于对数字化符号及其意义的传播，就此而言，它们具有非独占性与非排他性，因此，有关其产权保护的问题就是个悖论：一方面，如果没有产权保护，就没有足够的信息生产；另一方面，如果有产权的保护，信息就不会被充分地利用。但是，知识产权赋予这些信息产品特殊的“访问”权，而非传统物理意义上的“占有”权，即授予消费者在不独家“占有”的前提下“访问”信息产品①。从生产的角度而言，这些产品的生产需要消耗资源，如果没有产权保护就不会有足够的生产，因此，产权保护是信息生产的先决条件。当然，信息产品产权设置的重要目标就是促进生产，保证有源源不断的产品来刺激与活跃市场，但是，这里所强调的是“访问”而非“占有”，考虑的核心问题是其公共物品属性的分享问题。

如前所述，数字出版、数字音乐等数字产品在分享时具有非排他性，即当这些已经成形的作品上传至互联网后，其消费无需浪费任何资源，公众可以尽情享用之，也就是说这些数字产品具有一定的公共产品特征。当然，从技术的角度而言，如今的数字技术（如加密技术）可以实现排他性分享。但是，作为技术手段的补充，法律手段不得不采用一种不同于物质世界所采用的“占有”概念，而是采用“访问”概念：“访问不再需要实物的所有权，

---

① Hutter M. Postscriptum: Analyzing Property Rights in the Age of Digital Transactions [J]. Munich Social Science Review New Series, 2018 (1): 5-16.

因此，购买商品的替代选择变得更为有利。”① 以数字影视为例，人们不再要求“占有”物质载体及其负载的影视产品，而只要求通过互联网渠道随时随地“访问”影视产品。例如，某人在腾讯视频网站上花了 258 元购买 VIP 会员资格，就能在今后一年的时间内免费“访问”腾讯视频所载有的大部分网络资源，但是，你并不“占有”所有这些资源，这些资源仍然掌控在腾讯公司手中。

由于消费者“访问”而非“占有”资源，这使得生产企业的定价策略发生了根本性的变革，例如腾讯 VIP 就采用了统一费率策略，即所有购买 VIP 会员资格都统一执行每年 258 元的价格。对于消费者而言，每年以258 元价格购买海量资源，似乎是值得的，而随着购买的人数增长，腾讯公司获得的经济收益也越大，我们不妨以图示方式对这些适销对路的信息产品予以说明。如图 3-4 所示②，假设视频信息产品的社会价值可以用货币衡量，横轴表示信息产品的产量 Q，纵轴表示其收益 B，其中生产者收益 PB 和社会收益 SB 都是产量 Q 的增函数，其中 Q' 是边际成本与收入相等时的均衡产量。鉴于这种信息产品的需求量较大（以腾讯视频为例），它以降低的价格吸引更多的消费者，贡献更多的社会收益，故而其产量常常超出 Q' 水平。在 Q 点上，PB 与 SB 都是随 Q 增长的增函数，故而将这两条曲线合并。在这种情形下，市场机制发挥了很好的资源配置作用，其中腾讯公司虽然耗费了大量的生产成本，但是其薄利多销的方法，不仅贡献了更多的社会效益，而且它自己也因此获得了丰厚的利润。

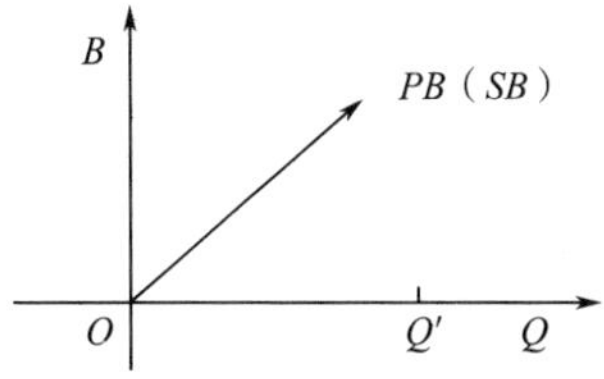

图 3-4　信息产品的生产与社会效益

---

① 露丝．陶斯，特里尔赛·纳弗雷特．文化经济学手册［M］. 3版．周正兵，译．北京：首都经济贸易大学出版社，2022：361-366.

② 袁红．信息产品的经济特性与市场机制分析［J］. 情报科学，1998，16（1）：24-28.

（二）超供而非稀缺

罗宾斯在《经济科学的性质和意义》中就经济学给出了权威的界定，即“经济科学研究的是人类行为在配置稀缺手段时所表现的形式”①。对于罗宾斯而言，经济科学最重要的是关乎稀缺条件下资源的配置问题。对此他举例说，“厨师的服务和歌剧舞蹈者的服务相对于需求而言是有限的，并且可加以选择使用”，因此，决策者面对这些稀缺资源时就必须加以选择，是购买厨师所提供的食品，还是艺术家所提供的服务。但是，对于信息产品而言，其复制成本为零，那么，传统经济学所描述的稀缺性将为丰裕性所代替，对此凯恩斯、加尔布鲁斯等人已有描述。如凯恩斯在《我们后代的经济生活前景》中就大胆预测：“假定没有重大的战争，也没有重大的人口增长，经济问题在一百年内将得到解决，或至少可望得到解决。这意味着，如果我们展望未来，经济问题将不是人类的永恒问题。”② 当然，对于信息产品而言，其生产不是资源的转化与加工，它只是数字化的访问，本身不需要消耗任何物质资源。也就是说，当数字内容的母体已经生产并存放在互联网之上后，那么任何的访问都是非竞争性的，对其的使用几乎可以免费，所以互联网经济常常有“自然垄断”的特征，即单一生产商的成本优势使其价格远高于成本。由于这种“自然垄断”的特征，数字内容企业常常希望市场上充斥其产品，甚至通过免费赠阅等方式吸引消费者，从而提高市场占有率，并从中获取利润。

当然，这些都是数字产品的基本特征，而迈克尔·哈特所强调的是丰裕语境下的数字文化产品“超供”特征③：一方面，由于文化产品的“无人知晓”特征，生产者不知道哪些产品会成功，加之文化产品创作的自我满足感，使得这个领域的生产超过了需求；另一方面，由于生产领域的“超供”，人类的注意力就变得十分稀缺，因此，广告营销与等级推荐制度就成为吸引人们注意力的重要法宝。对于注意力经济问题我们将在下文再叙，这里仅讨论超供现象。诚如凯夫斯（Caves）在《创意产业经济学：艺术的商业之道》一书中所言，创意产业的核心特征之一就是“无人知

① 罗宾斯．经济科学的性质和意义［M］．朱泱，译．北京：商务印书馆，2000：19.

② 凯恩斯．预言与劝说［M］．赵波，包晓闻，译．南京：江苏人民出版社，2000.

③ Throsby D，Hollister V. Don’t Give Up Your Day Job：An Economic Study of Professional Artists in Australia［M］. Sydney：Australia Council，2003.

晓”，即“虽然生产者对生产过程了如指掌，但他对顾客能否喜欢却一无所知”。传统经济学的解释通常是信息不充分或者不对称，如我们因为无法了解产品充分的信息，所以无法给出正确的决策。但是，凯夫斯从管理学角度特意提醒道，这里的问题不是信息不对称，而是对称性无知（symmetrical ignorance）[①]。由于这种对称性无知，内容生产者为了避免失败，因而不把鸡蛋放在一个篮子里。例如好莱坞创设的节目单（portfolio）模式，其一年生产十余部电影，即便一两部失败了，也有其他电影予以补救。当然，这样自然就出现了内容产业的超供现象。除此之外，数字内容创造会带来超乎寻常的自我满足感，这种满足感也会造成数字内容产品的超供[②]。特别是在“产用（produsage）”模式下，消费者转化为生产者，他们透过自媒体方式生产各类产品，自娱已经成为其核心目标，这种满足感无疑也造成了产品的超供。君不见，阅文集团的写手们一天就能制造万余字的文字（即便市场不能给其任何回报），以至于仅 2020 年一年里阅文集团就已经上线 280 万部长篇小说，这有力地证明市场上存在大量的超供现象。

（三）依附而非独享

自从 2004 年约翰·巴特利（John Battelle）创设 Web2.0 概念以来，互联网的特征往往被界定为开放、共享和去中心化。与 Web1.0 相比较而言，Web2.0 典型的特征就是用户更加深度地参与互联网，他们之间通过互动形成社区群落。而迈克尔·哈特从消费者的角度将其概括为依附性，即消费者之间存在依附关系与“社会传染效应（social contagion effect）”[③]，其消费网络效用将以 $U=n(n-1)$ 的速率增长，直至个体与远在天涯的个体的依附效应为零[④]。从消费的角度而言，这种依附性主要体现在两个层面：一是消费者之间的网络效应造成消费社群指数级的增长，二是消费社群的

---

① Richard Caves. Creative Industries: Contracts between Art and Commerce [M]. Boston: Harvard University Press, 2000.

② Throsby D, Hollister V. Don't Give Up Your Day Job: An Economic Study of Professional Artists in Australia [M]. Sydney: Australia Council, 2003.

③ Kretschmer M, George M Klimis, Chong Ju Choi. Increasing Returns and Social Contagion in Cultural Industries [J]. British Journal of Management, 1999 (10): 61-72.

④ 露丝·陶斯，特里尔赛·纳弗雷特．文化经济学手册［M］. 3 版．周正兵，译．北京：首都经济贸易大学出版社，2022：361-366.

偏好依附造成超级明星现象。

以我们熟知的微信为例，2018 年，微信月活用户达到 10 亿，而这只用了 8 年时间。其中，朋友圈是其获客的制胜法宝，正是朋友圈吸引了更多消费者加入，加入的消费者又成为微信平台的节点，而所有这些节点的平方就是网络效应。笔者自己差不多是 2015 年下半年才开始使用微信的，其时微信用户已经超过 5 亿人，几乎超过 90%的智能手机上都安装了微信。笔者显然是个落伍者，不仅没有 QQ，而且在微信方面也属于其中10%的“落后分子”。尽管如此，消费者之间的“社会传染效应”开始发挥作用，笔者见自己的同事、学生都使用微信，不免感觉自己被“孤立”起来了。更为重要的是，笔者供职的单位开始建微信群，以方便通知各种事项，就不得不“非自愿”地加入微信群体，成为朋友圈的一个节点，恐怕有不少人也是以类似方式加入其中的，这自然也在不同程度上造就了微信群体指数级的增长。对于大多数的数字文化消费而言，这种依附效应十分明显，同侧的消费者越多，社交的话题越丰富，那么同侧的消费者就享有更优的数字内容与社交服务。

特别是就社交型数字文化产品而言，消费者社区参与水平与付费意愿之间有着紧密的关联，有西方学者通过对 Last. fm 消费者的研究发现，当消费者攀登所谓的“参与阶梯”时，即以社区成员身份加入小组、领导小组、在论坛上发布帖子，以及在博客上添加条目等时，其参与的程度越高，支付意愿就会越强，这甚至比内容消费量对付费意愿的影响更大，具体可见表 3-6①。

表 3-6　比较订阅者和非付费用户的活动水平

	变量名	订阅者平均数	用户平均数	占比	U 检验 p 值	T 检验 p 值
内容消费	播放曲目	21 689	17 617	1. 23	0. 427	0. 00 ***
内容组织	播放列表	1. 29	0. 77	1. 67	0. 00 ***	0. 00 ***
	喜爱的曲目	210. 34	65. 97	3. 18	0. 00 ***	0. 00 ***
	创建的标签	21. 27	9	2. 40	0. 00 ***	0. 00 ***
朋友	朋友	21. 19	14. 56	1. 45	0. 00 ***	0. 00 ***

① Oestreicher-Singer G, Zalmanson L. Content or Community? A Digital Business Strategy for Content Providers in the Social Age [J]. Mis Quarterly, 2013, 37 (2): 591-616.

续表

	变量名	订阅者平均数	用户平均数	占比	U 检验 p 值	T 检验 p 值
用户的朋友	用户的朋友	2.82	0.42	6.71	0.00***	0.00***
社区参与	群组成员人数	8.98	5.27	1.70	0.00***	0.00***
	论坛发帖	27.31	9.12	2.99	0.00***	0.00***
	博客条目	0.89	0.42	2.11	0.00***	0.00***
社区领导	领导的数量	0.17	0.07	2.42	0.00***	0.00***
人口统计资料	用户的年龄	29.43	23.08	1.27	0.00***	0.00***
	加入网站后的天数	652.08	720.53	1.10	0.00***	0.00***

注：*** 表示显著性 P 值小于 0.001。

由于消费者在社区当中存在相互依附关系，因此他们常常形成一个消费活跃、互动频繁的互联网社区，这些消费社区存在偏好依附，即消费者会涌现出某种共同性倾向，并产生超级明星现象。如今互联网所谓的“破圈”现象就是这种“涌现”的最好例证，最近几年李子柒的火爆就是个最佳例证。李子柒，原名李佳佳，一位典型的 90 后，她自 2015 年起开始年拍摄美食短视频，倡导“中国式田园生活”。2016 年，她凭借短视频《兰州牛肉面》获得全网关注。此后几年，李子柒及其倡导的“中国式田园生活”开始出圈，其国内微博粉丝量超过 2 000 万，而在 YouTube 订阅量更是刷新 1 410 万的记录，创下“YouTube 中文频道最多订阅量”的吉尼斯世界纪录。据说李子柒为了学习活字印刷术，曾虚心向木活字印刷术第 34 代传人拜师学习；为学习拉面的制作，李子柒拜师学习两个月……这种对传统技艺的敬重，让她能够全场景地呈现“中国式田园生活”。从某种意义上讲，李子柒成了“中国式田园生活”的当代镜像，以至于获得了包括《人民日报》在内的主流媒体的褒奖，盛赞其作为“文化输出大使”的杰出表现。正如安迪·沃霍尔所预言的那样，“每个人都能出名 15 分钟”，如今的互联网社群更是让好的内容生产者迅速“出圈”，成为超级明星。

第四章 数字文化产品的生产

当我们在讨论传统文化产品生产时，往往只关注传统型文化产品，这就意味着：其一，我们讨论的创意者都是传统型的，他们与产业工人没有区别，只是所从事的是创意性劳动而已；其二，我们讨论的创意管理更多是指企业内部的管理关系，很少涉及外部的合同关系①。但是，到了数字文化产业这里，这种情况将发生根本性改变，这里讨论的是数字劳动力，即通过人类行为的资本化或数据化，来创造价值与积累资本。因此，我们有必要介绍数字劳动力的概念及其特征，并以数字文学生产者为例来说明合同的外部管理问题。

第一节 从生产者到创意者

一、从生产者到产消者

饶有趣味的是，最早注意到人类社会生活中这种生产者-消费者合体现象的是未来学家——阿尔温·托夫勒，他在1980年写就的《第三次浪潮》这本书中发明了“产消者”一词，即指那些为了自己使用或者自我满足，而不是为了销售或者交换而创造产品、服务或者经验的人。不论是作为个人还是集体，只要我们既生产又消费自己的产品时，就是在做着“产消合一”的事②。阿尔温·托夫勒关于“产消者”的命名意义非

① 周正兵．文化产业导论［M］.2版．北京：经济科学出版社，2014.

② 阿尔温·托夫勒．财富的革命［M］.吴文忠，等译．北京：中信出版社出版，2006：151.

凡：一方面，他不仅首次注意并定义了这种初见端倪的现象，而且其很多预测都已被证实；另一方面，其综合性研究方法，为产消者这个概念的描述提供了一个具有历史性的、全局性的人类社会视野。因此，托夫勒的产消者概念，不仅是我们今天从网络社会角度研究创意者的重要理论支撑，而且是此项研究不可或缺的历史场景，舍此，我们很难窥其全貌。

在托夫勒所提出的产消者概念中，最值得注意的是其历史观，即人类的生产与消费角色在三次浪潮中分分合合的历史："第二次浪潮把人类的生活劈成两半：生产和消费的分裂。例如，我们往往习以为常地认为自己是生产者或是消费者，但这并不总是正确的。在工业革命以前，人类所生产的大部分食物、货物和提供的服务，都是为生产者自己及其家庭所消费的，还有一小撮权贵剥削了剩余部分，以供他们享用。"① 托夫勒从人类生产与消费分合的视角描述了人类社会演进的三次浪潮，其视角颇为殊异，但是，这正是人类社会的真实历史：工业革命通过对生产者与消费者的分离大大提升了生产的效率与能力，并推动了人类社会的快速发展，但是，这也进一步撕裂了人类原本合体的双重身份，导致人类深层次的生存危机，正如后马克思主义所谓的"单向度的人"或者"机械复制的时代"。随着第三次浪潮的兴起，"这种目的在于使用的生产，看来可能具有较大的经济意义，而当它开始占去我们更多时间和精力的时候，它也开始塑造人们的生活和浇铸我们的社会性格"②。质言之，我们今天研究网络社会的创意者，不能局限于产业的视角，而应该拓展至历史与社会的视角，这样才能准确把握这个概念的深刻内涵，而这正是托夫勒有关产消者的重要思想遗产。

在《第三次浪潮》中，托夫勒分别用了两个标题来描述产消者行为的不同类型，即"自己动手干"与"外行人与内行人"：前者其实就是DIY，即消费者由于相对不具有经济规模而选择自己动手完成原本由市场提供的产品或者服务，如自助加油、自动售货，乃至自己维修家电、房屋等；后者则指消费者参与生产链的某个环节，如设计、营销等，其典型例证就是

① 托夫勒．第三次浪潮［M］. 朱志焱，潘琪，张焱，译．北京：三联出版社 1983：83.

② 托夫勒．第三次浪潮［M］. 朱志焱，潘琪，张焱，译．北京：三联出版社 1983：452.

美国得克萨斯仪器公司，在其产品设计中邀请消费者参与并大获成功①。在托夫勒看来，不论是哪种形式的产消者，其根本性特征在于生产者与消费者差异的消失，而其根本影响在于市场在社会中地位式微。对于前者，托夫勒其实在概念命名时就有分析，这里不再赘述；对于后者，作者在其后的《财富的革命》一书中有着更深度的分析，这里摘其要予以分析。

首先，从宏观角度而言，随着人类社会进入第三次浪潮，在第二次浪潮中因生产与消费割裂而发挥重要作用的市场，将由于产消融合而丧失其重要性，因为对于产消者而言，更多产品不是经由市场，而是由自己或者自助性组织提供的。

其次，从个体的角度而言，产消者的动机更为多元，其可能是如传统经济学所假设的经济人，以利益最大为目标，也可能有一种自助性、“不计报酬”的动机，甚至是一种作为志愿者的公益性动机。

最后，从产品的角度而言，其市场边界变得模糊。一方面，产消者的出现威胁市场化产品，促使其提供更廉价甚至免费的产品，如 IP 电话、Linux 软件等，从而加速了市场化与非市场化的循环；另一方面，产消者在促进非市场化的同时，也开发出一种新的市场，如 Linux 作为开源软件可以免费使用，但是，围绕其应用所衍生的相关服务却形成了一个新的庞大的市场。

作为未来学家，托夫勒有关产消者理论，也许不能作为我们理解互联网背景下创意者的直接学术资源，但是，不论是其宏观的视野与历史观，还是其概念界定、特征描述以及影响预测都具有十分重要的学术价值，可作为此类研究文献综述中一个不错的开端。

托夫勒提出的产消者概念在学术界引起了广泛的影响，其中尤以营销大师菲利普·科特勒（Philip Kotler）与维基经济学作者塔普斯科特最为著名，我们的分析就由此展开。科特勒在《第三次浪潮》中提出产消者这个概念之后，并没有引起多大反响，学术界也很少有人“接着说”，而科特勒在该概念提出 6 年之后，第一次系统阐释了这个概念，并从其所熟悉的营销视角予以拓展，这就是《产消者运动：营销者的新挑战》②。作为一位

---

① 托夫勒．第三次浪潮［M］．朱志，焱，潘琪，张焱，译．北京：生活·读书·新知三联出版社，1983：340-346.

② Philip Kotler. The Prosumer Movement：a New Challenge For Marketers ［J］. Advances in Consumer Research，1986，13：510-513.

学术巨匠，科特勒的文献综述能力实在了得，他以表格形式所总结的产消者理论简洁明了，这里引述如下（见表 4-1）。

表 4-1　科特勒范式

	主题	反题	合题
	第一次浪潮	第二次浪潮	第三次浪潮
主导性机构	农业	工业	家庭
生产者与消费者的结合	大量产消者（A 部类很大）少量消费者（B 部类很小）	少量产消者（A 部类很小）大量消费者（B 部类很大）	大量产消者（A 部类变大）少量消费者（B 部类变小）
重要流程	自我生产	工业化、市场化	去工业化、去市场化、去大规模化
规则	生存	效率（生产者）享受（消费者）	个体主义
社会关系	血缘关系、朋友关系与部落	合同、交易与工作空间	家庭、朋友与邻里

资料来源：Philip Kotler，1986。

说明：科特勒将经济分为两个部类，其中 A 部类是指生产与消费融合，也就是产消者占主导的部类；B 部类则指生产与消费分裂，也就是市场占主导的部类（笔者注）。

除此之外，科特勒还从营销的视角剖析了产消者出现可能带来的影响，如消费者将在产品设计中扮演愈来愈重要的角色，销售场所将愈来愈地方化，促销将愈来愈注重个性化等。当然，科特勒对产消者理论也有所拓展，这主要体现在这样两个方面。其一，产消者运动有两种相反的动力：一方面，劳动力成本上升、新技术发展等要素推动了产消者运动；另一方面，那些利益因此受损的集团将利用法律等手段阻止产消者运动，如国际传媒巨头就试图通过版权法来阻止其媒介产品的免费使用与传播。其二，产消者可分为两种类型，一种是狂热爱好者（avid hobbyist），就是“那些将主要时间用于交换产品、将其业余时间用于若干爱好的人”；另一种是核心产消者（archprosumer），就是那些践行“自愿至简”（voluntary simplicity）生活方式的人，他们在很多领域都绕开市场，亲力亲为。

如果科特勒“接着说”的内容与网络社会关联度有限，那么，另外一位“接着说”的学者塔普斯科特，则直接将话题锁定在网络社会的经济逻辑上，并在其名著《维基经济学》中专列一章，讨论产消者问题，以下就此展开分析。颇为诡异的是，塔普斯科特在界定产消者时并没有提及托夫勒，而是自己基于“第二人生”案例，重拟了一个粗略的定义，“这意味着‘第二人生’并不是典型意义上的‘产品’，它甚至不是典型的计算机游戏。它几乎全部是由它的消费者创造的，你可以说这些用户既是消费者也是生产者，或者我们称之为‘产消者’”[①]。按此定义我们不难发现，一方面，塔普斯科特继承前说，强调“生产者与消费者之间界限的趋于模糊”；另一方面，他基于“第二人生”等网络经济的案例，更加强调产消者模式不是传统意义上的“以客户为中心”，而是一种新模式，“该模式中消费者积极、持续地参与产品创作”[②]。

其实，比较塔普斯科与托夫勒关于产消者界定的细微差别后我们不难发现，造成这种差异的根本原因在于立论的现实基础有所不同：一个是后工业化社会早期工业化内部的创新实践，其典型案例如自动售卖机等 DIY 类型或者消费者参与生产链中的某个环节等；另一个则是后工业化后期（特别是网络社会）的虚拟创新实践，其典型案例则是如维基百科、“第二人生”这种基于互联网虚拟社区的创新实践。

就此而言，塔普斯科关于产消者特征的总结尤为值得关注。其一，“不仅仅是个性化定制”。在个性化定制模式下，消费者的创新和参与也十分有限，因为消费者必须按照生产者所设立的固定模式来组合，而在产消者模式下，消费者“更深层次、更早期参与产品的设计阶段”，所以更具有自主性。其二，“放松控制”。产消者常常将产品（如 iPod）等作为创新的平台，这时候商业价值的增值点已经从产品转移至“客户对信息的处理”中，这也就意味着，如果不放松控制并与产消者为友，你的商业模式就难以为继。其三，“客户工具包和上下文环境编制”，由于产消者将你的产品作为平台，因此，那些提供固化产品的模式就不再适用，你必须为产消者提供设计，提供“让产品增值所需要的原始资料”，使共享变得更为

---

① 唐·塔普斯科特，安东尼·威廉姆斯．维基经济学：大协作如何改变一切［M］．何帆，林季红，译．何帆，审校．北京：中国青年出版社，2007：133-134.

② 唐·塔普斯科特，安东尼·威廉姆斯．维基经济学：大协作如何改变一切［M］．何帆，林季红，译．何帆，审校．北京：中国青年出版社，2007：134.

简单。其四，“成为同伴”。就产消者的身份而言，他们不是你的客户，而是同伴，因此你需要为同伴们提供一个“创新的生态系统”。其五，“共享成果”。对于产消者而言，他们希望“分享自己创作的所有权和成果”，因此，你需要提供完善的生态系统来帮助他们实现共享①。塔普斯科特关于产消者的论述远不止这些，如他对产消者困境的分析也切中肯綮，对产消者在互联网领域应用的举例更是令人叫绝。另外，作者关于互联网经济特征与运作模式的总结堪称经典，这些都是我们“接着说”的重要学术资源，由于篇幅关系，这里不再详述。

二、从产消者到产用者

这是2006年12月16日那期《时代》周刊中的一篇文章：当《时代》周刊将2006年度人物颁给“你”时，这也许让所有的“你”都大跌眼镜，但是，“你”无法否认的事实是“‘你’控制了信息时代，欢迎进入‘你’世界”。在这种新的时代与新的场景之中，生产者、消费者，或者托夫勒所创造的产消者也面临重写的任务。这次担当此任的人物不是未来学家，而是一个来自澳大利亚的数字媒体学者阿克塞尔·布伦斯（Axel Bruns），他在融合生产者（producer）和使用者（user）的基础上，创制了produser（产用者）这个概念，试图对这个新时代的“你”做一个更为精确地概括。如前所述，其实托夫勒的“产消者”概念对于未来的“你”已有了精确的描述，并且也被塔普斯科特等诸多学者应用于社交网络语境当中。就此而言，也许我们要问的是，布伦斯为什么要重起炉灶？产用者与产消者到底有什么不同？这也是这部分内容的基本理路。

对于第一个问题，布伦斯有着十分直截了当的应答：“如今正在发生一个意义重大的范式转变。随着我们所谓社交软件或者Web2.0环境的兴起，这些转变将对社会实践、媒体、经济与法律体系以及民主社会本身产生深刻的影响。然而，我们对于这些转变的认知却少得可怜，理论化的程度更是不足。特别是，我们对于用户主导的网络现象的研究，常常未经批判性反思，还在应用工业化时代所建立起来的、如今已经过时的分析框

① 唐·塔普斯科特，安东尼·威廉姆斯．安东尼·维基经济学：大协作如何改变一切［M］．何帆，林季红，译．何帆，审校．北京：中国青年出版社，2007：154-155.

架。在网络用户主导的内容生产语境之中，从开源数据到大型多人在线角色扮演游戏，有关内容生产的观点应该接受挑战：而生产与使用的新组合——产用（produsage）①，可能提供一个更加实用的模式。”②在作者看来，不论是生产者、消费者还是产消者，都是工业化语境下的表述方式，这种方式不仅无法揭示社交网络或者 Web2.0 时代用户生产内容的运行模式，而且会将我们的思考拖入惯常的思维，从而遮蔽这个新模式的特征。布伦斯举托夫勒所创造的产消者概念为例并指出，虽然这个概念能够揭示“产品从大批量工业化向按需以及顾客定制产品等即时生产模式的转变”，但是，“这种模式也继续着一种传统的工业化价值生产链条，即生产者-销售者-消费者的三分法”。在社交网络语境中，人类生产方式发生了新变化，在这种模式中，理念的生产处于一种协同的、参与式环境之中，其中生产者与消费者已无边界。与此同时，这种环境让所有的参与者既是信息与知识的用户，也是其生产者——他们常常内在地、不可分割地实现角色融合，此时使用本身就具有生产性，而参与者就是产用者（produsers）③。

质言之，产用者不简单是一个概念的创设，而是一种具有双重目的的理论策略：一方面，这种命名是为了与以往工业化语境中的概念相背离，从而避免落入工业化生产的思维模式的窠臼；另一方面，这种命名也是为了更热烈地拥抱网络社会背景下的新模式——产用模式，从而揭示这种新模式的新特征。应该说，布伦斯通过自身的理论努力赋予“产用者”这个概念很多新的、区别于工业化模式下生产者、消费者或者产消者的特征，是我们研究社交网络与 Web2.0 语境下创意者特征的良好开端，其后也有不少的学者参与其中，不断推动此项研究。

这方面的文献大致可以梳理为以下两类。

第一，赞同乃至接受产用者概念，并在社交网络的不同领域应用该概念。例如，《超媒体与多媒体新观察》就开设特刊将“产用”模式创新发

① 布伦斯将 production 与 usage 组合在一起，创制了 produsage 这一概念；将 production 与 user 组合在一起，创制了 produser 这一概念，两者内涵是一致的，只是所指对象有所区别：前者指行为，即产用，而后者指称主体，即产用者。

② Axel Bruns. Produsage：Towards a Broader Framework for User - Led Content Creation [J]. Knowledge Management，2007，6（8）：99-106.

③ Axel Bruns. Produsage：Towards a Broader Framework for User - Led Content Creation [J]. Knowledge Management，2007，6（8）：99-106.

展的研究成果予以集中展示，如普罗克斯（Proulx）等学者从信息资本主义的视角研究“产用者”，认为他们所免费创造的内容甚至他们自身所包含的信息均被资本所利用，因而存在剥削和被剥削现象；达宝利（De Paoli）与斯托尔尼（Storni）则利用行动者网络理论分析了社会技术网络在诸如开源硬件开发等活动中的重要作用；皮科内（Picone）通过半实验的方法，加深了我们对于产用者技术、知识、态度等特征的理解；卡兹默（Kazmer）则向我们展示了产用模式在教育领域的应用前景与重要影响①。

第二，质疑或者挑战产用者概念，并通过现实社会的不同事实批评其局限性，如伊丽莎白·伯德（Elizabeth Bird）就对此提出诸多疑问，“产用者真的是21世纪媒介受众的主流模式吗？这种产用模式已经是既成事实了吗，或者这只是媒介产业不断增长权力的障眼法而已？”②，其实，这些疑问都在提醒我们：对产用者的应用应该有一个边界，毕竟所谓的产用者即便是在当前的网络社会中也只占不到一成的比例，因此这个概念如被滥用，则将导致无用。

三、中国语境下的创意者经济

2016年底，腾讯发布关于“互联网+文创”的研究报告，即《创意者经济：“互联网+文创”的新时代》。该报告首次提出创意者经济概念：“创意是创意产业的核心，而创意者是创意的来源，‘互联网+文创’在过去五年已经改变了传统文创产业，诞生了‘泛娱乐’这种经验；在下一阶段，将最大限度地激发每个人的创意潜能，让这些能力可以被人传阅，变成收益，进而激发出更多的创意，所以我们愿意将这一个‘互联网+文创’的发展新阶段称之为创意者经济。”③ 对此，国内文化产业知名学者张晓明给予高度评价，“重写概念是理论创新的基本标志，‘创意者经济’是一次文化产业发展史上重写概念的新的尝试”④。作为一名从事文化产业研究十

① Axel Bruns，Jan-Hinrik Schmidt. Produsage：a closer look at continuing developments［J］. New Review of Hypermedia and Multimedia，2011，17：1，3-7.

② S Elizabeth Bird. Are We All Produsers Now？Convergence and media audience practices［J］. Cultural Studies 2011，25（45）：502-516.

③ 黄斌．创意者经济：缘起、内涵和“互联网+文创”新时代［Z］. 腾云（腾讯内部资料），2017（58）：16-19.

④ 张晓明．创意者经济：重写概念的尝试［Z］. 腾云（腾讯内部资料），2017.

余年的学者，笔者第一次接触这个概念时也甚是惊喜，这的确是我国文化产业领域近20年来为数不多值得称道的创新之一。更为重要的是，这种创新不是学界所熟悉的概念臆造，而是基于实践的理论创新，因而具有更重要的学术与实践价值。但是，作为一名学者，个人觉得这种创新虽然很接地气，却缺乏些理论的底气，即这种重写缺乏学术史的理论支撑，特别是创意者的概念史。

从目前公开的材料来看，该报告并没有对创意者进行直接而清晰的概念界定，能够找到的只有课题组成员关于创意者特征的论述。在所有公开文献当中，张晓明研究员的描述最为精到，他在《创意者经济：重写概念的尝试》一文中这样分析道："在社会网络市场中，发展从供方驱动变为需方驱动，传统由产业控制的封闭的'价值链'系统变成开放系统，其中的每一个成员都成为积极行动的'创意公民'，其他一切要素（包括实体和虚拟的网络、企业，以及专业化的资源）都成为服务于创意者的手段。在这个'社会网络市场'中，已经分不清谁是生产者谁是消费者，甚至出现了大量市场与非市场的模糊地带，个人生活中大量的非商业活动（知识的学习和社交活动）成为创意和创新的基础。在这些领域，可能不是知识的保护（知识产权）而是共享才是最大的动力。"这段描述中概括了创意者相关的几个问题。其一，创意者的概念意义上的重写。创意者不再是企业或者一般意义上的个体生产者，而是突出了人，一种能够涵盖所有市场主体的概念，如果用英语来表述的话，那就是创意者不是传统意义上专业界限分明、数量有限的producer，而是毫无壁垒、无处不在的user。其二，创意者特征意义上的重写。这不仅表现在创意者的身份模糊，即分不清是生产者还是消费者，而且表现在创意者动机的模糊，即分不清是商业行为还是非商业行为，而这些在英语世界里也有着类似的表述，他们创设的诸如产消者、产用者等概念就是试图概括与描述创意者的跨界特征。

该报告的主要撰写者黄斌、卓杰则试图通过现象描述来捕捉创意者的特征，"互联网进入文创产业后，内容创作和发表的门槛越来越低，推动了全球范围内的UGC（用户生产内容）大爆发。与美国、日本等文创产业发达国家的UGC偏重于家庭日常分享和个人体验不同，我国的UGC从出现之日起就动摇了传统文创产业的创意根基，形成了令人意想不到的'互联网+文创'的中国特色。我国收入最高的作家是网络文学作家，影响最大的漫画出自网络漫画家之手，一些优秀的网络视频从业者开始制作大电影并获得票房成功，甚至直播、网红等 UGC 商业模式都开始反向输出到美国。在这些领域中，很大一部分 UGC 与 PGC（专业生产内容）融合后再向 PGC 转变，成为文创产业的重要新生力量”①。如果按照上文的分析理路，黄斌等关于创意者的核心内容则包括这样两点。其一，创意者被更准确地描述为 user，而这种描述的经验基础就是我国大量涌现的网络作家、漫画家、网红等作为用户的创意者。这些创意者不仅数量庞大，而且在文化产业中扮演着愈来愈重要的角色：他们不仅贡献大量的 IP，成为文化产业的新生力量，而且以 UGC 模式重写文化产业的商业规则。其二，黄斌等虽然并没有直接描述创意者的特征，但是，他们对创意者生成逻辑及其现象的分析则在一定程度上触及了其特征，诸如“由于互联网降低了创意产业化的门槛，提高了创意产业化的收益，推动了大量粉丝转化为创意者，成为网络写手、漫画家、小视频的导演和演员等”② 这样的描述，揭示了互联网背景下创意者的身份融合特征，即他们不是单纯的生产者，而是生产者与消费者的融合，是产消者。

概括而言，创意者重写的难题在于如何为其位于生产者与消费者之间的模糊地带找到定位，或者无法找到准确定位的话，该如何描述其特征。这种概念重写的难题，抑或理论焦虑，在网络社会之前也许并不存在，“我们有理由认为，在工业革命的蜜月时期，工厂工人就是生产者；同样，在 20 世纪 70 年代的美国，那些购物者就是消费者。但是，这种思考只限于当时独特的历史背景之下”③。其实，抛开这些历史语境的差异，其实人类一直都是生产者与消费者的合体。例如，在原始社会或农业社会，人类既是生产者——狩猎或者农耕，又是消费者——消耗其生产所得。只是到了工业社会，斯密所强调的分工让生产与消费有了功能与价值上的主次之分，人类由此被重新命名为生产者，对此斯密、马克思等有着深刻的分析。到了后工业社会，由于人类进入了丰裕社会时代，生产功能的重要性

---

① 黄斌，卓杰．不仅仅是创意：从 UGC 爆发到创意者经济［Z］．腾云（腾讯内部资料），2017（58）：20-23.

② 黄斌．创意者经济：缘起、内涵和“互联网+文创”新时代［Z］．腾云（腾讯内部资料），2017（58）：16-19.

③ George Ritzer，Paul Dean，Nathan Jurgenson. The Coming of Age of the Prosumer［J］. American Behavioral Scientist，56（4）：379-398.

让位于消费，人类又被重新命名为消费者，对此波德里亚、加尔布雷斯等有着经典的解读。可以说，在工业社会，理论家特别是经济学家，由于强调人类的生产功能而忽略其消费功能，所以提勃尔·西托夫斯基称经济学为“无快乐的经济”①；到了后工业社会，理论家则走向另外一个极端，其片面性也不言自明。其实，他们都忘记了人类过去是，将来也会是生产者与消费者的合体。

第二节　数字劳动力

一、数字劳动力的概念

据《数字全球纵览 2020》（*Digital* 2020 *Global Overview Report*）统计，截至 2020 年 1 月，全球排名前 10 的社交媒体（月活量）分别是 Facebook（27 亿）、YouTube（20 亿）、WhatsApp（20 亿）、Facebook Messenger（13 亿）、微信（12 亿）、Instagram（11 亿）、TikTok（6.89 亿）、QQ（6.48 亿）、抖音（6 亿）、新浪微博（5.23 亿）。有关社交媒体产权的争论早已有之，不过其争论的焦点经历了显著的变迁：在产权 1.0 时代，讨论的焦点是社交媒体产权该不该私有化；在产权 2.0 时代，焦点则集中在受众或者数字劳动力的财产权问题上。就前者而言，《时代》周刊将 2006 年度人物授予普罗大众的“你”，显然是一个标志性的事件：“这是一个关于前所未有规模的社区和合作的故事；这也是关于知识宇宙级别聚合（Wikipedia）、人类社交百万级渠道（YouTube）以及网上大都会（Myspace）的故事；这更是关于多数人从少数人那里夺权，并无私地相互帮助的故事。这些不仅改变了世界，而且改变了世界变化的方式。”我们知道，2006 年之前的社交媒体的私有化程度十分有限，它们更多的是一个供所有的“你”活动的社交空间，这个时期的社交媒体如 Facebook（现为 Meta）、Wikipedia、YouTube、Myspace 等均未上市，还保有社交媒体自由、

① 提勃尔·西托夫斯基. 无快乐的经济：人类获得满足的心理学［M］. 高永平，译. 北京：中国人民大学出版社，2008.

开放的特征。这个时期具代表性的社交媒体是 Wikipedia，它代表了集体的创造与公共的产权。对此，产用理论的提出者阿克塞尔·布伦斯有着精妙的总结，“产用者所创造的内容资源不仅要对那些有贡献的参与者开放，也应该向那些未来的参与者开放”，因此，那些试图通过版权方式对此进行限制的做法都是应该避免的，而这种公共产权方式不仅使个体受益，而且使项目更具强吸引力①。

如果这个时期的社交媒体处于产权 1.0 时代，公共产权以及自由开放的社交媒体是主流，那么随着 Facebook 的上市，社交媒体就进入了产权 2.0 时代，“多数人从少数人那里夺权”，又重新交还给少数的社交媒体商业帝国，社交媒体进入了商业化垄断时期。这个时期学术界关注的焦点从媒体的所有权，转向“你”以及“你”创造的所有权问题。当然，正如这方面研究的开创者之一媒体政治经济学家达拉斯·斯麦兹（Dallas Smythe）所言，这是马克思主义研究的盲点，当然也是媒体研究的盲点②。正是斯麦兹所提出的“受众商品论”，让受众的非劳动时间也具有劳动价值，从而揭示了媒体“免费的午餐”背后的资本控制逻辑。随着 Web2.0 时代的到来，斯麦兹所描述的作为商品的“受众”似乎缺乏主动性，因为出现了一种作为生产者的“受众”，其所生产的产品就是 UGC。克里斯蒂安·福克斯（Christian Fuchs）对此有着明晰的判别：“传统大众媒体产品和互联网受众商品的区别在于，在后一种情况下，用户也是内容生产者，有用户生成的内容，用户从事永久性的创造性活动、交流、社区建设和内容生产”③。更为重要的是，这类用户的劳动是免费的，社交媒体企业只是为用户提供自由接入服务或平台的机会，让这些劳动者提供各种用户生成内容。学术界将其命名为数字劳动力，这也是数字资本主义积累的秘诀所在，即通过人类行为的资本化或数据化来创造价值与积累资本，对此的形象表述莫过于福克斯基于 Facebook 上市公告书所做的计算：“2011 年，Facebook 所产生的价值：105 亿分钟×365 天 = 每年 38 325 亿分钟 = 每年

① Axel Bruns. Blogs, Wikipedia, Second Life, and Beyond: From Production to Produsage [M]. New York: Peter Lang, 2008: 23-30.

② Dallas Smythe. Communication: Blindspot of Western Marxism [J]. Canadian Journal of Political and Social Theory/Revue canadienne de theorie politique etsociale, 1977, 1 (3) 1-27.

③ Christian Fuchs. Social Media: A Critical Introduction [M]. London: Sage, 2014: 100.

638.75 亿个工作小时，而全职工人每年平均工作时间：1 800 小时，那么，Facebook2011 年所产生的价值就等于 35 486 111 个全职工作所创造的价值。”① 当然，对于这组数据也会有不同的解释，认为这些只是消费者的业余休闲时间的累积而已：例如朱利安·库克里奇（Julian Kücklich）首创“玩工（playbour=play+labour）”概念，意指数字劳动力具有游戏或者休闲的性质②，而大卫·海斯莫汉（David Hesmondhalgh）则视数字劳动为业余爱好，根本就不在市场经济讨论的范围之内③。

二、数字劳动力特征

其实，数字劳动力就是非物质劳动力，是与马克思的物质劳动力相对应的概念。正如马克思以劳动力作为解释资本主义资本逻辑的立足点，并从异化的哲学逻辑与剩余价值的资本逻辑对资本主义加以科学的解释，对数字劳动也可以这样理解。正如波兰尼所言，“但劳动力、土地和货币显然都不是商品；这样一个基本假定，即任何在市场上买卖的东西都必须是为了出售而生产出来的这种说法对它们而言显然是不成立的。换言之，根据商品的经验定义，它们不是商品。劳动力仅仅是与生俱来的人类活动的另外一个名称而已，就其本身而言，它不是为了出售，而是出于完全不同的原因而存在的，并且这种活动也不能分离出生活的其他部分而被转移或储存；土地不过是自然的另一个名称，它并非人类的创造；实际的货币，仅仅是购买力的象征，一般而言，根本就不是生产出来的，而是经由银行或者国家金融机制形成的。三者之中没有一个是为了出售而生产出来的。劳动力、土地和货币的商品形象完全是虚构的”④。如果说是马克思通过劳动力的概念找到了资本主义的基本经济逻辑，那么数字劳动力就是数字资本主义社会最重要的“虚构产品”。其蕴含了数字资本主义的基本逻辑。对此有学者总结认为，数字劳动力的基本特征包括生产与消费的界限模糊、数

---

① Christian Fuchs. Digital Labour and Karl Marx ［M］. London：Routledge，2014：105.

② Julian Kücklich. Precarious Playbour：Modders and the Digital Games Industry ［J］. The Fibreculture Journal，2005（5）.

③ Hesmondhalgh，David. User－generated content，free labour and the cultural industries ［J］. Ephemera，2010，10（3-4）：267-284.

④ 卡尔·波兰尼．大转型：我们时代的政治与经济起源［M］．冯钢，刘阳，译．杭州：浙江人民出版社，2007：36.

据控制与全程监控等①。在笔者看来，这些特征可以概括为两个方面：其一，随着知识资本主义与注意力经济的崛起，文化产品的生产与消费关系变得模糊；其二，随着数字与算法的崛起，数据已经实现对生产的全程控制，即从数据指引到数据监控。

（一）生产与消费的界限模糊

我们知道，在数字资本主义时代，数字劳动力及其所有数据都变为生产资源，知识资本与注意力经济的崛起使劳动力在休闲状态下也变换为“虚构产品”，于是学术界创设“玩工”或者“受众商品”等概念来表述生产与消费的界限变得模糊这一现象。但是，从学术层面来看，布伦斯无疑是最为杰出的概括者，他以维基百科为例，将两者融合概括为四个方面的特征，这里加以引述。

第一，公开参与，集体评价。如布伦斯所言，“按照产用模式，质量控制和改进是或然性的，而不是线性的：在产用社区之中，如果参与者能够更充分地检查、评价，并加入其前辈的贡献之中，那么其产生更强、更好质量结果的可能性会更大”②。也就是说，不同于工业化模式对质量的控制是通过将消费者排除在外而进行的，在产用模式下所有的生产过程都应该向产用者开放，且开放与参与程度越高，效果越好。

第二，阶层流动（fluid heterarchy），精英易逝（Ad Hoc Meritocracy）。布伦斯借用均势（equipotentiality）理论来解释这种特征，“即便产用项目参与者的技术与能力并不平等，他们对该项目提供有益贡献的能力也是相等的”。这就意味着，产用者的形成不是依赖传统工业化的阶层模式及其责任分工，而是凭借其所作出贡献的质量，这就意味着一些草根用户会脱颖而出，成为项目的主导。当然，一旦其贡献的质量下降，就面临被淘汰出局的命运，即所谓“精英易逝”。

第三，事业未竟（unfinished artefacts），过程永续（continuing process）。在布伦斯看来，产用模式“不是为了完成产品（分发给最终用户或消费者），恰恰相反，它是一个迭代性、不断进化的过程，其目的是不断优化社区共享的内容”。布伦斯为了强调这种过程性，特意弃用产品（product）

① 王蔚．数字资本主义劳动过程及其情绪剥削［J］．经济学家，2021（2）：15-22.

② Axel Bruns. Blogs，Wikipedia，Second Life，and Beyond：From Production to Produsage［M］. New York：Peter Lang，2008：23-30.

这种工业化的概念，而用了“Artefacts”，笔者将其翻译为“事业”，并且是一种未竟之事业，即这种事业不可能有完成之时。

第四，公共产权（common property），个体受益（individual rewards）。布伦斯认为，“产用者所创造的内容资源不仅要对那些有贡献的参与者开放，而且应该向那些未来的参与者开放”。因此，那些试图通过版权方式对此进行限制的做法都是应该避免的，而这种公共产权方式不仅使个体受益，而且使项目具备更强的吸引力。①

（二）监控资本主义

我们知道，数字劳动力及其产品——数据，是社交媒体运营的重要基础，甚至可以说，社交媒体商业模式的根本就是“收集、存储、使用和分析大量个人数据”，不过这种运营是通过技术意义上的全景监控来实现的，有学者将其命名为智能监控（smart surveillance）②。对于全景监控的讨论由来已久，如边沁的全景式监狱和福柯的监控社会等。不过他们所描述的监控主体常常是国家威权部门，如今 Web2.0 时代社交媒体的监控则是由商业机构通过技术加以实施的。对此，法国哲学家德勒兹（Deleuze）有着精确的描述，在他看来，信息时代不再是福柯所谓的监控社会，而是过渡到了控制社会，其中个体变成可分割的，而大众变成了数据、样本或“银行”，企业则可以通过这些数据，“无需科幻便可设想一种控制机制，这种控制机制每时每刻都在指明开放环境中一个成分的位置，指明一个企业（电子圈）中人的位置。费利克斯·加塔里（Félix Guattari）想象了这样一个城市：在这个城市里，每个人都可以通过其（个人的）电子卡离开其居室、街道和社区，这张电子卡可使某个栏杆抬起；电子卡可以在某天或者在某个时间内被吐出；重要的不是栏杆，而是电脑，它测定每个人合法或不合法的位置，进行着普遍的调制”③。德勒兹称这种控制技术为程序，而劳伦斯·莱斯格（Lessig）称之为代码，其实两者之间并无差别，问题的关键在于，我们无法设想技术的中立性。当追求商业利益的企业掌握这些

---

① Axel Bruns. Blogs，Wikipedia，Second Life，and Beyond：From Production to Produsage［M］. New York：Peter Lang，2008：23-30.

② Simmons Ric. Smart Surveillance：How to Interpret the Fourth Amendment in the Twenty-first Century［M］. Cambridge：Cambridge University Press，2020.

③ 吉尔·德勒兹. 关于控制的社会［M］//吉尔·德勒兹. 哲学与权力的谈判：德勒兹访谈录. 刘汉全，译. 北京：商务印书馆，2000：203-208.

控制技术后，它们会收集哪些个人信息制作“电子卡”？设置哪些“栏杆”？如何区分“合法或不合法”？莱昂（Lyon）将这些问题总结为数据收集与分类问题，前者涉及收集数据的广度，后者涉及数据分类问题。“监控系统获取个人和群体数据，以便按照不同标准对人口进行分类，以确定谁应该被特殊对待、质疑，或给予资格、接入权，等等”①。我们知道，所有这些信息的收集都是通过技术来实现的：其一，通过代码技术确定用户身份并建立“电子卡”，凭借这个身份信息系统栏杆才会抬起，才能提供各种服务链接；其二，通过各种监控技术——最为常用的电脑追踪技术如cookies，监控用户行为，并建立用户个人数据库，让用户在数字世界中变身为透明人。以cookies技术为例，它既能够自动记录用户的个人数据，以便社交媒体及接入的第三方能够为其提供更优质的服务，甚至可以通过这种可追溯性，让网络空间变身为可信世界。但是，如果未经用户许可，就会构成侵权，即便经过授权，如果过度使用或者管理不善，也会造成诸多不利影响，类似的民事诉讼已经不胜枚举。就此而言，社交媒体技术就难言中立，它既可以“向善”，也可以“向恶”。在用户数据收集的方式、广度等方面，技术要“向善”而行，造福用户。

戴克（Dijck）对Facebook这个例证有着敏锐的分析，“Facebook在推广第一类机制的同时，却有意将注意力从第二类上面移开：用户越了解个人数据发生了什么，他们就越倾向于提出反对。因此，所有者对编码技术的控制，在信息控制战中给予他们明显优于用户的优势”②。其实，这类现象在社交媒体领域司空见惯，仍然以Facebook为例，扎克伯格曾经宣称：他保持着将Facebook打造成一个对互联网和社会都提供良性动力的深切愿望。“你必须得善良，才能得到人们的信任。”他说：“在过去，人们从来不指望商业公司能够善良，我认为现在这种观念正在改变。”③ 扎克伯格关于Facebook的“善良”愿景就是社交媒体的“链接”方面的公共价值：

---

① David Lyon. Surveillance as social sorting：computer codes and mobile bodies ［M］//David Lyon. Surveillance as social sorting：Privacy，Risk and Automated Discrimination. New York：Routledge，2003：13-30.

② José van Dijck. The Culture of Connectivity：A Critical History of Social Media ［M］. Oxford：Oxford University Press，2013：47.

③ 大卫·柯克帕特里克 . Facebook效应［M］. 沈路，梁军，崔筝，等译 . 华文出版社，2010：272.

“让人们有能力建立社区，使世界更紧密地联系起来。”然而，作为资本市场上市公司，“Facebook 的价值与成长空间将在华尔街赤裸裸的资本利益估算体系中受到最严苛的检验，它必须抛弃创立时期几乎所有的理想与平等主义元素，而致力于一件事情——将上亿用户的喜好、隐私与一举一动销售给广告客户，或利用这种‘网络黏着’开发出用户愿意为之付费的附加产品，从而实现持续增值”[①]。于是，第一类链接及其所代表的公共价值与第二类链接及其所代表的商业价值之间，就自然产生摩擦甚至是冲突。例如，信标功能（Beacon）和动态新闻在商业和社交方面的激进措施严重侵犯了用户的隐私，导致扎克伯格本人不得不公开道歉，甚至关停信标功能的应用。显然，Facebook 不是个案，无论是西方的 BIG5，还是中国的 BIG3，作为社交媒体，它们都面临着道德哲学问题，其中，如何均衡商业价值与公共价值无疑是这些企业需要考虑的最为重要的问题。

当然，对于本书的这个部分而言，我们要记住的是肖莎娜·祖博夫所概括的监控资本主义，其界定虽然有些离奇，但却是必然的，因为这种说法准确地描述了监控资本主义的实施路径：监控—数据—算法—商品化[②]。就此而言，这使我们得以理解数字资本主义运行的基本规律，并进而能够理解其社交与商业逻辑。

第三节　数字劳动力管理：以网络文学为例

众所周知，中国网络文学肇始于我国台湾的网络写手“痞子蔡”于 1999 年创作的《第一次亲密接触》，至今已有 20 多年的历史。对于这 20 多年网络文学史的分期，学术界从不同的角度有着不同的分析：有学者从文学的角度按照题材将其分为言情、幻想和现实题材三个不同时期，言情阶段的代表作为《第一次亲密接触》，幻想类的代表作为《鬼吹灯》，现实

① 朱步冲．山坳上的 Facebook：IPO 后，何去何从［J］．三联生活周刊，2012（18）．

② 肖莎娜·祖博夫．监控资本主义时代［M］．温泽元，译．台北：时报文化企业出版有限公司，2020.

题材的代表作为《宦海沉浮》[①]；有学者则从技术的角度将网络文学分成电脑（PC）端与手机端两个阶段：2010 年以前网络文学的阅读端口为 PC 端，其后随着移动互联网的兴起，手机取代 PC 成为主要端口，网络文学的内容、特征以及生产方式也随之发生变化，如碎片化阅读渐成主流[②]。当然，作为一种只有 20 多年历史的新兴现象，这两种分类方法倒是挺实用的，至少它们有助于了解行业某个特征的变化。但是就全局而言，特别是网络文学作为一个行业的发展模式而言，这种划分似乎并无多大帮助。倒是阅文集团的招股说明书中关于行业分期的叙述更为宏观，准确地捕捉到了网络文学行业发展模式的演变：萌芽阶段（20 世纪 90 年代至 21 世纪初），以网络文学网站为主，影响有限且缺乏商业模式；付费阅读阶段（21 世纪初至 2010 年），付费阅读模式兴起，商业模式成型，市场规模迅速扩展；移动端阶段（2010 年至今），移动阅读兴起，市场规模迅速膨胀，诸如阅文等大型平台崛起，垄断格局基本形成[③]。当然，我们今天所讨论的数字劳动力主要集中在平台化阶段（2015 年至今），即以阅文集团成立为契机，构筑大型网络文学平台生态，平台试图将资源内部化与货币化，数字劳动力与平台之间利益关系面临调整，商业契约也面临重构。

一、网络文学的平台化阶段

按照夏宜君、林庭锋、朱佳的观点，网络文学到了 2013 年已经形成较为成熟的产品与市场体系[④]。其实，如果没有 BAT（指百度、阿里巴巴、腾讯）等平台的介入，网络文学或许还会按照这个成熟的自足体制运行，即便中间有盛大文学这样的巨头搅局，最终它也只是草草收场。不过 2014 年对于网络文学显然是个不平凡的年度，BAT 这些互联网平台开始大举并购，形成多强争霸的格局，网络文学进入平台化垄断阶段，或者更准确地说是进入阅文时代（见表 4-2）。

---

① 周洪立．网络文学的三个发展时期［J］．当代文学研究资料与信息，2010（3）．

② 芮艾．网络文学：移动端成“主战场”［N］．中国新闻出版广电报，2016-03-10．

③ 阅文集团．阅文集团招股说明书［Z］．2017：102．

④ 夏宜君，林庭锋，朱佳．网络文学发展研究史［EB/OL］．［2020-05-06］．http：//www.bjkgjlu.com/128021otd/336387468.html．

表 4-2 网络文学的平台化竞争格局（2016 年）

平台名称	集团名称	作品份额（%）	作家份额（%）	手机日活用户份额（%）	在线阅读收入份额（%）
腾讯	阅文集团	70.2	88.3	48.4	43.2
掌阅	掌阅	27.5	41.6	25.0	14.9
中文在线	中文在线	5.2	33.3	2.3	6.6
百度	百度文学	3.4	8.3	2.0	1.8
阿里	阿里文学	1.7	5.0	0.8	1.4

说明：其中作品与作家份额数据略有重叠，正如同一位网络文学作家或同一作品会出现在不同平台的情形。

资料来源：《腾讯招股说明书》（2017）。

2014 年 11 月阅文集团出资 7 亿美元收购盛大文学，一举成为行业龙头，其作品的市场份额高达 70.2%（其中网络文学作家的份额高达 88.3%），日活用户份额接近市场总额近半，收入份额也遥遥领先，占比为 43.2%，如果算上版权运营等方面的优势地位，恐怕市场份额也要超过半数。基于上述数据，我们不难得出这样的结论，数字出版自 2014 年以来已经进入单寡头平台化垄断①：其一，龙头企业的市场份额接近或超过市场份额的半数，且相比第二位的企业优势明显；其二，龙头企业开始重新定义行业生态，并基于自身平台优势打造闭环的行业生态，行业与企业之间的边界开始被打破②。

当然，随着网络文学进入平台化时代，网络文学的三角关系开始失衡，资本逻辑开始占优，并给网络文学本身带来了革命性的影响，邵燕君等将其概括为“小白化”与“网游化”③。当然，这不是本书的研究重点，我们要关注的是网络文学的平台生态，其中尤以阅文集团为代表，具体参见图 4-1。

众所周知，在资本大举进入网络文学领域之前，各个网络文学网站百

① 傅瑜，隋广军，赵子乐．单寡头竞争性垄断：新型市场结构理论构建：基于互联网平台企业的考察［J］. 中国工业经济，2014（1）.

② 姜奇平．论互联网领域反垄断的特殊性：从“新垄断竞争”市场结构与二元产权结构看相关市场的二重性［J］. 中国工商管理研究，2013（4）.

③ 邵燕君等．网络文学 2014：多重博弈下的变局．网络时代的文学引渡［M］. 桂林：广西师范大学出版社，2015.

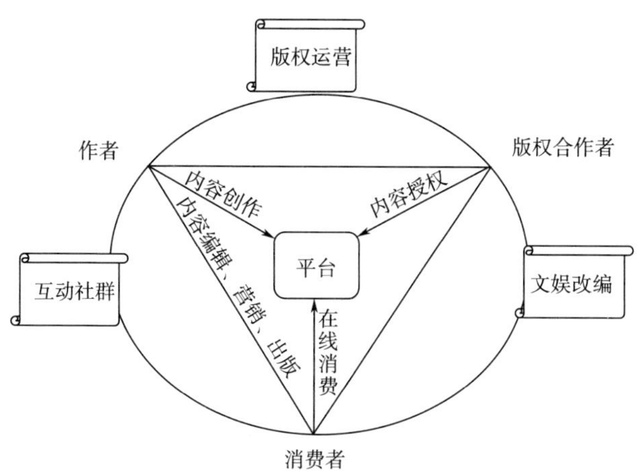

图 4-1　网络文学平台生态

资料来源：《阅文集团招股说明书》（2017）。

花齐放、充分竞争，每个企业的规模与范围都相对局限于网络文学的生产与传播，或者说网络文学始终是企业经营的主体，其他诸如出版、版权开发等业务均处于企业边界之外，需要通过市场上的其他商业伙伴合作完成。但是，网络文学进入平台生态阶段后，传统的企业与行业的边界便开始模糊起来，客观上造成了以下几个层面的矛盾。其一，网络文学主体与其他版权开发等资本项目（如影视与游戏）之间的矛盾。对此邵燕君有着深刻的洞察："网络时代是全媒体时代，在这样一个人类各种感官被全方位调动起来的媒介环境中，作为以文字为载体的艺术样式，网络文学注定不是占据主导的艺术形式，注定要成为更'受宠'的文艺形式提供内容和人才资源的'母体'。"① 换言之，网络文学在平台生态处于弱势的地位，会丧失其主体地位，并沦为资本的附庸，如为影视和游戏提供 IP 等。其二，企业与行业之间的冲突。随着网络文学行业单寡头格局的形成，企业与行业之间的边界不再清晰，寡头企业往往利用其优势资源扩张其控制力，以平台规则替代行业规制，造成行业生态的破坏与创新努力的衰减。例如，平台通过合同或者其他手段施加控制，改变网络文学作者的生产机

① 邵燕君．网络文学 2014：多重博弈下的变局［M］//邵燕君. 网络时代的文学引渡．桂林：广西师范大学出版社，2015.

制或者读者的参与机制，从而使网络文学社群缺乏草根的“自主力量”与“社区氛围”，导致网络文学的网络性被釜底抽薪，网络文学自主性不复存在。其三，平台的公共职责与企业的私有利益之间的矛盾。网络文学平台不仅是一个商业主体——网络文学内容的提供商，而且是一个公共平台——网络文学双边市场交易、交流的平台，它既开展商业行为，也承担公共责任。随着平台企业的崛起与上市，公共职责与商业利益之间的矛盾日益凸显，平台往往采用各种手段尽量将公共资源私有化、货币化，而把网络平台的公共承运人角色抛在脑后。

二、数字文学劳动力的特征

据阅文集团的上市公告书显示，截至 2017 年 6 月 30 日，该平台已汇聚了 640 万位作家。自 2016 年至 2017 年（计算至 2017 年 6 月 30 日），这些作家新创作了 615 亿字，构成约 33 600 万个新章节。根据 Frost & Sullivan 基于在百度在线搜索引擎上的互联网搜索查询量的排名，中国前 50 位最受欢迎原创网络文学作家中的 41 位已与阅文订立独家许可合约。为了对这些作家进行分类，阅文集团根据数据和专业标准（包括但不限于作家作品的商业质量、作家活跃度及粉丝热度），将作家分为 4 个级别，如表 4-3 所示。以下我们结合该表，描述数字文学劳动力的三类特征。

表 4-3　作家级别示意表

作家级别		作家数量	具体描述
非签约作家	公众作家	260 万	初涉网络文学作品的有抱负作家
签约作家	普通作家	380 万	有前途的公众作家
	大神作家	36	已表现出强大文学创造力及商业潜力的作家
	白金作家	133	已创作多本畅销书、拥有庞大粉丝群的中国最著名网络文学作家

资料来源：根据各类资料整理。

（一）类型化模糊

我们知道，最初的网络文学就是指文学通过网络方式的传播，从而网络写手能够绕过传统出版社而直接面对网络读者，如蔡智恒的《第一次的亲密接触》、江南的《此间的少年》、邢育森的《活得像个人样》、今何在的《悟空传》，其中《第一次的亲密接触》更是被视为网络文学的起点[①]。这时候的写作者多是“为爱写作”，他们为梦想写作，只是因抓住了互联网的便捷性而从读者变为作者。随着社交技术的应用，网络写作开始社交化，这些写作者开始与读者进行对话，他们的每一次努力都得到回报，成为积累其写作的重要动力。正如张铮所引证的那样：“（比起责编），我肯定更在乎读者的意见。比如系列文，如果这个系列大家反应不大好，我就可能会选择放弃……也会有人说，你最近写得没有以前精彩了，还是前面写得好，也会有打击，可能会反思，停更整顿，重新看看书之类的。”[②] 从上述描述来看，这种类型化模糊主要体现两个方面：其一，个体借助互联网技术轻易从读者演变为作者，并可能栖身大神级作家之列，获取丰厚的报酬；其二，作者与读者之间界限模糊，他们之间形成一个社交网络，写作的过程有点类似社交语境下的共创。

（二）类型文引导

在传统产品生产的体制化模式中，我们将类型化和明星制作作为其生产的重要策略，其实对于数字文学生产而言，类型文仍然是资本力量引导情感符号化、标准化生产的基本策略[③]。对于网络小说的类型文而言，它与传统文学或电影剧本没什么不同，我们不妨将其核心特征概括为两个方面，即情感与文本的类型化。

首先，是情感的类型化，由于网络小说的阅读群体呈现低幼化的趋势，其核心的情感诉求有着稳定的分享，如武侠、玄幻和言情就是这类人群的普遍阅读倾向。

其次，是文本的类型化，即同类文学作品的人物与剧情较为稳定，以符合消费者的预期。这里不妨以玄幻类小说——《小兵传奇》为例加以说明。《小兵传奇》展现了一个小兵在宇宙大战中的传奇经历：“唐龙是个又炫又酷的富家子弟，高中毕业那年，他阴差阳错地参了军，以一介小兵的身份崛起于混沌的宇宙中，由此展开了绚丽的人生传奇。”在这个故事中，

---

① 夏宜君，林庭锋，朱佳．网络文学发展研究史［EB/OL］．［2020-07-09］. http：//www. bjkgjlu. com/128021otd/336387468. html.

② 张铮，吴福仲．数字文化生产者的劳动境遇考察：以网络文学签约写手为例［J］. 同济大学学报（社会科学版），2019，30（3）：35-44.

③ 周正兵．文化产业导论［M］. 2 版．北京：经济科学出版社，2014.

唐龙作为一个富家子弟，结果阴差阳错地当了少有人问津的步兵，结果在《战争》游戏中拔得头筹，随后被委以重任，担任SK23队长。由此开始在宇宙大战中所向披靡，最终以无乱星系为基础统一了宇宙。其实，这个故事的底层结构就是一个富家子弟的开挂人生，它既整合了现代的机器人、歼击机、人工智能，也有玄学神怪、江湖传奇，从而给青少年带去了无穷的想象力。以至于知名出版人、网络作家李寻欢评价道："看小说就像在打游戏，一旦进入就一级一级打下去，欲罢不能。"

（三）数据化控制

我们知道，早期的网络文学作者往往"为爱写作"，社交是其主要目标，赚钱反倒不是其本意："他人的承认、感激、关注、信任等能反映个人吸引力，可以给自身带来愉悦感受的内在报酬。"① 但是，随着网络文学付费模式的兴起，原本的为爱写作的文本有了货币化的可能，于是这些作者转向"为钱写作"，他们不得不变身为"计件工"。特别是在平台化阶段，这些资本化平台开始通过各种技术对这些写作者进行全面数据化控制，其中至为重要的有两类方式，即数据化合同控制与数字化榜单管理。对于签约作者而言，双方均签署合同，约定类型文的字数与质量：就字数而言，其条款规定"本协议项下协议作品创作完稿的总字数应经过甲乙双方共同确认，协议作品字数经甲乙双方确认预计为_____万字至_____万字区间，乙方保证按本协议约定的字数及时间交稿、完本"，为此作者必须两个自然月提供6万字，当然，作为回报网站将给予"全勤奖"，即每月1 500元~4 500元的补贴；就质量而言，协议规定"如乙方在协议作品创作过程中，所提交的协议作品稿件明显不符合写作大纲约定，或协议作品不符合甲方网站发布要求，或协议作品不符合市场需求的，甲方可自主暂停协议作品的发布和报酬的支付，并有权要求乙方对已完成的作品稿件进行补充、修改；如乙方拒绝甲方的合理修改要求，或经三次修改仍不能符合甲方合理要求的，甲方有权选择立即中止或解除、终止本协议"。为此，作者必须按照规划文本，按质完成类型文。当然，这些激励显然不够，于是平台方还会调用打赏等工具引导作者积极创作优质作品，对此我们将在合同管理章节予以分析。

① 彼得·布劳. 社会生活中的交换与权力［M］. 李国武，译. 北京：商务印书馆，2008：165-175.

三、平台的合同管理

（一）合同理论

正如凯夫斯所言，“事实上，信息不对称在创意产业合同中的作用十分有限，真正构成影响的是‘无人知晓’的特征，因为在大部分或所有资源都投入最终产品之前，没有人知道项目的价值。因此，不是不对称信息，而是对称性的无知影响了合同”①。质言之，作家与平台之间所签订的是不完全合同，不过，作为文化经济学家，凯夫斯也清楚创意活动中的不完全合同也有其特殊之处，特别是在其成因方面，由于创意产业中存在诸如对称性无知等特殊性，因而即便是不完全合同也不能保证创意产业的有效运转。所以，创意产业（如好莱坞电影产业）就构建起了完善的产业体系，以促进产业的有效运转，而这时候的合同就体现为另外一种新的形式，即隐性合同，这也是文化经济学家露丝·陶斯在评论中特别提请大家注意的内容②。对此，凯夫斯是这样表述的：“合同理论也运用了隐性合同概念，即无需列出条款，而只用按照一种非正式的理解，即项目会依照群体的共识予以实施。”③ 以下我们就结合好莱坞电影产业，看看创意产业中的隐性合同是如何实施的。

我们知道，自从好莱坞大制片厂制解体以来，电影产业形成了所谓“多方位产业联合体”（multifaceted industrial complexes）。其中，关联程度非常高的中小企业形成的紧密网络，在各类企业与个体之间重复合作，而各类电影组织，如协会、工会等中介组织为其提供信用网络，这些因素让隐性合同有了用武之地，也正是隐性合同让好莱坞电影行业的运转更加顺畅与有效。如前所述，由于创意合同存在太多不确定性，所以无法也不可能详细规定合同的具体细节，由此合同执行过程中就会出现机会主义倾向，导致合约执行困难。但是，如果创意产业（如好莱坞电影行业）的合作是在产业集群内的重复进行的，那么其隐性合约将有效地解决这些问

① Richard Caves. Creative Industries：Contracts between Art and Commerce［M］. Boston：Harvard University Press，2000：14.

② Ruth Towse. Book Review［J］. Journal of Political Economy，2002，110（1）：234-237.

③ Richard Caves. Creative Industries：Contracts between Art and Commerce［M］. Boston：Harvard University Press，2000：13.

题。我们假设，在集群中的合作是一次性的（如一位演员和导演的合作），那么，这位演员就有机会主义的倾向——如不愿全身心投入并展现其全部艺术才能（一种隐性的行为），甚至是磨洋工（一种显性的行为）——一旦导演觉察这种现象，他会中止合作。但是，由于合作是一次性的，对于演员而言损失有限。但是，如果合作是重复的话，那么演员就会意识到，任何一次的不合作都会遭受严重的后果——其后的合作将不再可能。所以，在重复合作的隐性合约中，不管合同条款如何界定，甚至没有相关条款，演员都会倾其所能，以保证合作能够继续下去。

除了集群内的充分合作会让隐性合同发挥效力之外，声誉效应也是隐性合同得以执行的重要因素，特别是在创意产业领域，创意工作者更为关注产品及其自身的艺术声誉。可以说，艺术声誉是创意者最重要的无形资产，公众据此选择是否消费其产品，行业据此确定其等级标准——一流或者二流，而合作者据此判断是否与之合作以及向其支付何种薪酬水平。所以，严格意义上来说，创意工作者都珍视与呵护其声誉，因为声誉一旦受损就很难恢复。这就意味着，即便没有合同的显性激励，创意者亦会自我约束，避免机会主义的倾向。差的艺术声誉会损毁其艺术生涯，减少其潜在的合作机会，好的艺术声誉则提升其艺术等级标准，并给其带来更高的薪酬水平；前者对创意者的机会主义行为起到了约束作用，后者则具有激励作用。

（二）作者的合同博弈

我们知道，由于风险的不确定性，作者与网络平台面临着诸多的不确定性，这里不妨以两者所签署的合同为例进行分析。假设作者与网络平台作为甲乙双方在日期 0 签订合约，甲方（作者）在日期 1 向乙方（网络平台）提供一种中间产品（文学作品），乙方根据甲方所提供的最终产品——文学作品，向剧本市场出售，并可能转让产权，以获得更大的收益。但是，由于文学作品生产与消费的不确定性，加之艺术创作自身的不确定性，以致双方很难也不可能在日期 0 确定文本的细节，所以双方的初始合约是不完全合同。由于在日期 0 所签署的是不完全合同，那么，甲乙双方通常会在日期 1 就甲方所编写的草稿进行谈判，以确定进一步的合约安排，于是就存在这样有三种可能性。其一，在不存在竞争的情形下，由于网站平台没有专用投资，而作者已经付出了沉淀成本，并且交易好过退出，所以平台在谈判中更有话语权，会设定有利于自己的价格水平，直至获得全部利润；而对于作者而言，一旦预见这种情形，他会在日期 0 减少专用性投资，以保护自身的利益。其二，在有竞争的情形下，假设平台不止一家，还有很多其他潜在的购买者，那么，如果作者对自己的作品信心满满，很有可能会以拒绝交易相要挟，提升价格水平，直至获得全部利润，如果平台能够预期到这种情形，即受到作者的要挟而致 T1 期交易失败，那么也不会在 T0 期进行投资。其三，在作者存在竞争者的情况下，由于产品质量的事后不可验证性——作品的质量无法由第三方验证，平台可能以作品的产品质量不符合要求为由拒绝执行合约；或者在平台存在竞争者的前提下，作者提供了不合要求的产品，平台拒绝接收，导致合约不能履行。

当然，对于这些合同细节而言，我们需要先来明确它们将针对什么样的群体。按照阅文集团的做法，将签约作者可划分为普通作家、大神作家、白金作家。其实，从竞争力的角度而言，我们可以将这些作家分为：有竞争力的作家——这些作家的商业潜力已经被发掘，多数作家已经获得高额的市场回报，如大神作家与白金作家，他们只有区区不到 200 人，是阅文集团的重要战略资源；缺乏竞争力的作家，这些作家虽有潜力，但是其潜力尚未发现，即普通作家。接下来，我们将针对无竞争力的作者与有竞争力的作者，分别讨论第一种与第二种可能性。

对于第一种可能性而言，其涉及的人群主要是普通作家，这些作家在与平台对话时并没有话语权，所签署的多是授权协议。下面，我们以其合同条款第 2.2 条“协议作品大纲”为例加以说明。

2.2.1 乙方在创作协议作品前应将协议作品的作品大纲交付给甲方。乙方应在______年______月______日前，将协议作品的作品大纲交付给甲方。甲方有权根据甲方网站发布的要求而要求乙方对已交付协议作品的写作大纲进行修改。

2.2.2 乙方交付的协议作品的作品大纲经甲方审核通过后，乙方应按照该作品大纲的内容线索、人物安排等约定内容进行协议作品的创作，乙方应当保证协议作品按照大纲进行创作并按时完稿。

2.2.3 本协议项下协议作品创作完稿的总字数应经过甲乙双方共同确认，协议作品字数经甲乙双方确认预计为______万字至______万字区间，乙方保证按本协议约定的字数及时间交稿、完本。

按此协议，作为乙方的作者必须在规定时间、按规定字数，完成规定的“协议”作品。但是，正如凯夫斯所言，写作作为创意行为具有不确定性，如此硬性的规定必然发生作者与平台之间的博弈。对于普通作者而言，其对抗平台的能力较弱，只能采取“以次充好”的“灌水”方式，即用无意义的语词，包括对话与场景填充内容，以便达到规定的字数与内容。但是，这种方式会影响作者的声誉，导致不少作者不得不中途终止协议，转向非签约式作者，专心从事“为爱写作”。

对于第二种情形——这主要是针对有竞争力的作者，他们多是大神和白金作家，其市场号召力已经形成，如常某与阅文集团的诉讼就是这方面的经典例证。2014 年 10 月 9 日，阅文公司与常某续签《文学作品独家授权协议》。该协议特别约定：“协议作品为常某至 2019 年 1 月 24 日内创作的所有长篇小说，以及与上述创作期内创作的所有小说作品构成前传、后传、外传、续集、系列等关联关系的文学作品；授权期限为每部协议作品发表之日起至每部作品著作财产权保护期满之日止。”但是，自 2016 年 5 月由《余罪》改编的网络剧推出后，成为当年现象级网剧，常某也成为白金级作家，其网络搜索量在年终达到峰值，有报道称《余罪》原著电子书销售额破 100 万。由一个名不见经传的作家升级至白金级作家，显然常某对自己在 T0 期的期望值有了大幅提升，会拒绝交易，提高价码，以赢得全部或大部分的升值空间。也就是说，面对腾讯的优势地位，腾讯公司当然想取得其后续作品授权，锁定收益，但是，常某显然不满足于在 T0 期所签署的 T1 期的合同安排，让其本来应该获得的收入旁落。如果这样，那就只有两条路可走：其一，作者自身拥有创作自由，从此不再创作，阅文公司也无可奈何，双方将因此都受损；其二，常某暗度陈仓，借他人之手“违约式”创作。从法院的审判结果来看，常某被判违约，结果就是判令道歉并赔偿 1 000 万元的经济损失。当然，作为个体作者，常某既无法律意识，也对其创作的不确定性与市场收益无法有确定的预期，所以面对这种情形时自然无所措手足，只能出此下策。正如审判书所建议的那样，“如常某认为阅文公司存在根本违约行为或者合同订立时有重大误解或显失公平等情形的，也可采取依法解除合同或请求撤销合同等法律手段，使阅文公司在此期间的权利义务归于终止，再行自由创作”。当然，这只是事后诸葛亮，要想常某有此意识，这不仅有赖于阅文平台制定协议时本着互利共赢的精神，而且需要整个网络文学市场规制的良性运转。

第五章　数字文化产品平台

“一个13岁的女孩正在写故事。这不是她的日记，她的姐姐也不会是唯一的读者，因为她正在写一本小说，并把它贴在FanFiction（一款线上阅读软件）上。一位音乐家在地铁里弹吉他，但他并不是等着制作人找上门来——他是在Kickstarter（一家线上众筹网站）上筹集制作首张专辑所需资金。一位老人即将离开一个音乐会现场，他在自己的Facebook账户上发布音乐会的照片，并向朋友和家人推荐这场音乐会。平台在日常生活中无处不在，它们颠覆了音乐、电影、书籍、视频游戏、表演艺术等文化产业的传统价值链。”[①] 这是波瓦莱和布尔罗（Beauvallet and Bourreau）所描述的文化产业中的平台现象，随着数字经济的发展，这些平台不知不觉主导了数字文化产业的生产与消费，了解这些平台的概念与商业模式和它们如何融资、定价，以及这些平台如何影响文化产业价值链等就变得十分重要，本章将就数字平台概述、融资模式与定价模式等展开论述。

第一节　数字平台及其商业模式

一、数字平台与商业模式概述

（一）平台概述

FanFiction、Kickstarter和Facebook等都是西方的数字文化产业平台，

① 波瓦莱，布尔罗．平台［M］//露丝·陶斯，特里尔赛·纳弗雷特．文化经济学手册．3版．周正兵，译．北京：首都经济贸易大学出版社，2022：532-539.

在我国的类似平台也不在少数：如类似 FanFiction 的阅文平台，人们可以在其旗下的榕树下等站点发表文章并获得收益；如类似 Kickstarter 的京东众筹，人们可以在平台出售新奇想法众筹资金，实现愿望；如类似 Facebook 的微信平台，人们可以通过这款社交媒体交友等。我们知道，文化产业可谓平台的试验地，从最早诸如 Google 与 Facebook 等社交平台开始，人们就在尝试各种新鲜的商业模式，然后推广到其他领域。当然，从理论层面来看，其实西方 19 世纪早期的便士报纸就是双边市场的经典例证，它利用广告商费用补贴消费者。但是，直到 2003 年，方才由罗切特（Rochet）和蒂罗尔（Tirole）在其知名论文《双边市场上的平台竞争》这样界定双边市场，“具有网络外部性的市场是一个双边市场，其平台可以有效地对作为交易双方的不同类别终端用户进行交叉补贴。也就是说，一个平台的交易量和利润不仅取决于向交易各方收取的总价格，而且取决于总价格的分解”①。从这篇论文中所列举的平台，如软件、媒体以及支付等，作者将双边平台分解为“折扣先锋”（loss leader）或“被补贴方”（subsidized segment）与“营利部门”或补贴方。例如，对于报纸而言，读者就是被补贴方，广告商就是补贴方；对于支付系统而言，消费者就是被补贴方，商家则是补贴方。其后阿姆斯特朗和奈特（Armstrong and Wright）等利用博弈分析方法研究平台和商家竞争语境下的博弈过程，从而为平台的竞争行为提供了更为深入的分析。阿姆斯特朗通过均衡模型显示，“卖家充分汲取其网络利益，而买家享受低于成本的价格。尽管价格有利于买家，但卖家却选择多宿主。当卖家对买家的估值足够高时，这种平衡就意味着这些平台会为买家提供服务。从本质上讲，平台因为买家有所损失，那么只能从接触买家的卖家那里获得收益，因为买家是多宿主的，他们不会对哪家平台有明显的倾向”②。但是，就其本质而言，不论是罗切特还是阿姆斯特朗，他们均承认平台的基本属性就是双边市场的竞争与博弈，平台参与各方要根据消费者福利来平衡自身的行为。当然，对于平台而言，除了本质属性的界定之外，平台的定义也至关重要，

① Rochet J C，Tirole J. Platform Competition in Two-sided Markets［J］. Journal of the European Economic Association，2003，1（4）：990-1029.

② Armstrong M，Wright J. Two-sided Markets，Competitive Bottlenecks and Exclusive Contracts［J］. Economic Theory，2007，32（2）：353-380.

这里我们选择波瓦莱和布尔罗所做的界定，即多边与转售平台，对于两种平台的解释我们会在后文结合商业模式予以分析。

（二）商业模式概述

新世纪以来，技术对人类社会的影响有目共睹，从互联网、数字技术到人工智能、虚拟现实，再到大数据等，学者们也创设了诸多概念来描述其影响，如数字化生存、零边际社会等。对于这些文献我们早已耳熟能详，这里我们重点讨论的是技术如何影响创意经济的商业模式问题。西方战略管理学者富勒（Fuller）认为，商业模式本身是能够解决如下问题的系统：识别谁是客户，满足其需求，提供满意的服务，然后将其价值充分货币化。作为一个系统性的分析框架，它为我们分析技术变革背景下商业模式演变提供了分类基础①。更为重要的是，富勒在技术变革的背景下，通过研读大量案例，特别是创意经济的案例而总结出四种商业模式，值得向读者隆重推荐，详见表5-1②。

表5-1　四种基本商业模式

模式		消费者价值类别	例证	商业模式：消费者参与机制
二元模式	产品	消费者购买后消费并获取价值	家庭用电冰箱、在家烹饪并食用的冷冻食品	二元产品交易：生产者借由价值链向市场提供产品（或服务），在消费者购买后就很少有互动
	解决方案	消费者在提供者在场与提供帮助的前提下消费产品并获取价值	在提供全套服务的餐馆里吃顿饭；与消费者合作共同寻找解决方案的策略顾问	二元方案提供关系：生产者与消费者实时共同创造
三元模式	撮合（Matchmaking）	消费者从减少搜索成本中获得价值	通过独立的平台使消费者能够消费以前不为人知的产品	三元撮合模式：一个拍卖行通过沟通消费者与供应商而节约搜索成本

① Charles Baden-Fuller，Stefan Haefliger. Business Models and Technological Innovation［J］. Long Range Planning，2013，46（6）：419-426.

② Baden-Fuller C，Giudici A，Morgan M S. Business Models and Value［R］. Academy of Management Annual Meeting Proceedings，2017（1）：11635.

续表

模式		消费者价值类别	例证	商业模式：消费者参与机制
三元模式	多边 (Multisided)	消费者从消费产品或服务中获得价值，并通过与他人的互动获得额外价值	免费的报纸提供内容与广告，两者均为读者所需；免费的网络游戏，包含了玩家所看重的广告	三元多边模式：平台提供包含对第三方有益的产品和服务，而第三方为此买单

富勒按照这种关系逻辑，拟订了商业模式分类的一个重要原则："通过中介将原始用户与其他用户连接，能够提高消费者的价值。我们明确两类情形符合三元模式，而不是二元模式，即价值只由产品或解决方案的生产者创造。"在富勒看来，二元与三元模式的区别在于：在二元模式下，如农场主，既卖羊毛，也卖羊肉，但是，这两个产品的客户——无论是买羊毛还是买羊肉的人，都互不相干，也不会因为彼此的存在而受益；而在三元模式下，如报纸的两个客户——买报纸的人与广告商，他们之间就有着紧密的关联，并且会彼此受益——买报纸的人因为广告商的存在而少付费，而广告商因为卖报纸的人的存在而获得更好的广告效应。在三元模式下，如果我们观察数字技术条件下的平台经济，其商业模式更耐人寻味："采用数字技术往往可以提高消费者的参与度并增加利润，但如果采用最先进的技术平台，允许最广泛的消费者互动，则可能会适得其反，即更多的数字化并不总是意味着更多的消费者价值和更多的利润。"① 简而言之，现代数字经济的三元模式与传统二元模式相比之最大差异就在于其有着不同的商业模式，这种商业模式的基础不是商品主导逻辑，而是服务主导逻辑，即生产者和消费者之间、其他供应商和价值链协作者之间，在不断的互动过程中共同创造价值②。

---

① Baden-Fuller C, Giudici A, Morgan M S. Business Models and Value [R]. Academy of Management Annual Meeting Proceedings, 2017 (1): 11635.

② Lusch R F, Vargo S L. Service-Dominant Logic: Premises, Perspectives, Possibilities [M]. Cambridge: Cambridge University Press, 2014.

二、平台类型及其商业模式

（一）多边平台及其商业模式

玛雅·波瓦莱和马克·布尔罗在对多边平台的界定是："促进不同用户组之间直接互动的中介，并在这些用户组之间或内部呈现网络效应。"① 按此界定，多边平台的关键属性为网络效应，这种网络效应可以分为三类：直接网络效应，即同侧市场内消费者之间的相互依赖性，如微信的用户越多则每位用户越受益；间接网络效应，即用户使用一种产品的价值取决于其互补的产品数量和质量，如微信支付的强大功能使其在支付领域的品种不断增加，甚至包括了公益、彩票等产品；交叉网络效应，即基于微信平台建立的多边效应，各边的用户会彼此受益，如微信引入第三方入口，不断拓宽业务范围，包括广告、出行、购物等领域。正如富勒对多边平台的界定，即"消费者从消费产品或服务中获得价值，并通过与他人的互动获得额外价值"②。也就是说，与二元模式中平台的所有参与人之间没有互动不同，多边平台是三元模式，平台参与者多元互动，即生产者和消费者之间、其他供应商和价值链协作者之间在不断的互动过程中共同创造价值，这就是我们上文所表述的服务主导逻辑。

二元模式常常忽略消费者的主动作用，其经济活动常常被描述为企业主导的价值链，其中波特的价值链学说最具有代表性，在他看来所谓价值链就是"用来进行设计、生产、营销、交货以及对产品起辅助作用的各种活动的集合"。按照价值链学说，消费者常常处于价值链末端，是一个将价值"消灭"的可有可无的角色，也不参与价值链中任何的价值创造行为。在商品主导逻辑下，所有的参与主体——各种类型的企业，如材料供应商、生产商、销售商等——前后相继，参与价值的生产，每个阶段都是一次价值增值，任何不能实现价值增值的活动及其主体自然会被排除出价值链之外。但是，按照服务主导逻辑，则消费者在服务实现过程扮演着重要角色，他们利用操作性资源（operant resource）——"能够施加于其他资源而创造价值

① 玛雅·波瓦莱，马克·布尔罗．平台［M］//露丝·陶斯，特里尔赛·纳弗雷特．文化经济学手册．3版．周正兵，译．北京：首都经济贸易大学出版社，2022：532-539.

② Baden-Fuller C，Giudici A，Morgan M S. Business Models and Value［R］. Academy of Management Annual Meeting Proceedings，2017（1）：11635.

（在给定的适当环境下）的资源，其典型就是人类的能力、知识与技能等，它们能够用于价值创造的过程之中，如金子的发现、开采、提炼、锻造与使用等活动"①，参与服务的提供与贡献。

基于上述三元模式，特别是其三种网络效应，微信就建立了不一样的商业模式，如图 5-1 所示②。

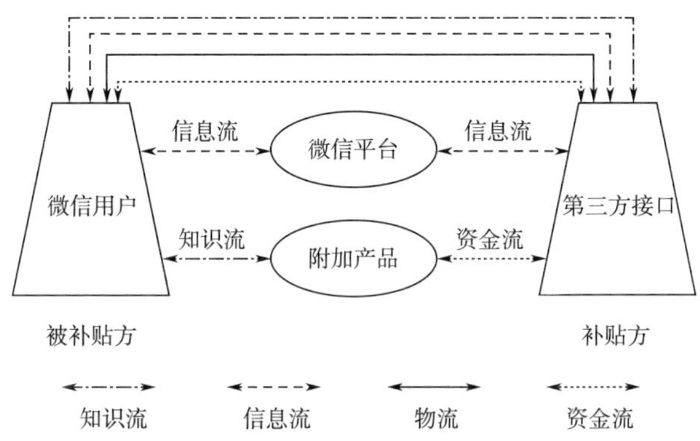

图 5-1　微信平台的商业模式

在上述商业模式中，平台作为重要的中介，为用户提供有益的服务，第三方则为其买单，从而产生巨大的网络效应，以下我们分别从直接与非直接网络效应的角度来描述其商业模式。就间接网络效应而言，微信是重要的社交平台，朋友圈越多，社交越活跃，用户就越受益。也就是说，用户作为同侧的使用者，其数量越多，用户就越能获得更大的收益。以笔者为例，使用微信主要是被朋友圈"拉"进来的，有不少人也是类似情形。根据英国牛津大学的人类学家邓巴（Dunbar）的研究，人类智力容许稳定社交网络的人数大约为 150 人，即邓巴数。但是，对网络社交媒体而言，直接的网络效应能让人类很快超过这个限额，现在朋友圈的限额为 5 000 人。当然，随着人群的增多，微信就成了中国人存在的"家"："每天有 10.9 亿用户打开微信，3.3 亿用户进行视频通话；有 7.8 亿用户进入

① Lusch R F, Vargo S L. Service-Dominant Logic: Premises, Perspectives, Possibilities [M]. Cambridge: Cambridge University Press, 2014: 36-37.

② 王千．微信平台商业模式创新研究 [J]. 郑州大学学报：哲学社会科学版，2014（6）：87-91.

朋友圈，1.2亿用户发表朋友圈，其中照片6.7亿张，短视频1亿条；有3.6亿用户阅读公众号文章，4亿用户使用小程序。”（张小龙2021年公开演讲）。

至于微信的间接与交叉网络效应，其中间接效应主要表现在微信平台的附加产品，如微信红包、AA收款、理财通、QQ币充值、腾讯公益、微信支付等；交叉网络效应主要表现在微信所引入的第三方应用，如“大众点评”“滴滴打车”“购物（京东）”以及各种“公众号”与“视频号”等。我们无法像Facebook那样给出直接的数据：2021年其总收入为337亿美元，而广告收入为326亿美元，其占比高达97%，这是其交叉收益的明显例证。我们无法准确地描述微信的规模及其盈利水平，而只能从腾讯年报中摘取部分数据予以说明。据腾讯控股有限公司2021年年报显示，其2021年总收入为5 601亿元，其中增值服务（主要是网络游戏）为2 916亿元，占比为52%；网络广告为887亿元，占比为16%；金融科技与企业服务1 722亿元，占比为31%。微信产生贡献的主要有两大板块，即网络广告与金融科技：其中微信在网络广告部分贡献甚巨，贡献了753亿元，占全部收入的13%，更是在整个广告业中占比85%；金融科技部分的收入增加主要是微信支付等商业支付金额的增加，收入同比增长超三成，成为腾讯最亮眼的业务。

（二）转售平台及其商业模式

波瓦莱和布尔罗在对转售平台的界定是，“转售平台是指从独立供应商处购买产品或服务，再转售给消费者（可能需要重新设计），其向消费者出售的产品或服务具有网络效应”①。对于转售平台而言，其核心的价值是撮合（matchmaking），即承担供应商与用户的媒介角色，并通过各种中介服务撮合两者的交易，使之更便捷化。或者按照西方战略管理学者富勒说法，就是识别谁是客户、满足其需求、提供满意的服务，然后将其价值充分货币化②。我们知道，在传统市场经济条件下，信息不对称与交易有摩擦是两大难题，而转售平台在解决这两个难题方面有着先天的优势，以

---

① 波瓦莱，布尔罗．平台［M］//露丝·陶斯，特里尔赛·纳弗雷特．文化经济学手册［M］3版．周正兵译．北京：首都经济贸易大学出版社，2022：532-539.

② Charles Baden-Fuller，Stefan Haefliger. Business Models and Technological Innovation［J］. Long Range Planning，2013，46（6）：419-426.

下就此展开分析。

第一，转售平台有助于解决信息不对称问题，可为供应商识别并寻找客户。我们知道，市场上存在大量的信息不对称，买方不知道从哪里能买到想要的产品，也不能准确知晓产品的品质；对于卖方而言，他们虽然明白自身的产品质量，但却很难找到适合的买家，并为他们提供合适的产品与服务。我国知名的阿里巴巴网站就是一家大型的转售平台，它通过长期免费政策，并配以支付宝等基础设施，吸引了更多的终端用户，为供应商找到了更多元的用户。同时，阿里巴巴更是通过广告推送、评级体系显示产品的品质并辅以无条件退款与支付宝先行赔付等措施，强化了产品的可信度。

第二，转售平台通过知识流、物流与现金流的提供，促进参与方更为充分的互动，减少交易摩擦。学术界在 20 世纪 90 年代曾经提出所谓的“非摩擦经济”，即随着网络技术的进步，传统信息不对称工业经济条件下的搜索、分销成本乃至生产交易成本趋近于零。对此，勒维斯有着精确的描述，“在非摩擦经济中，企业先得找出富有代表性的个人习惯、个人喜好和个人品位，并据此生产出符合个人需要的产品。然后企业必须找出大量这种类型的潜在客户，把他们当成一个独特的群体，向他们出售产品。如果想要吸引住这个群体，你就得迎合他们共同的人生经历、价值观念和兴趣爱好，也就是说，要创造一种社区意识。一个成功的营销策略必须迎合我们心灵深处的那种农业时代的部落意识”①。当然，平台降低交易摩擦的手段很多，如在淘宝账户上你可以轻松注册，然后这个账户将赋予你更多的产品、便捷的支付手段以及快速的物流等，所有这些手段都将双方的交易成本大幅降低。以下我们以腾讯音乐（Tecent Music）为例，解读其商业模式。

对于腾讯音乐来说，其商业模式要识别两种不同性质的客户，即付费客户与非付费客户，以提供差异化的产品，特别是通过为付费客户提供增值服务，将其价值充分货币化，从而实现客户与产品之间的交叉补贴，完成其商业模式的内在闭环。

首先，由于各大平台基础音乐库的规模差异已经不大，其规模方面的

① 勒维斯．非摩擦经济：网络时代的经济模式［M］．卞正东，王宇，王志娟，等译．南京：江苏人民出版社，2000：33.

竞争力已经没有明显优势，各平台必须借助自身优势提供差异化服务。例如，阿里集团利用其电商优势组建阿里星球，主打粉丝经济并试图通过粉丝电商实现商业变现，网易云音乐则立足分享与社交功能，通过促进用户从收听音乐到发现音乐再到爱上音乐的转换，增强用户的黏性与归属感，从而提升用户的支付意愿并实现商业变现。腾讯作为最大的社交媒体，其所构建的社交网络几乎涉及所有网民。利用这种优势，腾讯在传统的流媒体音乐收听基础上打造多款基于社交的新产品，其代表性的产品如在线 K 歌与酷狗直播。根据腾讯音乐 2019 年第三季度报告显示，其社交音乐的收入高达 6.5 亿美元，在全部收入中的占比更是达到 72%，几乎是互联网音乐中的一个“异类”，以至于媒体称腾讯音乐其实不能算是一家音乐公司，而更应该当做直播公司。我们知道，如今的数字音乐收入多来自流媒体业务，即流媒体播放的业务收入，具体可参见表 5-2。

表 5-2　全球主要流媒体平台用户数量与费率比较

平台	Apple Music	Google play	Spotify	Amazon	Tecent Music
总用户数（百万）	36	10	159	20	6440
免费用户比例（%）	0	50	55	80	96.4
按次（或分钟）支付费用（美元）	0.007 40	0.006 80	0.004 40	0.004 00	0.000 46
达到最低工资标准所需次数（或分钟）（万）	20.0	22.0	36.6	36.0	53.0

说明：①由于数据缺失，西方数字音乐平台费用方面的数据按照次数计算，而腾讯音乐播放的数据按照分钟计算。以每首歌平均时长约为 4 分钟计算，两者之间具有一定的可比性，如中国达到最低工资所需时长为 53 万分钟，如果每次听一首歌，则需要 212 万次，其付费标准约为西方同类平台的 1/10。

②美国的最低工资标准为 1 472 美元，中国的最低工资标准为 1 721 元（根据人力资源部与社会保障部 2019 年 7 月公布的各地最低月工资最高档次计算得出），约为 244 美元（汇率换算日期为 2020 年 1 月 21 日）。

资料来源：Thetrichordist，2018、《腾讯招股说明书》（2018）。

但是，腾讯流媒体服务——这个数字音乐平台主流的业务收入仅占 28%，更多的收入来自社交音乐服务，特别是直播业务，这种模式通过共享版权不仅能够节省成本，而且可通过差异化服务提供新的盈利点。我们不妨以腾讯音乐旗下的明星产品“酷狗直播”为例，2018 年该平台有超过 50 万主播歌手在线直播，全年直播超 6 000 万小时，主播唱歌超 9 000 万次，主播歌曲全年播放量超 200 亿次，全年高清演出直播超 1 000 场，覆盖过亿用户，全年收入估计超过 10 亿美元①。更准确地说，酷狗直播是一种基于音乐表演的直播秀，它是我国数字音乐行业发展出来的一种颇为非主流的盈利模式，听众和粉丝们通过平台听音乐、看主播唱歌、打赏、点歌，其中打赏是其收入的核心来源，这几乎就是复制了当年腾讯借以成名的 QQ 秀功能，这种方式被互联网女皇（玛丽·米克尔）称为“东方式革命性应用创新”②，是中国互联网娱乐行业盈利的重要支撑。这里我们仅以酷狗直播历史排名最高的网红直播“KE 乐乐”为例，该名播客拥有粉丝 67.9 万，收获总虚拟币 129.4 亿，在酷狗音乐平台获得的收入为 5 173.6 万。KE 乐乐是一个典型的 UGC 内容提供者，我们在互联网上除了找到有关评论之外，就找不到什么个人信息。这里面值得讨论的内容是，传统音乐传递的推送模式（push model）强调以企业为主体的营销与定价，而在互联网背景下的 P2P 技术是一种信息牵引模式（pull model），消费者寻找信息、试用产品继而作出决策，消费者是传播与定价的主体，因此，商业机构必须为此作出改变，否则商业利益与社会利益将双重受损③。这让我想起皮考克（Peacock）的那部名著《打赏艺术：文化、音乐与金钱》④，“打赏音乐”几乎是唱片工业兴起之前的唯一的盈利方式，说唱艺人游走四方，随便在哪里找个地方就可以浅唱轻弹，围观的看客也就乘兴打赏，这也许是一种回归，其中的心理与社会要素颇耐人寻味，对此我们将在打赏章节另行讨论。

其次，作为内容传播平台，“内容为王”的口号永远都不过时，腾讯

---

① 腾讯音乐年报并没有提供酷狗直播的具体收入数据，相关数据由自媒体平台“今日网红”根据其服务播客数据整理得出，特此说明。参见：腾讯音乐赚钱真相：你以为它是做音乐的，实际它是一家直播公司［EB/OL］.［2023-02-11］. https：//36kr. com/user/1079400627.

② 吴晓波 . 腾讯传（1998-2016）：中国互联网公司进化论［M］. 杭州：浙江大学出版社，2017：88.

③ Duchene A，Waelbroeck P. The legal and technological battle in the music industry：Information-push versus information-pull technologies［J］. International Review of Law and Economics 26（2006）：565-580.

④ Alan Peacock：Paying the Piper：Culture，Music and Money［M］. Edinburgh：Edinburgh University Press，1992.

利用其平台优势，积极赋能内容创作，提升原创内容的供给与盈利能力。腾讯音乐的管理者曾多次公开表示，独家版权的目标不是法律层面的独占，而是驱动正版化与探索商业模式的策略。为此，腾讯音乐不仅积极推动版权转授权，而且主动推出“版权音乐助手”，积极赋能音乐创造。该产品探索“按量付费”方式，帮助内容创作者与平台快速调用正版音乐，并协助使用者“一站式”解决授权与付费问题，以最大限度地解决正版音乐使用的交易成本，促进内容原创的能力与产量。除此之外，腾讯利用其版权资源与平台优势推出的“音乐人”计划，也打造了诸如《创造 101》和《明日之子》等现象级音乐综艺节目，其中 2017 年出品的《明日之子》狂揽 13 亿流量，其音乐作品仅在 QQ 音乐的收听量就达到 22 亿，收听人数超过 1.5 亿，而其盈利能力更是极为可观，仅第二季的冠名费就高达 2 亿元人民币。腾讯音乐不仅挖掘新人，而且在头牌音乐人方面精耕细作，利用平台优势与粉丝能量提升明星的盈利能力。除了造星之外，那些头部的巨星则是更为重要的资源，我们不妨以周杰伦为例，看看腾讯音乐是如何为其提供贴身服务、提升其盈利能力的。周杰伦曾经被美国《时代》周刊赞许为“新一代的亚洲音乐天王”，驰骋亚洲乐坛 20 载，经久不衰。2015 年，腾讯音乐花费天价买下周杰伦的独家版权，此举据称吸引几百万粉丝购买腾讯音乐的 VIP 会员，为实现巨星价值的商业变现奠定了重要的基础。在海量粉丝的基础上，腾讯音乐尝试演唱会“现场演出+付费直播”、数字专辑发行等全新方式，最大限度地挖掘明星的商业价值。2019 年 9 月 16 日晚上 11：00，周杰伦首发数字单曲《说好不哭》，需付费 3 元才可收听，新歌上线 25 分钟后，销售额就突破 680 万元，8 小时之后就突破 1 500 万元，最终的总销售额超过 3 000 万元，成为历史上销售额最高的数字单曲，也是周杰伦销量最高的单曲，其个人收入也达到千万元级别。

总体而言，腾讯通过 C（content）、T（technology）、S（service）战略，以“构建多元内容生态”“让科技赋能音乐”“让服务无处不在”为三大核心驱动力，探索数字化语境下音乐产业的生态体系与商业模式，提升音乐产业的可持续发展能力与整体竞争力。

第二节　数字平台的融资管理：以电影众筹为例

一、互联网金融的介入

（一）互联网金融概述

众所周知，金融的核心是跨期的价值交换，所有涉及不同时间、不同空间之间的价值交易都是金融活动，其功能主要包括跨期、跨区域、跨行业的资源配置，提供支付、清算和结算服务，提供管理风险的方法和机制，提供价格信息，储备资源和分割所有权，创造激励机制①。随着互联网精神及经济的发展与普及，互联网开始全面向金融业渗透，“开放、平等、协作、分享”的互联网精神开始全面影响金融业的功能及其实现模式，并由此产生了一种具有互联网精神特质的金融业——互联网金融。

就互联网金融的广义界定而言，互联网金融与传统金融的区别不在于功能层面，而在于精神特质层面，即互联网金融具备“开放、平等、协作、分享”的精神特质。

首先，互联网金融是全面开放、普惠的。它所关注的是草根客户，并通过互联网向这些草根客户提供零门槛的投资与融资服务，如目前互联网金融所提供的微借贷、微理财等产品，其最低认购额仅为 1 元，可以说互联网金融已经全面、零门槛地向大众开放。

其次，互联网金融中各类主体是平等的。由于互联网技术，特别是大数据、云计算技术等大大提升了信息资源的透明度与利用率，金融业的卖方市场优势已不再存在，如一些互联网融资平台完全是点对点信息的交互与资金流动，买卖双方在充分掌握信息的基础上公平竞争与合作。

最后，互联网金融有着高度协作、共享的资源配置机制。由于互联网正从一个个独立、封闭的系统走向协作、共享的生态系统，互联网金融依赖这一协作系统实现各方资源无障碍地流通，在全面协作中实现共

① 吴晓求．互联网金融的逻辑［J］．中国金融，2014（3）．

享、共赢。例如，众筹融资模式就是通过社会化协作实现传统金融无法实现的融资任务的 。

（二）互联网金融与电影业耦合性分析

在所有的传统产业中，电影业无疑是互联网金融介入范围最广、程度最深的领域之一，这不仅仅是因为电影业具有广泛的受关注程度与广阔的市场空间，更为重要的是电影业与互联网金融在精神与功能方面具有耦合性，这是互联网金融全面介入电影业的逻辑基础，也是互联网金融在电影业中表现如此抢眼的关键原因所在，以下就此展开分析。

首先，互联网金融与电影业具有精神层面的耦合性，即它们都具有互联网精神的基本特征。前文的分析表明，互联网金融领域已经彻底渗透了互联网精神，而“电影的互联网化”早已不是什么新鲜概念，可以说用互联网精神经营电影业早已是电影业的共识，并贯穿于电影业的全产业链。其一，决策来源互联网化。如今的很多微电影、中小成本电影，甚至像《纸牌屋》那样的大制作影视产品的决策，都是基于互联网大数据的分析结果，并充分体现了互联网的分享精神。其二，融资过程的互联网化。如今很多影视产品可以通过各类互联网融资平台获得投资，甚至有些电影的全部投资都是通过众筹完成的，就连普通百姓通过互联网也拥有了投资电影的机会与乐趣，这充分体现了互联网的开放精神。其三，生产过程互联网化。这不仅表现为电影生产者在电影制作过程中通过互联网与粉丝互动，让消费者充分参与，而且表现为其借助云计算等互联网技术实现制作的精细分工与协作，这也充分体现了互联网的协作精神。其四，营销过程的互联网化。一方面，电影企业要根据互联网大数据找到潜在观众，并根据数据分析的效果来做精准营销；另一方面，电影企业可以借助互联网平台吸引更多的受众参与，从而通过参与式营销大大提升其营销效果。

其次，互联网金融与电影业具有功能层面的耦合性，特别是在资源配置与风险管理这两项重要功能方面，两者协作有珠联璧合之效。

第一，互联网金融与电影业在资源配置方面具有功能耦合性。金融的本质是通过跨期价值交易实现资源优化配置。但是，由于信息不对称等原因，金融配置资源的功能实现并非易事。为此，传统金融业通过金融中介将那些缺乏流动性与交易性的资产转换为可流动性负债，从而通过增强资产的可交易性来实现优化资源配置的功能①。这种情形在电影业中更为显著，电影产品作为资产不只是流动性差，其价值更是难以确定。但是，在互联网金融背景下，由于互联网技术的支持，信息交流、计算与处理的成本大大降低，买卖双方对目标资产有了几乎相同的了解程度，这有助于双方在信息透明的前提下就目标资产的价值达成共识，其交易也因此更容易达成②。与此同时，在互联网的革命性影响之下，电影业的发展模式也发生了重要变革：软件与硬件价格的大幅下降让电影制作走下神坛、走向大众；P2P 沟通机制取代传统的单向交流机制，并全面渗入电影业的各个环节，电影业比以往任何时期更像是一个大众参与的娱乐业；电影产品从传统的单向度传播转向模块化、多渠道传播，消费者具有更大的话语权与主动性③。也就是说，互联网背景下电影业的这些特征，使电影产品作为资产的信息更加透明，同时由于互联网金融开放平台的支持，以往以私人社交方式为主的筹资行为可以走向更公开和宽广的平台，让筹资人获得更多的筹资渠道，从而优化筹资效率与资源配置能力。

第二，互联网金融在电影业风险管理上具有明显的功能优势。我们知道，互联网金融产品，如众筹融资等，都具有互联网的开放精神，对其参与者几乎没有门槛的要求，因而每一笔融资的对象都是数以万计，特别是众筹融资可以视为传统天使投资的互联网升级版。其一，传统意义上数量有限的天使投资人，由于互联网金融平台的介入而变一为万，投资者数量的增加必然降低了投资风险。其二，传统的融资项目多有一个或几个天使投资人及其团队负责识别与管理，而众筹融资则实现了海量投资人同时对一个项目进行投资与管理，其风险识别能力必然得到加强，从而也在一定程度上减少了投资风险。其三，众筹融资通过广泛的社会参与可实现营销意义上的市场调查甚至是“预消费”，这一方面提升投资人的风险识别能力，另一方面也由于海量消费者的提前锁定而大大降低了项目风险。

---

① Franklin Allen, James McAndrews, Philip Strahan. E-Finance: An Introduction [J]. Journal of Financial Services Research, 2002, 22 (1) .

② Franklin Allen, James McAndrews, Philip Strahan. E-Finance: An Introduction [J]. Journal of Financial Services Research, 2002, 22 (1) .

③ O Braet, S Spek. Crowdfunding the movies: a business analysis to support moviemaking in small markets [J]. Euro ITV, 2010 (6) .

二、互联网金融支持电影业融资的基本模式与经典案例

从目前全球范围内的实践来看，互联网金融支持电影业融资模式可以从两个维度进行分类。其一，从是否营利的视角，可以将其分为非营利性与营利性。其中，前者又可以分为奖励性众筹与捐赠性众筹，其主要特征是投资人不能从其投资行为中获得货币化的回报；后者则包括部分众筹融资和大部分平台融资，其投资人与目标项目构成债权和股权关系，并获得相应的经济报偿。其二，从融资平台的视角，可以将其分为众筹融资与平台融资。前者是互联网金融平台向电影业渗透的金融中介，电影业通过这个平台实现融资任务；后者则是来自电影业自身的电商或渠道平台，他们利用自有平台实现融资任务。基于此，我们大致可以将互联网金融支持电影业融资模式概括为五大类（其中非营利性融资虽然在回报方式、实施平台上略有区分，但是其运营模式并无本质区别，所以均归于模式Ⅰ），具体如表 5-3 所示，以下我们结合具体案例依次对这几类模式予以分析。

表 5-3 互联网金融支持电影业融资的基本模式

		众筹融资	平台融资
模式Ⅰ：非营利性融资	奖励性融资	Kickstarter、淘梦网（Tmeng）	大麦众筹、Youtube
	捐赠性融资	Gofundme	无
营利性融资	股权式融资	模式Ⅱ：百度众筹	模式Ⅳ：Netflix、乐视
	债权式融资	模式Ⅲ：娱乐宝	模式Ⅴ：无

资料来源：作者整理。

（一）模式Ⅰ

如前所述，非营利性融资在回报方式、实施平台上略有不同：如奖励性融资追求物质或者服务性回报，捐赠性融资则完全出于公益目标而不求任何回报；众筹融资的平台多是互联网金融平台，是典型的业外中介平台，而平台融资的平台多来自电影业的电商或渠道平台，是电影业内已具有影响力的商业平台。但是，这些区别并非本质性的：在回报方式方面两者都无法索取货币化资本回报，更无法获得投资收益，因而都具有公益

性；在实施平台方面，目前业内平台的专业性并没有体现出来，其功能与互联网金融平台并无本质区别。基于此，我们可以将模式Ⅰ命名为非营利性融资模式，其典型代表有国外的Kickstarter、Gofundme、Youtube以及国内的淘梦网、大麦众筹等。以下就以国内在电影业众筹融资方面较有代表性的平台——淘梦网为例予以说明。

淘梦网是北京淘梦网络科技有限责任公司旗下的主营网站，其致力于提供一个追求电影梦想的舞台，鼓励电影人借助平台的宣传推广获得亲友以及公众的支持，从而获得启动梦想所需的目标资金，并最终完成梦想。作为一个非营利性众筹平台，其众筹模式大致如下：项目发起人将拍摄电影的想法或计划以视频、图片、文字等形式提交至淘梦网；淘梦网审核项目发起人所提交的项目资料，并返回审核结果及建议；项目成功上线后，淘梦网进行宣传推广，让更多网友了解项目发起人和项目；网友对发起人或项目产生共鸣，支持和预购项目承诺的回报；至项目结束日期，达到目标金额，项目发起人就可以去执行项目；项目执行完毕，项目发起人兑现对支持者的回报。

（二）模式Ⅱ

2012年3月，美国众议院表决通过了《创业企业融资法案》(Jumpstart Our Business Startup Act，以下简称《JOBS法案》)，该法案作出了允许股权众筹融资、鼓励快速成长型企业公开募股等规定。在笔者看来，随着法律规制的完善，模式Ⅱ的重要性将日益显现。目前我国推出的若干众筹产品，如百度众筹、爱钱帮等，它们已经具备了股权众筹的基本特征，其中尤以即将推出的百度众筹为代表。

按照百度公司自己给出的定义，百度众筹就是利用其自身的大数据、大流量等优势，以互联网技术为支撑，以金融安全和风险管理为基础，帮助个人或者中小企业解决融资困局，促进实体经济发展和结构转型。同时，百度众筹还致力于激发并满足大众个性化的信息消费需求，构建消费者、生产者、投资者和融资者的共赢生态圈。在其公布的说明书中，百度众筹具有如下四个方面的特征：众筹面前人人平等，起购金额低至1元；真实且个性化的参与感，用户不仅能获得超值的权益回报，而且能够享受各种超值的体验参与；众筹没有失败者，各方参与主体将构成一个环环相扣的共赢局面；专业的风险管理机制，为此百度众筹将通过引入大型金融机构、应用资产隔离技术等做法严格控制金融风险。

就其本质而言，百度众筹是基于资产证券化基础上的股权融资行为，或者说是资产证券化的互联网升级版本，其运作模式与传统资产证券化融资行为并无多大差异。

首先，百度作为互联网巨头，其利用资源优势，作为发起人联合业内电影制作与发行企业，确立资产证券化的目标，然后将多家影视企业在未来几年投拍的影视产品所产生的票房等收入等未来现金流作为核心资产，并根据证券化目标组建资产池。

其次，百度众筹委托专业金融机构，实施风险隔离，即将资产池中的资产与发起人实施分离。

最后，百度众筹完善交易结构，将资产转换成能够在互联网金融市场上出售的众筹股权产品。不同于传统资产证券化的交易对象多为机构投资者，股权众筹的对象则扩大至普通的居民，而投资人也将获得与其股权相应的投资回报。这种回报不同于娱乐宝的固定收益，而是风险收益，其年化收益率可达15%。

不过，考虑到我国电影业发展的现状，模式Ⅱ也面临着相当大的风险，尤其是在资产池构建中。因为资产池的构建其实是一个通过资产重组来奠定信用的过程，而我国目前电影资产尚不具备证券化的基础条件，既无法构建合适的电影资产池，也无法保障未来稳定的现金流，其资产池的构建将面临巨大的不确定性，而这也是百度众筹迟迟没有实质性进展的关键原因所在①。

（三）模式Ⅲ

我们知道，按照现有金融监管要求，所有众筹项目“不能以股权或资金作为回报，项目发起人更不能向支持者许诺任何资金上的收益”，所以严格意义上所有涉及资金收益——无论固定收益还是风险收益——的项目都不能算众筹项目。因此，严格意义上说，与股权众筹一样，目前尚无债权众筹的融资案例。不过，以阿里巴巴“娱乐宝”为代表的互联网金融产品却兼顾了众筹融资与债权融资的基本特质，可以被视为改良版的债权众

---

① 周正兵．好莱坞电影产业投资基金形成机制研究：基于资产证券化的视角［J］．北京电影学院学报，2012（4）．

筹融资案例。

2014 年 3 月，阿里巴巴数字娱乐事业群宣布推出新一代“宝”——娱乐宝平台。娱乐宝是由阿里巴巴数字娱乐事业群联合金融机构打造的增值服务平台，用户在该平台购买保险理财产品，即有机会享有娱乐权益。其具体运作模式如下：网民出资购买国华人寿的保险理财产品——国华华瑞 1 号 A 款，其预期年化收益 7%，并有机会享受剧组探班、明星见面会等娱乐权益；国华人寿将众筹到的全部资金——7 300 万元，配置为部分信托计划；该信托计划按照信托契约向约定的项目投资，即《小时代 3》《小时代 4》《狼图腾》《非法操作》4 部电影以及大型社交游戏《魔范学院》，具体可参见图 5-2。

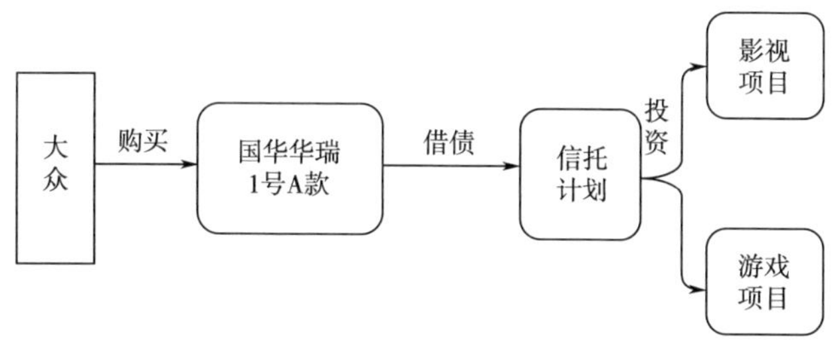

图 5-2 娱乐宝投资运作模式

资料来源：笔者整理。

从娱乐宝运作模式来看，如果抛开由于规避法律风险而引入保险公司这一点之外，这个项目无疑是典型的债权众筹融资方式：项目单位通过娱乐宝平台向大众发起债权融资计划；娱乐宝作为互联网金融平台，一方面将众筹的资金按计划拨付给发起方，另一方面向购买人返还本金和双方设定的回报。

当然，由于影视产品的高风险性，该模式并不适合大众投资，更不适合债权投资，而这也是即便是在西方 P2P 融资较为成熟的平台，如 Lending Club 和 Prosper 上，也鲜有影视融资案例的原因所在。正因如此，有人评论认为，大众手中的钱并非娱乐宝的首要目标，因为区区几千万的资金对于这五个明星项目而言并不算什么，更为重要的是大众“用钱投票”，显示了大众对导演、演员、剧本的喜好程度。因为，这些第一手的用户数据，将使电影业实现真正意义的“大数据创作”“大数据营销”，且这些数以百万计的认购用户本身就是票房的重要保障。

（四）模式Ⅳ

我们知道，进入21世纪以来的全球电影业，特别是好莱坞电影业的融资多是通过资产证券化方式实现的，即电影公司将未来的票房收入等流动性资产剥离出来，并以该资产为信用基础进行融资行为。在这种融资行为中，好莱坞电影公司并无实质性的资本投入，只是依赖创意资本及其衍生的信用资产，以未来的收入预期换取现金流，是典型的以小博大式融资方式。这种方式有两个十分重要的特征：其一，好莱坞电影公司是创意资本的拥有者，也是核心能力的拥有者，因而不管好莱坞电影公司持股比例如何，其经营上的主导权不受任何形式的干扰；其二，好莱坞电影公司以其创意资本，通过结构化方式用杠杆撬动数十倍、数百倍于己的资本，从而保障其轻资产前提下的资本需求。质言之，在传统金融背景下，电影公司由于掌握内容创意资源，所以在融资行为中占有主导地位。但是，这种局面将由于互联网金融的介入，特别是大数据的介入而发生质变，即电影业的平台企业，如电影票销售及其服务的电商或者电影产品播放的渠道商等，将由于掌握大数据而从内容与资本等多种层面全面介入电影业，并由此衍生出电影业融资新模式——平台股权融资模式，即模式Ⅳ，其经典案例是Netflix。

Netflix是全美最大在线影片租赁提供商，它能够提供超大数量的DVD，并且能够让顾客快速方便地挑选影片，同时免费递送。随着互联网技术的发展，Netflix的传输方式全面进入多屏时代，受众可以通过PC、TV及iPad、iPhone等终端收看电影、电视节目，也可通过WiFi、Xbox360、PS3等设备连接TV。2013年，Netflix全年的收入已达到43.7亿美元，逼近HBO的年收入49亿美元。但是，其利润仅有HBO的13%，原因在于在传统电影产业链中，Netflix原本扮演的角色处于最末端，剧集在电视台播出了很久之后，才会在Netflix上线，如果想要早早上线一些热门剧集，就得付出更高的版权费用，这就使其盈利空间非常有限①。不过，随着《纸牌屋》的投资与热播，Netflix的地位发生了根本的变化，原本的平台商也由于掌握

① 王义之．揭开“纸牌屋”大数据噱头，看Netflix的真实动机［EB/OL］．［2023-03-23］．www.huxiu.com/article/.

了大数据而在电影业的内容投资甚至制作方面拥有了前所未有的话语权。Netflix 开天辟地般地利用大数据投资并制作电视剧，具体表现为：其一，Netflix 利用其 2 700 万的订阅用户的每天 3 000 多万个行为、400 万个评分，以及 300 万次搜索请求等数据分析消费者的需求，并在此基础上决定投资《纸牌屋》；其二，数据表明鬼才导演大卫·芬奇和男演员凯文·斯派西不仅具有很高的点击率，而且两者在特定人群中有着较大的交集，这就成了《纸牌屋》主创选择的重要依据。

（五）模式 V

模式 V 目前在电影业尚无典型案例，但这种模式在电商平台中十分流行，特别是将互联网金融与供应链金融相结合并为中小微企业提供贷款的模式已经较为成熟，其典型案例如阿里小额贷款。阿里巴巴集团是中国最大的电子商务公司，成千上万的电商企业与用户在这个平台交易，有关这些交易的所有数据，不仅包括资金流动数据，而且包括企业订单数量、销售增长、仓储周转以及投诉情况等数据信息，全部汇入阿里金融的大数据平台。根据平台大数据和信用体系，阿里巴巴可以基于供应链体系为中小企业提供贴身的金融服务，大致分为信用贷款和应收账款融资两种模式①。以信用贷款为例，客户根据其在阿里巴巴平台上所积累的交易信用记录，无需提供任何质押或担保就可以获得贷款。例如，当资金需求方需要贷款时，只需凭借其在电商平台上积累的交易信用，无需提供任何抵押，而只需要向资金供给方提出申请，并由电商平台提供担保，即可获取贷款，如 B2C 平台供应商贷款、B2B 平台企业信用贷款等。

我们认为，随着电影业的平台企业，特别是视频平台企业（如乐视、爱奇艺、搜狐视频、腾讯视频、百度视频等）依托其平台优势与诸多的内容制作企业、内容供应商、内容消费者构建起了一个庞大的互联网内容生产、供应与消费生态系统，这种平台间接融资模式将有较大的发展空间。具体而言，平台企业将依托立体化的生态系统，利用大数据与信用体系为平台内的各类企业提供间接融资，如 B2B 模式，即由平台向供应链各个环节中的企业提供信用贷款。

---

① 王念，王海军，赵立昌. 互联网金融的概念、基础与模式之辨：基于中国的实践［J］. 南方金融，2014（4）.

三、互联网金融背景下电影业融资新趋势

(一) 电影业融资的第四次浪潮

我们知道，早期电影产业的融资多来自内源资金或者银行资本，外部直接融资比例很小，这种局面一直维持到20世纪70年代。自那时起，随着电影投资成本的上升，电影产业的融资需求以及经营风险也逐步放大，内源资金或者银行资本无论是在资金提供量还是风险抵抗能力上都难以适应这一趋势，于是寻求新型的风险性更强的外部资本成为这个时期电影资本市场的主流做法，并由此形成了三次潮流。20世纪70年代，美国出台了更有利于电影投资的税收政策，其中规定投入电影摄制的资金可以在短期内提前折旧，同时可以作为报税时的预扣金额，这一税收优惠政策吸引了大量个人投资者，特别是欧洲的个人投资者，从而形成了外部资本投资电影的第一次浪潮①。但是，个人投资者在资金筹集、资本运作、风险预防能力等诸多方面存在先天不足，加之1986年美国税制改革取消了税收优惠政策，个人投资者很快被机构投资者所替代。该税制改革创新地使用了投资组合理论，大大降低了投资人的风险，从而吸引了大量保险基金和退休基金等机构投资者进入电影投资领域，掀起了外部资本投资电影的第二次浪潮。到了21世纪，华尔街投行人士开始关注好莱坞的电影，并以其更为专业化的方式取代机构投资者并介入电影产业投资，很快掀起了外部资本投资电影的第三次浪潮，其代表性产品是电影投资基金。

如今，在互联网金融崛起的背景下，电影业融资掀起了第四次浪潮，即电影业互联网融资模式。在笔者看来，其与前三次浪潮最大的不同，在于互联网金融平台电影融资有着完全不同的价值链：这也是电影业融资历史上第一次实现了资金流、信息流与内容流等的众流合一，从而最大限度地实现了包括资金、内容、消费者等在内各类资源的优化配置，具体可参见图5-3②。

从图5-3可见，互联网金融平台的电影融资除了在资金流方面体现出

---

① Norbert Morawetz, Jane Hardy, Colin Haslam, Keith Randle. Finance, Policy and Industrial Dynamics—the Rise of Coproductions in the Film Industry [J]. Industry and Innovation, 2007, 14 (4) .

② Braet O, Spek S. Crowd funding the movies_ a business analysis to support moviemaking in small markets [J]. Euro ITV, 2010 (6) .

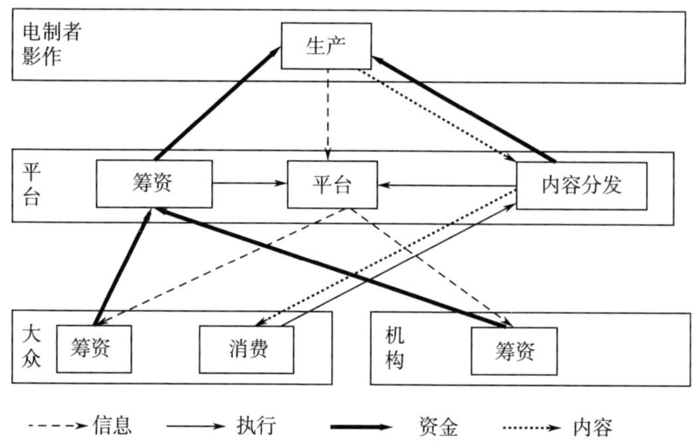

图 5-3　互联网金融平台电影融资价值链

资料来源：O Braet，S Spek，2010. 图表略有修订，增加了机构投资的内容，同时将该平台理解为互联网金融平台与电商及视频平台。

大众化特征之外，其强大的信息流与内容流也赋予自身以独特的优势，而这是传统金融模式无法企及的。就信息流而言，电影业互联网融资平台可获得大数据挖掘和信息流优势：一方面，可以实现客户服务的精确定位和无缝推送；另一方面，客户可以通过互联网金融平台与电影制作、销售等环节的企业实现信息互动，甚至参与其决策，以提升决策的科学性与精准程度。就内容流而言，电影业互联网融资平台首次实现了电影业在内容创作和分发方面与消费者的全面互动：一方面，大众对内容的直接评价以及“用钱投票”等间接评价行为，将成为电影内容决策与生产的重要依据；另一方面，大众广泛、深入的参与本身，就是内容营销与分发的最好渠道，而这些人往往又是这些内容忠实的消费者。

综上所述，笔者认为，作为电影业融资的第四次浪潮——互联网金融平台融资方式，以资本为纽带，带动资金流、信息流、内容流在电影业全产业链中的互联、互动，从而重构了电影业生态链，实现了资源的优化配置以及产业的全面升级。

（二）互联网金融背景下电影业融资新趋势预测

第一，互联网金融为电影产业构造了新的融资中介，实现了资金流、信息流、内容流在电影业全产业链中的互联、互动，最大限度地实现了资源优化配置，从而全面重构了电影业生态链，实现了电影业的全面升级发展。

第二，互联网金融特别是非营利性众筹融资模式将有效地弥补市场失灵的缺陷，为个性化电影提供资金、内容等方面的支持，这将极大丰富电影产业的创意内容资源，个性化电影产品将因这种激励而层出不穷，商业电影也将因此获益。

第三，随着互联网金融规制的规范化，特别是股权众筹模式等规制的法治化推进，电影业股权众筹融资模式将进入一个快速、规范发展的通道，特别是其中的电影资产证券化等手段将日趋成熟，而这有利于电影业融资链条的规范与优化。

第四，在电影业互联网融资的整体格局中，债权融资规模将与股权融资呈现此消彼长的关系。随着股权众筹融资模式等的规范与发展，像娱乐宝这样的债权融资模式的竞争力将大幅下降，最终沦为一种营销手段。

第五，互联网融资的其他功能将进一步被开发并利用。例如，电影众筹融资模式将充分利用其大众化特征进行营销，其营销价值将得到更为充分的发挥。

第六，互联网金融将重构电影业生态链条，电影业的主导权将进一步分化，那些电影业相关电商或渠道平台将通过大数据及平台优势在电影业中掌握更多的话语权，新的电影业巨头将从诸如 BAT 这样的平台企业中诞生。

第三节　数字内容与版权：以音乐行业为例

一、我国数字音乐正版化历程描述

（一）前数字化阶段

按照官方的说法，我国文化产业的起点是 1979 年广州东方宾馆首次提供营业性音乐茶座，显然这也是音乐产业的起点。其后广州太平洋影音公司成为改革开放以后的首家唱片公司，也是我国市场化改革中出现的首家具有较高标准和规格的大型音乐经营企业，后来不少唱片公司相继成立，如上海音像公司（1981）、上海声像出版社（1983）、广州新时代影音公司

（1984）、广州白天鹅音乐出版社（1988）、中国音乐家音像出版社（1985）等。与此同时，作为音乐产业重要支撑的技术手段——录音机与盒带，录像机、影碟机与 CD \ VCD——开始进入寻常百姓家，成为老百姓日常娱乐的工具，当然也在不经意间成为盗版的工具。甚至我们可以说，在 1981 到 2006 年间，实体阶段的盗版盛行在某种程度上与这些工具有着紧密的关系，具体数据请参见表 5-4。

表 5-4　城镇居民家庭平均每百户年底耐用消费品（娱乐类）拥有量占比（%）

年份	录音机	录放像机	影碟机	家用计算机	移动电话
1981	12.97				
1982	17.99				
1983	27.11				
1984	34.17				
1985	41.16				
1986	51.66				
1987	57.38				
1988	N/A				
1989	69.75				
1990	N/A				
1991	N/A				
1992	N/A				
1993	75.53	12.18			
1994	72.96	15.96			
1995	72.83	18.19			
1996		N/A			
1997		N/A			
1998		N/A			
1999		21.73	24.71	5.91	7.14
2000		20.1	37.5	9.7	19.50
2001		19.9	42.6	13.3	34.0
2002		18.4	52.6	20.6	62.9

续表

年份	录音机	录放像机	影碟机	家用计算机	移动电话
2003		17.9	58.7	27.8	90.07
2004		17.6	63.3	33.1	111.35
2005		15.5	68.1	41.5	137.0
2006		15.08	70.15	47.20	152.88

资料来源：中国统计年鉴。

从《中国统计年鉴》所统计的数据来看，前数字化时代的两大盗版工具——录音机与影碟机，在官方有统计数据的年份内，用了5年左右的时间就达到了50%以上的家庭拥有率。可以说在这25年间（1981—2006），录音机与影碟机分别成为不同时段主要的娱乐工具，当然也是主要的盗版工具。其中1981—1998年间，录音机是主要工具，而磁带未经授权翻录成为主要盗版形式；1999—2005年间，录像机成为主要工具，光盘非法拷贝则成为主要盗版方式。其实，这个时期的盗版的一个重要特征是企业与消费者的“合谋”，很多录音带与录像带企业明目张胆地参与非法盗版，而普通消费者利用录影带、CD与VCD等非法拷贝与传播音像制品的行为更是司空见惯。

当然其原因是多方面的：其中既有供需矛盾给非法盗版留下的巨大商业空间——这个时期盗版的利润率往往高于100%，常常与毒品相提并论，也有民众版权意识淡薄的助推作用——对于刚刚走向市场经济的民众而言，根本就没有版权意识，满足需求是第一位的，当然就不管盗版不盗版了；更有法律规制的空白，我国第一部著作权法虽然已于1990年颁布，但是由于执法难度极大，执法效果并不理想[①]。这个时期较为典型的盗版案件，是2002年查处的新中国成立以来最大一宗盗版光盘走私案：被告人徐枚中走私452万张盗版光盘，被判处有期徒刑13年，并处罚金300万元。该案件也折射出这个时期盗版野蛮生长的企业化特征，高额的利润让不法分子铤而走险。由于盗版猖獗，这种时期的音乐产业几乎是惨淡经营，很多国际唱片公司甚至只能放弃大陆市场，等待环境成熟时再进入，盗版的影响可见一斑。

① 张志强．转型期中国盗版问题研究［D］. 南京：南京大学，2005.

（二）数字化转型阶段

2005年，中国互联网进入高速增长期，此后的10年被誉为中国互联网的黄金十年。互联网及其载体——手机与电脑，取代了之前的录音机与录像机成为大众娱乐的工具，当然盗版也进入了数字化时代。众所周知，由于数字化产品的特殊经济特征——其边际成本接近于零，加之由于搜索引擎的出现，盗版的搜寻成本也大幅降低，盗版进入了“黄金时代”，其标志性事件就是国内最大搜索引擎“百度”的MP3事件。2003年，百度推出MP3服务，它是一个搜索引擎，用户通过它不仅能够便捷地找到最新、最热门的歌曲，而且可以进入百度资源索引页面进行下载。不久，百度MP3凭借音乐搜索+下载，很快就成为音乐市场的霸主。不过，故事的另一面却是版权方的利益严重受损，音乐盗版由此进入“黄金时代”，根据国际音乐著作权协会的《数字音乐报告（2009）》，2008年数字音乐的盗版率高达99%①。因此，对于这个阶段而言，有关百度的相关诉讼是最好的案例，我们不妨就此展开分析。

自2005年开始，不断有版权方或代理机构对百度公司发起诉讼，起诉其未经许可提供在线播放与下载服务，严重侵犯了知识产权，要求其停止侵权行为，并赔偿相应损失。其实，与这些诉讼相关的基本事实无外有三。其一，百度MP3提供的所有音乐都是没有版权的，其所搜索到的所有产品均为第三方未经合法授权提供的非法产品，而百度作为搜索引擎为这些非法作品提供了搜索及其相关服务。其二，百度MP3所提供的服务本质上是一种搜索服务，即根据用户需求与算法，运用特定策略从互联网检索出信息并反馈给用户的一门检索技术。作为技术它具有中立性，我们很难要求搜索引擎对其所搜索的内容负责，特别是确定其搜索到的音乐产品是否侵权几乎是不可能的，所以法律赋予此类平台以避风港原则，豁免其部分法律义务。其三，百度MP3所提供的服务实际上又超出了搜索引擎的功能，而是以搜索引擎功能为基础，整合了其他多种功能，构成了一种新的应用服务模式，并利用网络外部性为其带来可观的利润。据起诉方称，在该项业务的高峰时期，仅百度MP3业务就给百度搜索带来的流量就占其搜

① International Federation of the Phonographic Industry（IFPI）. Digital Music Report 2009 [R]. London：IFPI，2009.

索总流量的15%，其中的经济收益相当可观。其实，这三个事实可以归结为两个问题：其一，百度MP3提供的是中立性搜索服务，还是一种综合应用服务？其二，百度MP3对于所搜索的侵权作品是否在其“明知或应知”的范围之内？不过略有遗憾的是，在长达5年的多起诉讼中，百度均以胜诉结案，法院在这两个问题方面都给出了有利于百度的判决。

不过，在2010年中国音乐著作权协会诉百度MP3搜索引擎侵权案中，北京市高院判令百度公司败诉，理由是“百度公司虽然表示其存储方式为网页快照等缓存形式，但其提供的所谓快照内容明显经过选择，仅凸显歌词内容，对第三方网站中的其他内容有所删减”，因此其所提供的搜索服务不具有中立性，自然也不能受避风港原则的保护。其实，此前百度公司胜诉均基于忽略或者否认“明知或应知”侵权的这个事实，而百度也没有由于这种搜索行为而直接获利，因而其商业模式难以被认定，所以才造成了如此长期的拉锯战。同样的问题在A&M唱片公司诉Napster公司一案中也有明显体现：在法庭作证中，Napster的执行官巴里（Barry）承认，未经授权的受版权保护的音乐作品的交流是Napster业务的核心之一，且公司以此开展商业战略，而法院也从四个方面认定其“明知或应知”的事实：①Napster公司的经营管理人员都有曾在音像行业的从业经验；②他们在其他情形下都很注意保护知识产权；③Napster公司的经营管理人员也曾经从Napster公司的免费系统中下载过有版权的音乐文件；④他们在宣传Napster公司的网站时，使用的网站屏蔽图片中含有侵权的音乐文件的名单。相比2001年Napster的败诉而言，百度的败诉似乎有些迟到，不过这个判决确实有着持续的影响，最起码各界都由此意识到，不论什么样的商业模式都不能建立在盗版的基础之上。随后，大量非法网络音乐网站纷纷关停，甚至包括当时最大的在线音乐网站“好听”等。

2011年7月19日，百度宣布与国际三大唱片公司（环球音乐、华纳唱片、索尼音乐）签署授权数字音乐发行协议，百度将提供正版内容的搜索服务，并根据其音乐社区平台在线播放及下载次数数据向版权所有者支付使用费，中国数字音乐自此走出盗版的泥潭。即便如此，版权问题并没有得到根治，并且更为重要的是，即便是百度搜索已经完全实现正版化，但并没有解决商业模式问题，导致这个时期的数字音乐收入规模增长乏力，中国数字音乐行业还处于在数字化转型的阵痛之中。

（三）平台化定型阶段

2015 年 7 月，国家版权局发布《关于责令网络音乐服务商停止未经授权传播音乐作品的通知》，这被称为“史上最严版权令”。该通知要求，各网络音乐服务商必须于 2015 年 7 月 31 日前将未经授权传播的音乐作品全部下线。由于正版化的倒逼，一场围绕版权争夺的“烧钱”大战悄悄打响，先是 2013 年财大气粗的腾讯音乐开始大量购买独家版权作品，其后阿里系与网易云音乐相继跟进，至 2015 年基本形成三足鼎立之势，参见表 5-5。

表 5-5　版权大战之三足鼎立

厂商	平台	主要版权合作方	核心签约歌手
腾讯	QQ、酷狗、酷我	索尼、华纳、环球等	周杰伦、陈奕迅、林俊杰等
网易	网易云音乐	爱贝克思（Avex）、考伯特音乐（Kobalt Music）、天娱传媒	王力宏、滨崎步、苏打绿等
阿里	虾米音乐	滚石、相信、华研国际等	五月天、SHE、刘德华等

资料来源：笔者整理。

由于这三大平台的运营方均是国内头部的互联网企业，这种版权争夺战异常激烈：音乐版权价格疯狂飞涨，根据相关报道，腾讯音乐签下环球独家时，版权费仅为 3 000 万~4 000 万美元，此后疯涨超 10 倍，达到 3.5 亿美元现金外加 1 亿美元股权，严重影响了行业的生态，很多音乐平台由于支付不起如此高额的版权费而纷纷倒闭，腾讯音乐也因此受到国家相关部门的反垄断调查。更为重要的是，版权的垄断将影响到消费者的利益。就短期而言，消费者要在不同的版权平台之间不断切换，极为不便，其选择权也十分有限；从长期来看，垄断一旦形成，天价版权费将转嫁给消费者。

为了避免音乐平台之间的版权争夺战，国家版权局再次出手并于 2017 年 9 月约谈主要音乐平台，其核心内容有二：其一，不得哄抬版权授权费用；其二，不得抢夺独家版权。此后在国家版权局的积极协调、推动下，腾讯音乐与阿里音乐、网易云音乐之间，以及网易与阿里音乐之间完成版权互换，同时积极向其他平台开放授权，且相互授权的作品数量达到 99%以上。由此，版权授权模式从独家模式进入了联盟阶段，版权市场也由卖方市场转向买方市场，其定价模式从之前的保底价格或保底价格加股权分成，转向按播放分成模式，各平台的版权成本大幅降低。由此，我国音乐版权也进入了黄金时代，根据国际音乐著作权协会的报告，2018 年中国数字音乐的正版率高达 96%，仅仅用了 10 年的时间就实现了完美转变，堪称奇迹。

二、盗版行为成因及其应对的相关文献

进入 21 世纪以来，随着数字音乐的兴起，盗版由于技术的便利而更加猖獗，音乐行业对此更是有着深切的感知。根据国际音乐版权协会公布的数据，随着数字盗版的兴起，特别是 P2P 技术的助推，授权的正版音乐售卖量有着明显的下滑，这种现象引起学术界的高度关注，并在不到 20 年的时间内迅速积累了大量的文献。概括起来，相关直接研究文献①可以概括为以下两个方面：音乐盗版现象及其成因的解读、盗版问题的应对方案。国际音乐版权协会较早就注意到了这个现象，其公布的《音乐盗版报告》这样分析道："网络盗版在 1999 年和 2000 年初迅速蔓延，但要量化对音乐市场的经济影响还为时尚早。网络盗版与实体盗版一样，将给艺术家的创意和唱片制作人的投资带来威胁，且其潜在的影响可能远远大于实体盗版。网络盗版阻碍了音乐产业向消费者提供合法在线音乐市场的努力。"②其后的若干年，不少学者试图分析这种潜在的影响，较早的研究来自曾特纳（Zentner），他通过对 2001 年 10 月欧洲主要国家个人调查数据的分析，发现音乐下载与购买之间有着正向的关联，但是对于那些使用 P2P 系统的人群而言，非法下载对购买正版音乐的降幅影响达到 35%~65%，这说明其负面影响巨大③。其后，有学者利用 1998—2002 年的横截面数据分析了互联网盗版的影响问题，结果表明即便是在 P2P 音乐分享网站建立初期，网络盗版也在音乐销量下降中起了重要作用④。这方面的研究由于利博维

---

① 间接文献则包括广义的盗版问题的研究，对此前人已有很好的文献综述，特别是如下几份文献综述：Towse，Ruth and Handke，Christian and stepan，paul. The Economics of Copyright Law：A Stocktake of the Literature［J］. Review of Economic Research on Copyright Issues，2008，5（1）：1-22；Belleflamme P，Peitz M. Digital piracy：Theory［J］. CESifo working paper series（3222），2010（3222）；何玉梅，张向阳，李楠．国外数字盗版研究新进展的理论综述［J］. 现代经济探讨，2012（12）：91-95.

② International Federation of the Phonographic Industry（IFPI）. Music Piracy Report 2000［R］. London：IFPI，2000.

③ Zentner A. Measuring the Effect of Online Piracy on Music Sales［D］. Mimeo，University of Chicago，2003.

④ Oberholzer F，Strumpf K. The Effect of File sharing on Record Sales：An Empirical Analysis［D］. Mimeo，University of North Carolina at Chapel Hill，2004.

茨（Liebowitz）的加入而具备更强的说服力，利博维茨自2003年开始就一直在关注这个现象。继最早论证MP3非法下载对正版音乐消费的“蚕食”效应后[①]，利博维茨又于2008、2016年分别通过数据度量等方法进一步验证了这个假设[②]。当然，也有学者提出不同的意见，他们通过研究2002年数字音乐文件下载记录，结果发现P2P音乐共享对唱片销售的影响不超过0.7%，几乎可以忽略不计[③]：“我们暂且不讨论这项研究所引起的轩然大波[④]，也许我们要先探讨的是，正版音乐特别是这些研究所讨论的正版实体音乐的销量下降是创新性破坏，还是就是破坏？”[⑤] 对此而言恐怕没有人能够轻易给出答案。

众所周知，版权法的关键在于平衡各类主体的利益，特别是在数字化语境下，数字技术冲击着传统的版权制度及其利益权衡机制，各界纷纷探索可能的替代机制。在传统的模拟复制技术条件下，复制的高成本与低品质，让更多消费者倾向于购买正版产品，这使得版权的边界能够通过法律手段予以维护。但是在数字传播语境下，复制成本低且品质高，与原版之间直接构成了替代关系，于是，传统的版权制度便面临着巨大的危机，需要找到新的替代机制。从已有文献与实践做法的角度来看，这些替代方案大致可以从技术与商业两个角度予以描述。

从技术角度而言，目前业界已经探索出各类先进的技术手段，这就是我们所熟知的数字版权保护技术（digital rights management，DRM），DRM通过大数据、人工智能、区块链等先进技术，为数字版权的认证、监测与管理提供周全的服务。技术除了能够消极地保护版权，还可以积极地促进版权保护，特别是通过数字化技术实现版本产品的点对点授权与收费，这

① Liebowitz, Stan J. Will Mp3 Downloads Annihilate the Record Industry? The Evidence so Far [EB/OL]. [2022-11-20]. https://ssrn.com/abstract=414162 or http://dx.doi.org/10.2139/ssrn.414162.

② Liebowitz, Stan J. Testing File-Sharing's Impact on Music Album Sales in Cities [J]. Management Science, 2008, 54 (4): 852-859; Liebowitz, Stan J. The Metric is the Message: How much of the Decline in Sound Recording Sales is due to File-Sharing? [J]. Journal of Cultural Economics, 2016, 40 (1): 13-28.

③ Oberholzer-Gee Felix, Koleman Strumpf. The Effect of File Sharing on Record Sales: An Empirical Analysis [J]. Journal of Political Economy, 2007, 115: 11-42.

④ Liebowitz, Stan J. Pitfalls in Measuring the Impact of File-sharing [J]. CESifo Economic Studies, 2005, 51 (2-3): 435-473.

⑤ Liebowitz, Stan J. File-Sharing: Creative Destruction or just Plain Destruction? [J]. Journal of Law and Economics April, 2006: 1-28.

就是基于技术的自动化权利管理（automated rights management，ARM）[①]。

由于本文的重点在于商业模式，故而略过技术部分的文献，以下我们重点讨论商业模式，特别是平台经济模式。其实，已有不少学者讨论过版权保护的替代性商业方案，如利用数字音乐资产的间接专用性（Liebowitz，1985），以及互联网企业利用占先优势、价格歧视、整合销售等（Varian，2005）商业模式取得竞争优势，从而避免诉诸版权保护的法律行为。西方战略管理学者富勒（Baden Fuller）认为商业模式是能够解决如下问题的系统，即识别谁是客户、满足其需求、提供满意的服务，然后将其价值充分货币化。作为一个系统性的分析框架，富勒的理论为我们分析技术变革背景下的商业模式演变提供了分类基础[②]。从其提供的商业模式类别中我们不难看出，新兴的商业模式均具有平台经济的特征，即均为双边或多边市场。环顾数字音乐行业，全球位列前三名的数字音乐领域的标杆企业——Spotify、Apple Music 与腾讯音乐，均为平台商业模式，可见这种商业模式的重要性。对于中国而言，正是由于这种平台的崛起，盗版局面才得到了根本性改观，我们的文献综述也就此展开。布里格（Briggs）等是这方面研究的开创者[③]，其研究表明在版权确权的前提下，中介平台不仅能够有效降低盗版率，而且能通过利润分配机制刺激艺术创造。克里斯蒂的研究以瑞典为例，该国于 2009 年通过一项法令，容许音乐版权方从互联网服务提供者那里获取盗版相关信息，结果发现次年有 52%的盗版者的盗版行为

---

① Tom W Bell. Fair use v. Fared Use：The Impact of Automated Rights Management on Copyright’s Fair Use Doctrine［Z］. 76 N. C. L. Rev. 557，579，582.

② Charles Baden-Fuller，Stefan Haefliger. Business Models and Technological Innovation［J］. Long Range Planning，2013，46（6）：419-426.

③ 其实，这个说法并不准确，在此之前就有学者从商业模式创新的角度讨论过这个问题，其基本结论是音乐产业通过去媒化，即去除传统媒介（如 CD），大幅降低了成本，催生了新的商业模式，也大幅降低了盗版的发生，甚至有人预期“流媒体技术将杀死盗版”。例如，Spotify 就将杀死盗版作为其重要使命：“将非法的共享者转移至我们所提供的服务平台，把 15~25 岁的音乐迷引入合法渠道，进而能够将资金重新投入新音乐作品的创造之中（IFPI Rapport 2010，14）。参见 Robert L. Frost. Rearchitecting the music business：Mitigating music piracy by cutting out the record companies［EB/OL］.［2022-12-21］. http：//firstmonday. org/issues/issue12_8/frost/index. html；Vishal Midha，Punit Ahluwalia，Jerald Hughes. A new revenue model：a different approach to reduce music piracy［J］. International Journal of Electronic Finance January，2011，5（3）：249-260；Borja K，Dieringer S，Daw J. The effect of music streaming services on music piracy among college students［J］. Computers in Human Behavior，2015（45）：69-76.

明显减少。但是，其原因并非主要受益于该项法律（法律的贡献率只有34%），更为重要的原因是 Spotify 平台的出现，其影响贡献率为 56%。与此同时，由于 Spotify 平台的出现，该国音乐产业收入在 2009 年增长了 1 倍，其后一年的增幅也接近 80%①。陶斯也从平台经济的角度研究认为，作为数字服务提供商（digital service providers，DSPs）的数字平台，如 Spotify，Apple Music 和 Tidal 等，从根本上改变了歌曲作者和歌唱家的酬劳方式以及版权管理组织，陶斯的研究基于挪威的实证经验与数据讨论数字平台的版权付费与管理模式，极具启发性②。除此之外，有两份会议论文集值得关注，其关注的都是版权作品使用中的付费问题，且均将商业模式而不是版权法律保护作为解决之道。其中，《版权所有者的报酬：新商业模式的规制挑战》是第六届欧亚知识产权会议的论文集，其主要目标是评估现有机制，寻找能够给予版权所有者适当补偿的新机制，这种新机制借助数字化技术，也许能够建立一个有效且充分的支付体系③；《使用作品的报酬：排他性还是其他方式》是国际文学与艺术协会国际委员会于 2015 年举办主题会议的论文集，该次会议基于互联网语境中版权所有者无法获得足够的补偿等问题，探讨其成因及可能的解决方案，特别是探索一套适应于互联网语境的商业模式，并进一步探讨商业模式创新的制度挑战，该论文集有着不错的文献价值④。

从已有的文献结合我国的实践来看，似乎有这样一些值得进一步探索的问题：其一，数字化到底给音乐行业带来什么样的挑战？特别是，对其实体模式下的版权保护方式有什么样的挑战？其二，数字化条件下版权制度该如何优化？特别是，如何建立内容资源与平台之间畅通且高效的授权机制，以实现平台的网络经济与社会效应？其三，当网络平台有了海量的音乐内容资源时，如何将这种资源转化为货币化的经济收入，并与内容提

---

① Kristie Briggs，Joshua Eiermann，Thomas Hodgson and Elizabeth McNamara. Reducing copyright piracy using entrepreneurial intermediary platforms ［J］. Journal of Entrepreneurship and Public Policy，2014，3（2）：306-316.

② Ruth Towse. Dealing with Digital：Economic Organisation of Streamed Music ［Z］. unpublished article，2020.

③ Kung-Chung Liu and Reto M. Hilty. Remuneration of Copyright Owners：Regulatory Challenges of New Business Models ［M］. Berlin：Springer，2017.

④ Silke von Lewinski. Remuneration for the Use of Works：Exclusivity vs. Other Approaches ［M］. De Gruyter，Inc.，2016.

供者分享，以保护并赋能音乐创造？以下我们将结合腾讯音乐的发展历程及其商业模式，试图回答上述问题，进而解答本章的核心问题——数字平台如何推动音乐行业的正版化？

三、促进正版化的商业模式创新：以腾讯音乐为例

2005 年是我国数字音乐的元年。也正是在这一年，腾讯推出了 QQ 音乐，如同早期的 P2P 音乐分享网站一样，QQ 音乐所收录的音乐资源大部分没有授权，多是通过网址链接、非授权网站、音乐网站侵权下载等途径获得的。受到政策以及同行竞争的影响，更是基于商业模式的考虑，QQ 音乐于 2007 年推出绿钻服务。同时，为了给用户提供合法优质的资源，QQ 音乐开始购买独家版权，并着手组建自身的音乐资源库。但是，直到 2015 年，由于版权保护与授权的制度条件均不具备，QQ 音乐与其后来兼并的中国音乐集团旗下的海洋音乐、酷狗、酷我音乐还基本处于摸索界定期，投资均比较谨慎，商业模式也较为模糊。2015 年显然是一个分水岭，正是在该年 7 月，国家版权局发布《关于责令网络音乐服务商停止未经授权传播音乐作品的通知》，要求各网络音乐服务商必须在 2015 年 7 月 31 日前将未经授权传播的音乐作品全部下线。这个政策无疑宣告了盗版音乐平台的“死刑”，而基于正版资源的平台将走向爆发式发展。自此，平台之间的竞争进入白热化阶段，这不仅包括版权之间的争夺，而且包括平台之间的合纵连横。腾讯音乐显然是这场竞争中最大的赢家。2016 年 7 月，腾讯音乐收购海洋音乐，一举成为国内数字音乐界最大的平台，并形成了数字音乐领域三足鼎立之势。2017 年，各方围绕版权又展开第二轮更为激烈的争夺战，最终由政府出面斡旋，形成各方之间的转授权，即比例不得低于 99%的版权授权制度。至此，腾讯音乐商业模式的外部条件已经基本具备，其盈利能力与成长性也充分体现出来，并于 2018 年成功登陆美股。这就是腾讯音乐发展的简史，我们大致可以以 2015 年为界，将其划分为探索期与成长期：在探索期，由于盗版猖獗，商业模式几乎很难实现，所以投资规模与盈利能力都十分有限；在成长期，由于盗版问题基本解决，商业模式创新成为可能，企业投资更为积极大胆，因而腾讯投入巨资收购海洋音乐，大举进军数字音乐领域，并一举奠定其龙头地位。根据腾讯音乐的发展历程，结合其所公布的商业版图，我们大致可以将腾讯音乐的商业模

式描述如下（见图 5-4）。

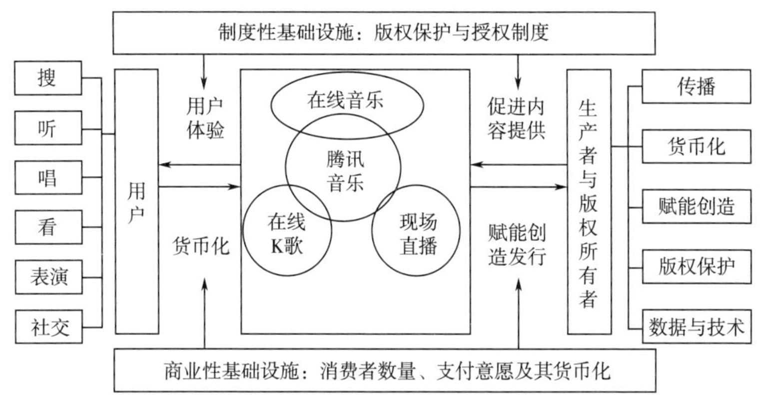

图 5-4 腾讯音乐商业模式

资料来源：笔者根据腾讯音乐平台生态系统示意图整理。

不论是从腾讯音乐发展的阶段性特征，即 2016 年以后才实现质的飞跃，还是腾讯音乐基于免费增值（freemium）模式所建立的商业模式，都意味着平台类商业模式需要强大的基础设施支撑。这些基础设施既包括外围的制度性设施，如音乐版权保护与授权的制度安排等，也包括商业性设施，即消费者关键数量的达成与消费意愿的提升等；接下来才是商业模式问题，即如何实现平台双方资源——音乐内容——与消费者的共通、共享，以及如何实现商业变现等问题。从这个角度，我们要解答三个问题：其一，腾讯音乐如何实现突破并获得海量的版权授权、获取网络效应？其二，腾讯音乐如何突破临界数量的受众，并成功找到头部消费者的“痛点”，不断培养并提升其支付意愿？其三，腾讯音乐如何利用这种优势资源，完成商业变现，形成可持续的商业模式？如果能回答这三个问题，我们就不仅能够理解腾讯音乐的商业模式，而且能解释我国正版化现象，以下我们将结合腾讯音乐的发展历程依次予以分析。

2018 年，美国出台《音乐现代化法案》，全面回应数字化语境下音乐版权管理的问题，这些问题主要包括盗版猖獗、利益分配不均、版权许可烦琐等，总而言之，现有的版权管理制度已经无法满足音乐产业的“现代化”发展趋势，甚至成为数字化音乐发展的重要瓶颈。这种情形在中国更为明显，这一方面是因为盗版现象几乎摧毁了整个行业，如果不加以治理，音乐行业的生态将无法恢复；另一方面是因为我国音乐产业的数字化程度明显高于其他国家，数字音乐的比重从 2005 年的 0%上升为 2017 年的 97%，可以说数字音乐几乎就是音乐产业的代名词。这就意味着如果无法建立起符合数字场景的版权保护与授权的管理制度，中国音乐将没有前途。在版权保护方面，其实我国政府一直保持高压态势，但是在传统实体音乐语境下，盗版多是小企业甚至更多是个体行为，政府治理很难有什么实际效果，这就是为什么中国音乐盗版率在数字化发展之前（2005）大致稳定在 85%左右（IFPI，2006）的重要原因。而到了数字化发展阶段，平台化发展成为基本趋势，而且由于互联网经济发展的“赢家通吃”规则，平台规模愈来愈大，行业集中程度也愈来愈高。这也是为什么 2015 年文化和旅游部推出史上最严版权令之后，各大平台纷纷下架未经授权的产品，很多中小平台由于缺乏正版音乐就只好自行关闭，其中不乏一些优秀的小众音乐网站，可以说，我国音乐产业正版化由此走出了重要的一步。其实，就该版权令的执行难度与执行成本而言均远低于实体音乐时期，某种程度上我们可以说，数字化语境下音乐版权的核心问题恐怕不是如何打击盗版的问题，而是如何契合音乐产业发展、适应技术与商业创新、促进版权交易与优化利益分配等问题①，而这就是所谓音乐平台经济模式的制度性基础设施的关键所在。

其实，西方的学术界与业界均在不断探索版权授权制度问题，如我们所熟知的诸如基于技术创新的数字权利管理（digital rights management，DRM）与基于组织创新的集体管理组织（collective management organization，CMO）等。但是，所有这些方案都是社会各界基于产业发展趋势的务实性而作出的次优选择。中国的音乐版权授权制度起步较晚，特别是在数字音乐领域基本还处于摸索阶段，成立于 1992 年的中国音乐著作权协会在其中起到的作用也十分有限。我国数字音乐版权管理制度基本是商业机构与政府不断互动、“干中学”的结果，就此而言，腾讯音乐的版权制度发展历程堪称我国数字音乐版权的一段重要历史。腾讯音乐的发展之路并不平坦，由于盗版音乐猖獗，很多版权机构也不看好腾讯音乐的免费商业模式，起初基本不愿向其授权。直到 2007 年，腾讯音乐基于 QQ 空间尝试推出

---

① Music Modernization Act［EB/OL］.［2022-12-29］. https：//www. copyright. gov/legislation/BILLS-115s2823rs. pdf.

“绿钻贵族”系列增值服务后，才找到了一条差异化的盈利之路。基于这种盈利模式，腾讯音乐开始与各大版权商商谈版权事宜并达成了颇具中国特色的独家授权合约：腾讯音乐提供全曲库免费听，在线收听部分以广告收入的方式分成，收费部分则实行保底分成[①]。这份合约在盗版猖獗的语境下简直就是版权方的救命稻草，于是，腾讯音乐很快就与200多家版权机构就1 500万首歌曲达成了合作协议。2015年，由于最严版权令的影响，盗版数字音乐平台纷纷倒闭，而正版数字音乐平台也围绕版权展开了有史以来最惨烈的争夺战。有媒体报道称，三大平台当时都加入环球音乐的版权争夺战，音乐版权价格由此急速飞涨，以至于国家版权局不得不出面斡旋，促使利益各方在现有独家授权合约的基础上确立转授权制度，且授权比例不低于99%。这就明确构成了我国数字版权管理的基本商业制度架构，即基于独家授权基础上的转授权制度，具体可参见图5-5。

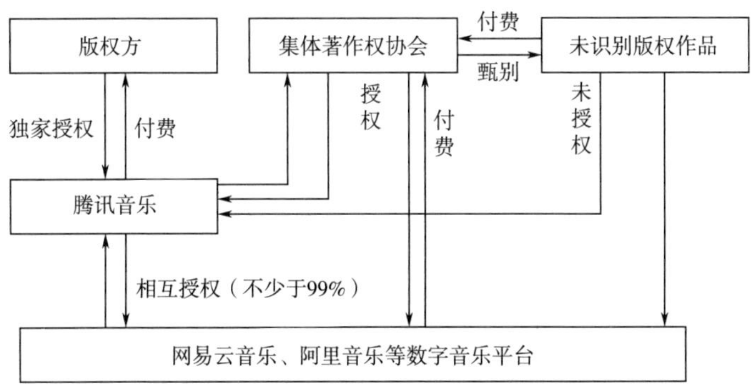

图5-5　我国数字音乐授权管理制度架构

资料来源：笔者整理。

如图所示，数字音乐授权管理的底层制度基础是独家授权，即腾讯音乐、网易云音乐、阿里音乐等从版权所有者那里获得独家版权授权。据估计，全部独家授权的版权音乐数量大约为1 700万首，其中腾讯音乐占了500万首，它们构成了全部正版曲库的主要部分，而中国音乐著作权协会

① 吴晓波．腾讯传（1998—2016）：中国互联网公司进化论［M］．杭州：浙江大学出版社，2017：164-166.

所掌握的正版曲库只有区区 42 万首。其实，这种独家授权制度颇受争议，就连我国的反垄断监管部门都约谈腾讯音乐管理者，质疑其垄断行为。我们知道，西方的音乐版权授权均是通过集体著作权协会来解决著作权许可、报酬支付与分配等问题的，其目标就是减少交易成本，并最大限度地保护各方的利益。但是，这种方式也存在行政垄断、定价不合理、缺乏效率等问题，特别是中国的集体著作权协会本身是隶属政府相关部门的官方机构，这方面的问题就更为严重，因此很难获得商业机构的信任。在此背景下，各数字平台在成立之初就尝试将各种商业授权协议作为替代方案。例如，腾讯音乐与全球最大的音乐版权方“环球音乐”签署独家授权协议，据消息称该笔交易涉及 3.5 亿美元外加 1 亿股权，这就是典型的保底加分成模式。其实，从合同的角度来看，这其实就是一个优化了的激励合同，即“每一方应得的报酬与该方对项目的整体价值的贡献相联系，促使该方为项目的完成做出最大的投入”①。

较之集体著作权协会的制度安排，这种方式有着明显的优势。其一，定价优势。通过集体著作权组织所确定的法定机械版税有着低估版权作品价值的倾向，无法反映版权作品真实的市场价值，因而饱受诟病；而这种商业机构之间的协议定价能够充分反映其商业价值，优势明显。其二，灵活性优势。法定价格具有长期的稳定性，如美国制作录音制品的法定许可费在 1909 年确定为每份复制件 2 美分，但该费率标准竟然维持了将近 70 年，直到 1978 年才有所提高，而此间通货膨胀已上涨了 500%，这就意味着 2 美分的实际价值下降了 500%，也意味着其定价根本无法反映版权作品的市场价值②；而商业协议定价的时限一般为 1~3 年，其间可以根据市场变化及时调整，其灵活性优势明显。

当然，这种契约制度安排的垄断优势似乎并不明显，也很难判断：一方面，这种方式似乎没有形式意义上的垄断，即行政性垄断，其独家授权完全是商业性行为；另一方面，由于音乐版权产品的特殊性，独家授权造成了自然垄断性，会严重损害社会利益，如影响音乐的广泛传播、消费者的福利等。

为了克服实质性垄断所带来的社会效益损失，我国数字音乐界创造性

---

① 凯夫斯．创意产业经济学［M］．孙绯，等译．北京：新华出版社，2004：14.

② 刘家瑞．论著作权法修改的市场经济导向：兼论集体管理、法定许可与孤儿作品［J］．知识产权，2016（5）．

地设置了转授权制度，即所有获得独家授权的机构必须向任何第三方平台转让授权，而且其授权的比重不得低于99%。这种契约安排的优势不仅在于能够大幅降低独家授权机构的商业成本，促进各方合作共赢，推动数字音乐行业可持续发展，而且能够促进音乐更为广泛的传播，保证消费者接触音乐资源的最大便利性，最大限度地实现其社会效益。当然，更为重要的是，腾讯音乐通过这种转授权制度拥有了足够数量的版权库，其所拥有的正版音乐版权库——独家授权、转授权再加上集体著作权组织授权各部分相加的版权作品数量达到2 000万部，而这是音乐平台最为重要的基础设施，也是其商业模式成立的最为重要的前提。

四、小结

有学者评述道："转授权模式的发展建立在音乐平台获得独家授权的基础之上，而独家授权并不是一种良性的授权方式，其对音乐传播、服务商许可成本都带来较大的负担。在音乐平台已经累积足够用户的基础上，应着力开发新的特色服务，独家授权则应当逐渐被非独家授权所取代，在未来除少数热门音乐可能会被独家授权外，非独家授权的普通许可模式将成为主导的网络音乐市场，转授权模式也会逐渐消失或减少。"① 对此我们不予置评，不过可以确定的是，基于独家授权基础上的转授权显然不是数字音乐行业的主流，但是，这种非主流的方式确实在短期内为互联网平台搭建了基础设施，促使其迈出走向可持续商业模式的关键步伐，因而这种方式的历史贡献毋庸置疑。

第四节　数字平台的价格管理

一、数字平台定价理论基础

（一）数字平台定价原理

中国信息通信研究院发布的《全球数字经济图景（2020）》显示，全

① 郑淑凤，沈小白．版权保护后时代互联网音乐平台营利问题的分析与对策：数字版权许可模式改进与新商业模式之探索［J］．科技与法律，2017（6）．

球超大型数字平台的收入可谓富可敌国，其中谷歌为 76 亿英镑、脸书（现改名为 Meta）为 13 亿英镑、亚马逊为 87 亿英镑、易贝为 10 亿英镑，而它们的纳税收入占比依次仅为 0.6%、1.2%、0.1%和 0.2%。这些平台不仅赚得高额的收入，而且这些收入常常包括超额的利润，这些利润的取得该如何合理解释？这确实是个问题。特别是，欧盟自 2010 年起就对这些数字平台展开了各种反垄断调查，并于 2017 年对谷歌开出了高达 21 亿英镑的首个巨额罚单，但这些巨额罚单对于这些网络平台而言似乎不足挂齿。那么，对于这些平台获得的这些超额利润，学术界又该予以其何种解释呢？其实，最近几年，学术界对此也有不同的解释，对此可以概括为三个方面：其一，主流经济学界，特别是以罗切特和蒂罗尔为代表，主要从产业经济学的角度对平台经济的性质、竞争、绩效等进行了深入分析，特别是其提出的双边市场理论为学术界所熟知；其二，传播政治学界，主要代表人物是斯麦茨、莫斯可、福克斯等，他们从受众劳动力到数字劳动的角度分析平台经济的价值来源，其中所提出的受众劳动力让人耳目一新；其三，马克思主义经济学者，主要以哈维（Harvey）等为代表，他们从马克思的租金理论出发，分析平台经济的货币化策略，从而对平台资本的租金性质达成共识。

在笔者看来，马克思主义的租金理论显然可以作为数字平台定价理论的基础，正如波兰尼关于市场资源的虚拟理论所言，“劳动力仅仅是与生俱来的人类活动的另外一个名称而已，就其本身而言，它不是为了出售，而是出于完全不同的原因而存在的，并且这种活动也不能分离于生活的其他部分而被转移或储存；土地不过是自然的另一个名称，它并非人类的创造；实际的货币仅仅是购买力的象征，一般而言，根本就不是生产出来的，而是经由银行或者国家金融机制形成的。三者之中没有一个是为了出售而生产出来的。劳动力、土地和货币的商品形象完全是虚构的”①。换言之，土地，不论是马克思所讨论的实物土地，还是我们这里所讨论的虚拟土地，都只是虚构的商品，只是这些产品可以借助其所有权向任何使用者收取租金。

---

① 卡尔·波兰尼．大转型：我们时代的政治与经济起源［M］．冯钢，刘阳，译．杭州：浙江人民出版社，2007：36.

在《资本论》当中，马克思对此有着明晰的表述："这个作为租地农场主的资本家，为了得到在这个特殊生产场所使用自己资本的许可，要在一定期限内（例如每年）按契约规定支付给土地所有者即他所使用土地的所有者一个货币额（与货币资本的借入者要支付一定利息完全一样）。这个货币额，不管是为耕地、建筑地段、矿山、渔场、森林等支付，统称为地租……其次，在这里我们看到了构成现代社会骨架的三个并存而又互相对立的阶级——雇佣工人、产业资本家、土地所有者。"① 其实，在这个表述中，马克思所分析的"土地"并不只是农场主所耕种的土地，而是有着更广泛的内涵，更多是指虚构的、可以货币化的自然资源，包括"建筑地段、矿山、渔场、森林等"，当然也包括距离近的水源地，这显然是马克思分析资本主义地租产生原理时的经典描述。这种资源，在数字化社会就可以是一种数字化的资源，只要它能够货币化并实现资本增值，就是资本主义的生产方式。

（二）数字平台定价理论论证

以下我们就从平台与土地地租的相似性加以论证。

第一，无论是地租，还是虚拟平台的租金，它们都是使用权租金的货币化实现。正如马克思所言，"在考察地租的表现形式，即为取得土地的使用权（不论是为生产的目的还是为消费的目的）而以地租名义支付给土地所有者的租金时，必须牢牢记住，那些本身没有任何价值，即不是劳动产品的东西（如土地），或者至少不能由劳动再生产的东西（如古董，某些名家的艺术品等）的价格，可以由一系列非常偶然的情况来决定。要出售一件东西，唯一需要的是，它可以被独占，并且可以让渡"②。也就是说，租地农场主的资本家，要给让渡使用权的所有者缴纳一定额度的租金，这是资本主义在土地领域的市场化方式。对于网络平台的虚拟空间而言，任何租用这个空间的经营者，也必须给网络平台缴纳足额的费用，这就是租金。有学者认为，这部分租金是网络空间使用的绝对

① 马克思，恩格斯．马克思恩格斯全集：第25卷（下）［M］．北京：人民出版社，1972：698.

② 马克思，恩格斯．马克思恩格斯全集：第25卷（下）［M］．北京：人民出版社，1972：714.

收益[①]，或者相当于马克思所谓的基于土地所有权的绝对租金，即“一些人垄断一定量的土地，把它作为排斥其他一切人的、只服从自己个人意志的领域”[②]。

第二，地租本身并无价值，其来源是劳动力创造的剩余价值。马克思认为，“一切地租都是剩余价值，是剩余劳动的产物。地租在它的不发达的形式即实物地租的形式上，还直接是剩余产品”[③]。如果劳动价值论是《资本论》的基础，正是劳动力创造了价值，那么剩余价值就是《资本论》的核心，正是它揭示了资本主义剥削的奥秘。当然，正是剩余价值——个别产品的价格超过其生产价值的余额，成为地租的来源。其实，自从传播政治经济学者关注社交媒体以来，他们一直在研究社交媒体的成功之道，早在 1977 年斯麦兹在《传播：西方马克思主义的盲点》中就提出了“受众商品论”（audience commodity thesis）。斯麦兹指出，受众的休闲活动就是注意力产品，它将休闲时间也转化为劳动时间，从而通过销售广告的方式实现资本增值[④]。2013 年，传播学政治经济批判学派的福克斯出版了《数字劳动和卡尔·马克思》，该著作从数字技术全球价值链的角度分析数字劳动力，不仅关注注意力活动，而且注意到其创造性活动，从而使受众商品论有了彻底改观，并使劳动力自己所生产的数据成为流量社会的基本价值领域[⑤]。质言之，这些学者的研究充分表明，互联网平台的租金正是基于数字劳动所创造的剩余价值，只不过这些创造不是直接强制的，而是通过间接“玩乐”而形成的。

第三，地租和虚拟平台的租金都存在各种不同形式的级差租金。马克思认为，“这种产生于支配垄断自然力的个别资本的个别生产价格和投入该生产部门的一般资本的社会生产价格之间的差额，就是级差地租”。在马克思看来，农产品的市场价值是由最差土地形成的，因此，更优的土地就能获得超额剩余价值，这就是级差地租Ⅰ；在级差地租Ⅰ的基础上，如

① 林光彬，徐振江．互联网平台“虚拟空间”地租理论研究［J］. 中国高校社会科学，2022（1）：83-90，159.

② 马克思，恩格斯．马克思恩格斯全集：第 25 卷（下）［M］. 北京：人民出版社，1972：695.

③ 马克思，恩格斯．马克思恩格斯全集：第 25 卷（下）［M］. 北京：人民出版社，1972：715.

④ Smythe D W. Communications：Blindspot of Western Marxism［J］. Canadian Journal of Political and Social Theory，1977，1（3）：1-27.

⑤ Christian Fuchs. Digital Labour and Karl Marx［M］. London：Routledge，2013.

果资本家加大投资力度而产生超额利润，就产生了级差地租Ⅱ，而农业农村部分的生产价格与价值或价格之间的差额，就是绝对租金。对于互联网平台而言，也存在这种级差租金，马艳等学者对此加以分类，分成绝对租金与级差租金："前一种收益可看作是互联网空间使用权的费用，这可以视为绝对收益，有时这部分收益以会员费的形式出现，一般只要用户支付这部分租金就可以得到一些互联网空间的基本服务，服务收益则包括搜索服务、广告服务、商业数据分析服务和金融服务等方面的收益。"① 其中，级差收益Ⅰ是指平台的不同位置由于其顾客的接近程度不同，而能获得更高的关注或收益，因而就有了这部分级差收益；级差收益Ⅱ是指企业在平台上连续投资，获得更好的信誉或服务等级而获得的级差收益。

二、价格管理的具体措施

我们知道，网络价格的基础是信息经济，其基础性特征就是信息的双向可获取性，即不仅企业可以通过大数据获得消费者的信息，而且消费者也可以通过搜索与比价系统掌握商品的信息。因此，从信息对称性的角度而言，企业可以基于顾客的大数据系统，并依托对这些数据的分类与归纳启用定制化的价格方式，这种方式不仅有利于满足消费者的需求，而且能够让企业获得更多的消费者剩余。如果我们按照平台的区分，即交易性平台与媒介性平台，那么各平台的租金性质有所不同，基于此，各企业也可以采用不同的价格措施，我们大致将其分为捆绑销售、双边补贴等方式，具体见表 5-6。

表 5-6　不同平台租金收取的价格措施

平台性质	功能	主营业务	租金性质	价格措施
交易性平台	促进流通	撮合交易	级差租金、垄断租金	捆绑销售
媒介性平台	提供服务	广告服务	垄断租金	双边补贴

资料来源：笔者整理。

（一）捆绑销售

据媒体报道，2021 年 8 月 26 日，上海市消费者保护委员会（以下称

① 马艳，李韵，蔡民强．"互联网空间"的政治经济学解释［J］．学术月刊，2016，48（11）：70-83.

“消保委”）点名腾讯视频，因其网络独播《扫黑风暴》要求 VIP 会员“按顺序解锁观看”限制，即依照次序付费解锁才能超前点播。上海市消保委发文称，这种方式涉嫌捆绑销售，是对消费者选择权的漠视。既然消费者购买了 VIP 会员，就有权选择其想看的内容。由此，腾讯不得不解除“按顺序解锁观看”限制，恢复 VIP 会员免费观看的方式。不过，对于这些视频网站而言，捆绑销售并没有终止，包括腾讯视频、爱奇艺视频等还是统一采取捆绑销售方式。那么，这种方式到底有什么益处呢？我们不妨从个案入手，“解锁观看”。

我们假设有两个消费者——小明和小丽，以及两部电视剧《扫黑风暴》（2021）与《人世间》（2022）。对于《扫黑风暴》而言，小明本身就是个侦探类小说迷，其支付意愿为 10 元，而小丽对这些不太感兴趣，但她的同事都在讨论这部电视剧，所以她也有愿意观看，但是其支付意愿较低，比如说其最高支付意愿为 8 元，当然她也有可能不购买。对于《人世间》而言，虽然被评为 2022 年最佳电视剧，但是小明对此并不感冒，其最高支付意愿为 8 元，而小丽的支付意愿为 10 元。我们知道，当腾讯或爱奇艺提前购买版权之后，其提供视频产品时的边际成本将趋向于零，即多增加一个提供者并不增加任何成本。以下我们设置两种情形：一种是分别购买的情形，即视频平台分别对其收费，收费的额度不超过其边际意愿，其获得的收益最低的情形是 10+10＝20 元，也就是说小明与小丽都只购买一部电影，而不去选择其支付意愿较低的产品；另一种是捆绑销售，其获利将是两者的最低支付意愿，即 2×10+2×8，那么两者将为捆绑销售共同支付 36 元。从经济学角度来看，网络形式的捆绑销售其实有两大优势：其一，它有利于实现帕累托最优，由于捆绑销售将扩大产品的销售量，因此能让资源配置进一步优化；其二，由于信息产品的成本近乎为零，所以捆绑销售有利于实现其网络效应。当然，从消费者的角度而言，捆绑销售对其也有利，它扩大了产品的数量，降低了搜索成本，这在消费多元化的时代，自然是消费者的首选①。

---

① Jordi McKenzie. Digital consumption of cultural goods and services. Chapters ［M］//Trine Bille, Anna Mignosa, Ruth Towse. Teaching Cultural Economics. Cheltenhem, UK: Edward Elgar Publishing, 2020: 175-181.

（二）双边补贴

对双边补贴的探讨最早由经济学家罗切特和蒂罗尔提出，他们认为“在对两边收费总额固定的情况下，平台可以通过对一边用户抬高价格，对另一边用户实行价格补贴的方式来影响总交易量。”①其实，这种双边补贴在市场上较为常见，在传统市场上常常被表述为“超市里的鸡蛋”，即超市往往将鸡蛋作为“折扣先锋”，吸引更多的顾客进入超市，从而影响总交易量。当然，对于互联网领域的双边补贴而言，图书市场显然更为典型。大约自2010年开始，先出现的是以图书销售为主业的网商之间的价格战，接着由于综合性网商加入而演变为全行业的价格战。例如，2011年10月，苏宁易购图书频道在精心谋划半年之后隆重上线，一次性上线图书数量达60万册，图书规模超过京东商城，与当当网不相上下，并掀起一场史无前例的价格战。10月31日，苏宁易购启动了规模庞大的“0购书”促销活动，消费者买多少金额的图书，就会获得同等额度的“现金券”，该券可在其他商品频道购买物品，且不受消费限制。一天之后，京东迅速跟进，拉开了图书音像全场满“200减50%”的优惠大幕；当当网随后也推出“满100返200”“满200返400”等双倍返券活动……正如当当网所宣传的那样，这场价格战“从没这么疯过”，而疯狂背后是这些综合性网商利用图书作为“折扣先锋”聚拢人气而进行的大规模谋划。这次价格战不仅造成大批实体书店消亡，而且造成图书出版业生态极度恶化，并在不久的将来给出版业带来了毁灭性的伤害。

为了真实还原双边补贴对整个行业的影响，我们不妨假设图书销售市场上有三类销售主体：一是实体书店，我们假设其为民营书店风入松，这里用c表示；二是以图书销售为主业的网商，我们假设其为当当网，这里用b表示；三是综合性网商兼营图书销售业务，我们假设其为京东商城，这里用a表示。如图5-6所示②。

我们假设在t_0这个时间点上，a、b、c由于提供的服务具有差异性，如京东商城（a）具有价格优势、当当网（b）具有规模与专业服务优势，而风入松（c）所提供的“人，诗意的栖居”的文化氛围是网络书店无法

① Rochet J C, Tirole J. Two sided Markets: A progress report [J]. The RAND Journal of Economics, 2006, 37 (3): 645-667.

② 于建原. 企业避免行业性整体价格战的竞争战略 [J]. 财经科学，2002 (6).

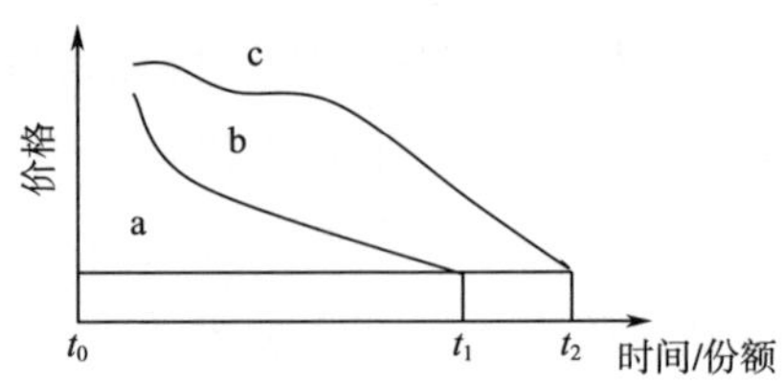

图 5-6　图书行业双边市场补贴乃至价格战演变示意图

比拟的，因此这三家企业有其各自不同的市场定位与定价策略，因此没有必要采用价格竞争手段，它们各自拥有相应的市场份额而相安无事。但是，到了 t_1 这个时间点上，随着京东商城（a）上线图书数量逼近当当网（b），且其专业服务也有了明显的提升时，当当网（b）为消费者所提供服务的差异性就不再明显，消费者自然会转向京东商城（a），这种趋势在 t_0 至 t_1 这个时间段中变得愈来愈明显，以至于当当网（b）所拥有的市场规模不再具有经济效率且对其战略目标构成威胁。于是，当当网（b）自然要采用大幅价格补贴，甚至采用价格竞争的方式，直至与京东商城（a）的定价水平重合，这时候书业局部范围的价格战打响。随着书业价格战的打响，原本风入松（c）依赖服务质量、实施高端定价的策略就很难奏效，因为随着这场价格战市场份额迅速向京东商城（a）、当当网（b）等集中，现有的市场份额已经无法让风入松（c）保持基本的利润水平，因此，风入松（c）不得不被动应战，于是价格战在 t_2 这个时间点上全面打响，并演变成全行业整体性的价格战。

当然，由这次双边补贴而引发的价格战，如今已经过去 10 余年，大量传统图书实体书店已经倒闭。随着网络书店的崛起，特别是当当、卓越、京东等网络销售商的发展壮大，它们的销售网络对于出版社而言是不可替代的，因此它们也往往处于强势地位。如今这些网络书店已经成了图书销售的主流，成为图书销售的主渠道。当然，双边补贴的例证并不鲜见：在 YouTube 上，消费者可以免费加入，广告商则需为广告空间付费；游戏机制造商以低于成本的价格向消费者出售硬件，并向游戏开发商收取游戏销售版税；Amazon KDP 向自助出版的作者收取 30%的版税，但不向读者收取电子书价格之外的额外费用；等等。在制定定价决策时，平台必须考虑跨组（间接）网络效应，通过向一边用户收取少量费用，或者不收费，而向另一边用户收费，从而提升总交易量，通过跨组网络来营利①。

---

① 玛雅·波瓦莱，马克·布尔罗．平台［M］//露丝·陶斯，特里尔赛·纳弗雷特．文化经济学手册．3版．周正兵，译．北京：首都经济贸易大学出版社，2022：532-539.

第六章 数字文化消费

统计显示，平均下来人类大约有 1/3 的清醒时间花在看电视或电影、听音乐或读书上。例如，美国人平均每天花 6.15 个小时消费文化产品，如电影、电视节目、书籍和音乐等，而在这些方面，巴西人每天大约花费 6 个小时，波兰人花费 5.7 个小时，德国人花费 5.25 个小时，法国人花费 5.05 个小时。美国人平均每天睡 8 个小时，平均工作（指所有美国人，包括那些没有工作的人）3.61 小时，其消费文化产品的时间仅次于睡觉的时间①。文化消费所占有的时间占到人类可支配（睡觉之外）时间的 1/3，甚至超过了工作时间，其重要性毋庸置疑。更为重要的是，在人类解决“经济问题”之后，文化消费更关乎人类生活的质量。这让我们想起凯恩斯在 100 多年前所发出的“天问”：“‘经济问题’将可能在 100 年内获得解决，或者至少是可望获得解决。这意味着，如果我们展望未来，经济问题并不是‘人类的永恒问题’……因此，人类自从出现以来，第一次遇到了真正的、永恒的问题——当从紧迫的经济束缚中解放出来以后，应该怎样来利用人们的自由？科学和复利的力量将为人类赢得闲暇，而人类又该如何来消磨这段光阴，生活得更明智而惬意呢？”② 可惜的是，对于这个“天问”却应者寥寥，人类关于文化消费的研究乏善可陈，就更别说新兴的数字文化消费了。因此，本章的写作资料很不充分，我们只能描述数字文化消费的概况，以及数字文化消费与传统消费的特征：一方面，随着社交媒体等的崛起，内容与社交变得水乳交融；另一方面，数字文化消费是由基于算法的数据驱动的，因而这个领域盛行 3R 模式，即评论（Reviews）、评

---

① Waldfogel, Joel. Digital Renaissance: What Data and Economics Tell Us about the Future of Popular Culture［M］. New Jersey: Princeton University Press, 2018: 1.

② 凯恩斯．预言与劝说［M］. 赵波，包晓闻，译．南京：江苏人民出版社，2000.

级（Ratings）和推荐（Recommendations）。

第一节　数字文化消费概述

麦肯齐（McKenzie）在《文化产品和服务的数字化消费》① 一文中认为：首先，数字文化消费面临的第一问题是：作为一种新兴消费技术和手段，它与传统消费方式之间的关系，特别是合法消费与非法盗版之间的关系，这种关系在经济学中的表述就是“弹性”关系。其实，这方面的研究不在少数，如研究盗版对正版的替代效应、在线消费对线下消费的蚕食效应等。其次，由于多边市场平台的出现，“订阅”模式大行其道，这与传统的点单式消费颇为不同，传统的模式强调物有所值的等价交换。那么第二个问题是“订阅”模式会对消费者产生什么影响？这种影响在经济学中的规范表述就是消费者剩余，虽然“订阅”模式会挤占消费者剩余，但是，多样化与搜索成本所带来的福利会对此有所弥补。其实，这就引出了第三个也是更为重要的问题：数字文化消费就其整体而言对社会带来总福利的影响，即它是增进还是削弱社会总福利。在我们看来，回答这三个问题就是对数字文化消费最好的阐述，有关数字盗版问题已经在平台部分有所表述，这里仅分析后两个问题。

一、订阅及其 3R 模式

我们知道，订阅经济（subscription economy）的崛起其实是生产方式的一种重大变革。国际数据公司（IDC）曾经预测，在不远的将来，全球排名前 50%的大企业的大部分业务的均以数字资产为基础，也就是说，和传统经济关注产品不同，订阅经济所关注的是消费者和服务②。这也是《订阅经济》作者的预测，作为就职于全球排名第一的软件服务化

① Jordi McKenzie. Digital consumption of cultural goods and services [M] // Trine Bille, et al. Teaching Cultural Economics. Cheltenham, UK: Edward Elgar Publishing, 2020: 175-182.

② Gabe Weisert, Tien Tzuo. Why the Subscription Model Will Be Your Company's Future-And What to Do about It [M]. London: Portfolio, 2018: 108.

(Software as a Service，SaaS）公司——Salesforce 的管理者，作者通过编制订阅经济指数（the subscription economy index，SEI）显示，从 2012 年 1 月 1 日至 2017 年 9 月 30 日，订阅业务的收入大约是标准普尔 500 指数公司收入的 8 倍，这一收入增长速度大约是美国零售额的 5 倍。当然，我们在网络文化消费领域也见识了诸多的订阅经济现象，从视频类平台（如 Spotify、Netflix、腾讯视频等），到知识分享类平台（如得到、樊登书屋等）。

其实，订阅模式有着长久的历史，按照词典的解释，subscribe 是指“支付一定金额以在未来接受物品或服务”。订阅的历史可以追溯到资本主义知识生产的早期，在当时订阅兼具赞助的意味，这与当时知识生产的赞助制度不无关系。在那个时代，订阅者提前支付作者数额不等的费用，以支持作者出版发行图书。作为回报，所有订阅者的名字都将被记载在图书上，每位订阅者还可以获得一本图书。明舍（Minsheu，1560—1627）可以说是早期的订阅模式实践者之一。他是一位英语语言学家和词典编纂者，但是当时市场十分有限，其出版的词典几乎没有人问津。为了争取更多的赞助者，他在 1611 年发布了一份出版说明，为词典招募用户。最终，明舍获得了 417 名订户，包括国王、王后、王子等王室成员，主教，勋爵、伯爵、公爵等贵族成员，议会成员，宫廷大臣，牧师，大学研究员和学生，还有自称是“伦敦的市民”的商人，等等。1617 年，在获得这些赞助者的资助之后，他终于出版了词典，并列举前几位资助者，并称他们是“伟大的终结者”①。那么，这种订阅模式为什么会在数字时代重新崛起？其概念、表现以及缘由有什么不同？我们不妨在下面继续加以描述。

《订阅经济》的作者曾经这样描述订阅经济：从特定客户群体的需求出发，为这些客户创造能够带来持续价值的服务，这种将客户转化为订阅用户的方法可以产生持续性收益②。从概念层面来讲，订阅模式的关键是将客户转化为订阅用户，即将传统的点单式销售的用户转变为持续式捆绑销售的订阅用户。前者是一次性交易：商家提供产品，客户付款并获得所有权或使用权，交易就结束了，这种关系是短暂而不稳定的。订阅模式改

① 毛苇．订阅经济：数字时代的商业模式变革［M］．北京：电子工业出版社，2019：32.

② Gabe Weisert，Tien Tzuo. Why the Subscription Model Will Be Your Company’s Future - And What to Do about It［M］. London：Portfolio，2018.

变了这种方式，它意味着商家在承诺时间内给予订阅用户持续的服务，这种关系是持续而稳定的。当然，消费者理论告诉我们，订阅模式的捆绑销售将产生额外的“生产者剩余”，从而让商家获得更多的利润。对于消费者而言，他们虽然要牺牲部分“消费者剩余”，但是，海量且自主的选择还是会令其获益。综合而言，订阅模式的主要优势主要表现在以下几个方面。

首先，它是基于使用权的商业模式。如前所述，网络消费的产品是信息产品，这种产品天然地具有非排他性特征。虽然，技术上我们可以采用数字技术（如加密技术）实现排他性分享，但是作为技术手段的补充，法律手段不得不采用一种不同于物质世界所使用的“占有”，即“访问”的概念：“访问不再需要实物的所有权，因此，购买商品的替代选择变得更为有利”①。也就是说，订阅模式其实是基于使用权的商业模式，用户不再购买产品，如音乐 CD 等，而是订阅其使用权，如购买音乐产品的使用权。因此，从占有到使用的转变，正是互联网经济所带来的根本改变，而这也是订阅经济的基础逻辑。

其次，它是基于以客户为中心的商业模式。我们知道，传统的基于福特制经济逻辑的是推动型技术，即通过设计、制造、营销、购买等环节将产品推向消费者，企业始终是那只看得见的“手”。但是，互联网技术最大的改变就是，它是消费者拉动型技术，消费者通过搜索引擎等技术手段，拉动产品以匹配自身的需求。订阅模式正是适应了这种经济变革，转向以消费者为中心的服务模式。在这种模式中，用户始终是服务的核心，企业的任何订阅行为都将紧紧围绕用户的需求，为用户提供非标准化、订单式的服务。

最后，它是基于数据智能的商业模式。我们知道，在互联网文化消费中，数据是最重要的资产，这些在线平台往往通过 cookie 等技术手段，收集大量的用户数据，并利用这些数据与算法结合，为用户提供订单式的服务。由于订阅制为用户提供的服务具有持续性，在线平台要持续分析服务以及服务与用户的匹配性，及时并持续地作出决策，因此，数据技术及其运用就成

---

① 迈克尔·哈特．信息产品［M］//露丝·陶斯，特里尔赛·纳弗雷特．文化经济学手册．3 版．周正兵，译．北京：首都经济贸易大学出版社，2022：361-366.

了不可或缺的资源。就订阅模式而言，数据和算法最为直接的呈现就是 3R 模式，后面我们将列专章对此予以分析。

二、数字消费与社交

在日常生活中，各位读者恐怕也有与笔者类似的感受：每当笔者面对满屏的弹幕时，很是怀疑自己是在看电影，还是在就电影内容与他人进行社交互动。甚至当我们打开屏幕，结果发现没有任何弹幕时，我们会有些沮丧地关闭它，转而寻找其他有弹幕的内容。质言之，这些网络平台所提供的是内容还是社交显然是个问题。抑或，这两者相互融合从而构成了某种社交型内容？其实，按照索伊（Sawy）的 IT 融合观点，如今内容网站和社交技术之间，已超越连接、沉浸阶段而进入高度融合阶段，我们已经不能将内容与社交运算元素分开。在索伊看来，从与朋友一起看电影或听音乐会，到有组织地“编织朋友圈”（knitting circles），或在聚会中讨论新闻或视频内容，人们由此享受到极大的社交娱乐，由此，平台所提供的内容要强调社交层面，即创建和增强关系①。按照索伊数字化战略的三个阶段（见表 6-1），我们就可以理解，在融合阶段技术是如何将内容与社交无缝联合起来，从而为消费的社交化提供技术支撑的。

在连接阶段，内容只是作为数字化呈现的对象。例如，传统美术馆（如国家美术馆的官方网站），只提供官方的订票、讲座信息，只是将消费者与美术馆的展陈信息等连接起来，消费者必须前往美术馆才能一睹展品的芳颜，且此类网站很少有互动等服务内容。在沉浸阶段，数字化技术不仅是渠道，而且是作为刺激消费的手段，并延长用户在历史遗产网站上的滞留时间，鼓励用户通过网站内部或通过现有流行社交运算平台发表评论、在用户论坛上交谈、共享用户生成的内容等，来积极参与内容和彼此之间的互动。例如，如今的故宫和敦煌等博物馆的数字服务已进入沉浸阶段，开始关注历史遗产与用户之间的互动，并试图通过大数据算法实施推荐，强化历史遗产的保护与传承效果。在融合阶段，数字化技术不仅是沉浸的，而且与内容平台是融合在一起，这使它们在用户的感知中难以被区

① El Sawy O A. The 3 Faces of Information Systems Identity：Connection，Immersion and Fusion [J]. Communications of the AIS，2003（12）：588-598.

分，从而形成统一的结构。内容提供者创建了用户注册个人在线身份并与他人交互的社交体验。这种社交体验占据了网站这个舞台的中心，进而取代了内容。例如，浏览网站的用户，可以实时了解谁在消费哪些内容，或不同内容项的受欢迎程度等。类似地，启用评级和评论的做法，允许用户影响其他用户的搜索和消费决策。显然，提供一个用户可以围绕不同主题组织讨论的平台，将吸引更多其他用户；允许用户调节内容，则可以提高内容质量。由此通过构建一系列基于社交运算的价值创造的功能，企业可以不断鼓励用户参与，贡献价值。

表 6-1　数字化在内容产业运用的三个阶段

阶段	更广泛的行业观点	内容产业对社交运算的看法
连接	数字化被用作帮助人们工作的工具。它是一个可分离的人工制品，可以连接人们的工作和行为	社交运算仅仅是一个工具，它的使用是可选的；许多人完全忽视了社交运算，有些人意识到它是一种威胁，并针对它进行提升
沉浸	数字化是业务环境的构成，不能脱离工作和组织间关系的系统属性	社交运算是一个有价值的补充； 社交运算平台正被广泛用于吸引用户，并将网站与竞争对手区分开来。实际上，社交功能是传统内容的附加组件，内容仍然是提供的重点
融合	数字化不仅是浸没的，而且与商业环境融合在一起，使它们在我们的感知中难以区分，形成一个统一的结构	社交运算无法与内容体验区分； 内容本身就是一种社交体验。内容提供者创建了用户注册个人在线身份并与他人交互的社交体验。这种社交体验占据了网站这个舞台的中心，进而取代了内容

资料来源：El Sawy O A. The 3 Faces of Information Systems Identity：Connection，Immersion and Fusion［J］. Communications of the AIS，2003（12）：588-598.

当然，除了技术方面的融合之外，在数字文化消费领域，其所消费的产品或符号本身也构成了符号的互动，这就是社会学所描述的符号互动论。西方哲学家恩斯特·卡西尔在《人论》中认为，将人界定为理性的动物是一种遗憾，因为我们不知道其所指何物；如果界定为“符号的动物”，我们只知道人类通过艺术、哲学、宗教或者科学与这个世界沟通，并利用它们在人类之间互相交流①。在卡西尔之后，美国的符号互动理论也特别强调符号是具有象征意义的事物，并在此基础之上创立了符号互动论，即从人们互动着的个体的日常自然环境去研究人类群体生活的社会学和社会心理学理论。该理论由美国社会学家米德（Mead）创立，并由他的学生布鲁默（Blumer）于 1937 年正式提出。作为符号互动论的提出者，布鲁默将该理论的前提归结为三点：第一点，人们根据事物之于他们的意义从而针对这些事物进行活动；第二点，这些事物的意义是从一个人与其同伴进行的社会互动中衍生或者产生出来的；第三点，在这个人与其所遇到的事物打交道的过程中，其通过对这些事物的解释过程驾驭并修正这些事物的意义②。在笔者看来，符号互动论是研究内容社交的重要切入点，并将在本章第三节对此进行分析。

第二节　数字文化消费的 3R 模式

如前所述，数字文化消费基于自身收集的大量用户数据，并利用这些数据与算法结合，为用户提供订单式的服务，具有数据智能的特征。贝勒夫拉姆（Belleflamme）和佩茨（Peitz）对此有着更为确切的认知："数字平台（如 Airbnb、Amazon、Booking、Expedia、Ebay 和 Uber）的崛起和成功，在很大程度上取决于它们解决两个主要问题的能力。首先，为了有效地促进交易，平台需要解决对交易对手方作出的隐性或显性承诺的信任问题；为此他们发布评论和评级。其次，由于平台所涉信息异常丰富，它们可能会引导用户走向其可能感兴趣的交易，推荐系统就扮演了这个角色。"③ 本节我们将介绍为什么平台上 3R 模式盛行，其背后的原因是什么。

---

① 恩斯特·卡西尔．人论［M］．甘阳，译．上海：上海译文出版社，2004.

② 布鲁默．论符号互动论的方法论［J］．国外社会学．1996（4）：11-20.

③ Belleflamme P，Peitz M. Inside the engine room of digital platforms：Reviews，ratings，and recommendations［R］. CRC TR 224 Discussion Paper Series，2018.

一、拉动技术与3R系统[①]

我们知道，现代工业革命最大的创新之一就是组织创新，即工业化生产缔造了诸如福特制之类的组织形式，推动了生产的分工与协作，提升了生产的效率。福特制就是传统企业所实施的推动式生产系统。这种系统根据市场需求对最终产品进行分解，然后将生产任务细分给各生产部门，不同的生产部门完成计划并推进到下一个部门，直至完成最终要交到消费者手中的成品。总之，这种组织方式是推动的过程，即从最初的生产部门推动至最终生产部门[②]。20世纪中叶，丰田汽车自创了一种拉动式模式，正如其创始人大野耐一（Ohno）表示的，这种推动式生产方式的两个支柱就是“自主”与“准时制”生产，学术界多以准时制生产为之命名——丰田系统就是“尽可能以连续的系统生产产品”。1953年，大野耐一从美国的超级市场获得启发，创立看板（kanban）制度，即“物料领取的指令卡片”，用于指挥工序排程和工序间的物流配送，从而使丰田汽车建立了拉动式生产中的柔性排产方法。相对于推动方式（即前一部分工作生产之后再推给后一部分工作），在拉动方式中，后一部分工作需要加工多少产品，要求前一部分制造恰好匹配的配件。因此，看板也是各种工序之间传递信息的系统[③]。

这些说明也许有些抽象，我们不妨以看板方法创始人大卫·安德森（David Anderson）所举例证予以进一步说明。安德森曾经在日本东京居住，他发现皇居东御苑公园就在发放一种类似入园卡的看板系统。皇居东御苑公园利用入园卡制作了一个拉动系统，由流通中的入园卡数量限定公园的承接能力。仅当有入园卡可供发放时，新到的游客才能入园，每当繁忙时节，入园人数激增，那么新到的游客必须在园外的桥上排队等候，等待其他游客离园后领到入园卡才能进入。看板系统提供一种简单、成本低

---

① 约翰·哈格尔三世，约翰·布朗，朗·戴维森．拉动力：变推动为拉动、解放个人与企业潜力的全新商业模式［M］.刘国红，译．北京：中信出版社，2013.

② Wallace J Hopp，Mark L Spearman. To Pull or Not to Pull：What Is the Question［J］. Manufacturing & Service Operations Management，2004，6（2）：133-148.

③ Roser，Christoph. All About Pull Production Designing，Implementing，and Maintaining Kanban，CONWIP，and other Pull Systems in Lean Production［M］．［S. L.］：AllAboutLean. com Publishing，2021.

廉且易于实施的方法，通过限制入园人数，来控制园内人数。在安德森看来，“这种机制就是所谓的拉动系统（pull system），这是因为系统只有具备了处理的能力才能拉入新工作项，而不是基于需求将工作项推入系统中。由于流通中的信号卡数量表征了系统能力，所以只要恰当地设置能力阈值，拉动系统就不会出现过载（overloaded）现象”①。

当然，这里所描述的拉动式生产方式还是一种工业式思维，即企业主导生产，并将其推动给消费者。但是，随着互联网经济的崛起，这种拉动理论已经从企业转到消费者，正如《意愿经济》的作者多克·希尔斯（Doc Searls）所言，“在未来几年内，顾客将从禁锢他们的系统中解放出来。他们将成为市场中自由独立的参与者，他们具备去告知卖方他们想要什么的能力，以什么方式、在什么地点、什么时候甚至他们想付多少钱——这一切都发生在任意卖方控制顾客的体系之外。顾客将可以依据自己的条款和卖方构建或者解除关系，而不仅仅是自工业革命以来便存在的那种‘要么买，要么走’的形式条款”②。自由的消费者就需要自由的方法，希尔斯称之为“意愿经济”：“同样地，卖方会对顾客真实的意愿做出回应。卖方不再去猜测什么可能获得顾客的注意力或者什么可能‘驱动’像牛犊一样的他们——只要顾客对意愿的表达变得丰富而清楚，供求双方的经济互动范围就会扩大，总量就会增加”③。用作者自己的话来说就是，“如果让顾客领舞，市场中就会有更多舞蹈，就会更加活跃……企业应该是与消费者共舞，而不是踩在消费者身上跳舞”。当然，需要注意的是，要让顾客领舞就要让顾客有数据化的工具可用，这就是搜索引擎及其3R模式。更直白地说就是，“意愿经济若要兴起，就需要互联网去支持最大化的经济活动——这些活动由个体顾客和用户释放的信号驱动并对销售方的信号做出回应。以上进展取决于我们对互联网本身和其生产性能的理解程度——保持这些性能的生机和活力”④。

---

① 大卫·安德森．看板：科技企业渐进变革成功之道［M］．章显洲，路宁，译．武汉：华中科技大学出版社，2014.

② 多克·希尔斯．意愿经济：大数据重构消费者主权［M］．李晓玉，高美，译．北京：电子工业出版社，2016：2.

③ 多克·希尔斯．意愿经济：大数据重构消费者主权［M］．李晓玉，高美，译．北京：电子工业出版社，2016：3.

④ 多克·希尔斯．意愿经济：大数据重构消费者主权［M］．李晓玉，高美，译．北京：电子工业出版社，2016：108.

（一）推荐

随着信息技术的发展和电子设备的广泛使用，现在已经进入了数据大爆炸的时代。国际数据公司（IDC）2017 年发布的《数据时代 2025》报告显示，到 2025 年，可用于数据分析的全球数据总量将增长至原来的 50 倍，达到 5.2ZB；而认知系统“触及”的分析数据总量将增长至原来的 100 倍，达到 1.4ZB！面临着如此巨大的数据，人们将不得不面临诸如“数据茧房”“噪声”等问题，因而从海量数据中搜索用户的意图和偏好就显得异常重要。推荐或者算法推荐就是一种信息过滤系统，它是一个用户历史数据、推荐模型和用户行为之间循环交互的过程。

算法推荐概念首次出现于 1995 年 3 月的美国人工智能协会上，由梅隆大学的罗伯特·阿姆斯特朗（Robert Armstrong）等提出了个性化导航系统 Web Watcher，同时，斯坦福大学巴拉巴诺维奇（Balabanovic）等也推出了 LIRA 等个性化推荐系统。1994 年，美国明尼苏达州大学计算机科学与工程学院创办了 GroupLens 项目组，它收集了包含 6 000 个用户对 4 000 个电影的一百万个评分，并根据这些数据集应用机器学习算法推出推荐系统。算法推荐在商业应用中的知名案例来自亚马逊（Amazon.com）。1998 年，亚马逊上线了基于物品的协同过滤算法，将推荐系统推向服务千万级用户和处理百万级商品之前所未有的规模，并能产生质量良好的推荐。有了亚马逊的优秀案例，其后 Google、Facebook、Airbnb、Amazon、Booking、Expedia、Ebay 和 Uber 等也纷纷推出算法推荐，成为消费者决策的重要依据。这里我们主要介绍算法推荐中的主流做法，即协同过滤的推荐、基于内容的推荐以及混合推荐，具体算法的优缺点比较见表 6-2。

表 6-2 不同算法推荐的优缺点

推荐算法	核心技术	优点	缺点
协同过滤	矩阵分解、张量分解、神经网络	新异兴趣发现、不需要领域知识； 随着时间推移性能提高； 推荐个性化、自动化程度高； 能处理复杂的非结构化对象	稀疏问题； 可扩展性问题； 新用户问题； 质量取决于历史数据集； 系统开始时推荐质量差

续表

推荐算法	核心技术	优点	缺点
内容推荐	卷积神经网络、循环神经网络、注意力机制	推荐结果直观，容易解释； 不需要领域知识	新用户问题； 复杂属性不好处理； 要有足够数据构造分类器
混合推荐	强化学习、图卷积神经网络、深度神经网络、注意力神经网络	能把用户需求映射到产品上； 能考虑非产品属性； 能够通过组合方法提升推荐品质	新用户问题； 缺少足够的数据； 知识难获得

资料来源：笔者整理。

第一，协同过滤推荐（collaborative filtering recommendation）。这是推荐系统最早和最成功的技术，它一般利用用户的历史喜好信息以及相似用户对此的评价为基础，然后通过加权评价值来预测用户的喜欢程度，并对目标用户进行推荐。协同过滤最大的优点是可以处理不同的对象，特别是非结构化的对象，如文学、音乐、电影等，因此在娱乐类网站较为常见。我们不妨举个简单的例证，有两个用户 A 和 B，两人都是武侠迷，A 喜欢金庸的《神雕侠侣》与《天龙八部》，而 B 除了喜欢这两部电视剧之外，还喜欢腾讯视频最近新上映的《飞狐外传》。腾讯视频根据协同过滤原理，通过数据挖掘发现既然 B 有此爱好，那么，腾讯将 B 的爱好——《飞狐外传》也向 A 作了推荐。

第二，基于内容的推荐算法（content-based recommendations）。这是根据用户过去互动的内容，特别是用户和搜索项的属性特征，为用户推荐与其兴趣匹配的项。基于内容的推荐，一般需要三个步骤：①内容表征，即根据每个项提取某些特征来表征该内容；②特征学习，利用提取的用户特征数据，系统学习该用户的爱好特征；③推荐列表，根据上述用户特征与候选项目特征的比较，为用户推荐相关性最大的项目。例如，笔者是一名网球迷，业余时间经常看网球比赛，按照内容推荐算法，如爱奇艺的平台就能识别本人喜爱网球的这个特征，然后根据该特征提出相关推荐列表，如新款的网球拍或网球鞋等。

第三，混合推荐。由于各种推荐方法（如基于内容或协同的推荐）各有利弊，为了扬长避短，人们常常采用混合推荐（Hybrid Recommendation）

的方法。其最简单的做法就是分别用基于内容或协同过滤的推荐方法产生推荐预测结果，然后用某种方法将其结果进行组合，对此我们不再举例说明。

（二）评级与评论

我们知道，算法推荐是算法语言基于消费者所提供的数据（特别是评级与评论数据）综合而成的推荐，那么这里所分析的评级与评论就是消费者的行为数据，是消费者在平台上基于某个项目所留下的行为轨迹。因此，保罗·贝勒夫拉姆与马丁·佩茨认为，平台“邀请消费者评估各种已被证明成功或受他人欢迎的商品，并组织消费者进行信息交换。由于信息是由消费者提供和获取的，因此评级和评论是平台信息拉动式策略的一部分”①。

在《文化经济学手册》中，塞缪尔·卡梅伦（Samuel Cameron）在评论章节中认为，“评论是一种对消费者产生效用的服务。从事评论工作并以此为生或因其言论而获得赞誉的人，被称作评论家”②。当然，这是传统意义上的评论或评级，或者是专业从事评论工作的人士所作出的专业评价，如电影业的奥斯卡奖、文学领域的茅盾文学奖等，都是基于专家的评论而评选出来的。但是，我们这里所讨论的评论与评级与之有着天壤之别，它并不是专业性的评论或评级，而是非专业的网络口碑。古普塔和朱迪·哈里斯（Pranjal Gupta and Judy Harris）对此有着精确的表述：“这些结果共同表明，虽然网络口碑通常来自陌生人，且没有迹象表明他们对产品有着专业的知识。但是，这些网络口碑被视为产品的显著信息，特别是其对产品的体验是一个有价值的评价线索。”③ 当然，对于评级和评论研究的权威还是保罗·贝勒夫拉姆和马丁·佩茨，他们认为：“在数字平台上，评级和评论很普遍。作为垂直整合的零售商（如亚马逊）通常要求买家对产品或服务进行评级，并经常给买家写评论的机会。在这种情况下，我们

---

① 贝勒夫拉姆，佩茨．评级、评论和推荐［M］//陶斯，纳弗雷特．文化经济学手册．3 版．周正兵，译．北京：首都经济贸易大学出版社，2022：588-594.

② Samuel Cameron. Criticism［M］// Ruth Towse. A Handbook of Cultural Economics. Second Edition. Edward Elgar，2011：138-141.

③ Gupta P，Harris J. How e-WOM recommendations influence product consideration and quality of choice：a motivation to process information perspective［J］. Journal of Business Research，2010（63）：1041-1049.

就谈到了产品评级和评论。对于托管买家和卖家的平台（如亚马逊市场），双方的用户经常被要求对交易对手进行评级和评论。这些，我们称之为卖方（或买方）评级和评论。”① 在数字平台上，为什么评级和评论如此盛行，其原因大致来自两个方面，即解决不对称信息问题与网络效应。由于网络效应部分我们已经在数字文化产品的特征部分有所表述，这里仅分析不对称信息问题。

我们知道，在斯密那里，市场经济是只“看不见的手”，市场各方的信息都是透明的，所以按照自由主义的原则，各方自由决策而无须政府干预。但是，到了20世纪末，人们发现市场信息存在太多不对称现象，研究这些现象的代表性的学者更是获得了1996和2001年的诺贝尔经济学奖。正如古普塔等所说，网络平台是陌生人的聚集地，交易各方拥有不同的信息，因此，网络平台上的信息不对称问题就更为明显。这里不妨举电影业的例证，来说明信息不对称现象以及评级与评论如何纠正这种现象。在2021年，有一部动画电影《雄狮少年》，这部电影的制片人张苗曾经负责某家好莱坞电影公司的中国区业务，引进了诸如《007》系列、《蜘蛛侠》系列、《黑衣人》系列等高票房电影。张苗对高票房电影有着深切的理解，他在接受《南方周末》采访时说：“说白了，它们就三个共性——强刺激、强共鸣、强共情。所谓强刺激，就是说这部电影的娱乐性要强，而这也是美国电影擅长的，可以把电影做得很好看；另外两点则可能是中国电影的制胜秘诀。”② 2020年，张苗创立了一家全新形态的电影公司，因为动画电影在中国的起点较低，他决定做的首部电影就是动画电影——《雄狮少年》。对此，制片人张苗自嘲“《雄狮少年》是一部无卡司（指明星）、无流量、无IP的‘三无电影’。”③ 在电影市场上，《雄狮少年》就是一种信息严重不对称的电影，它既无优质的IP资源，如迪士尼卡通形象等，也没有具影响力的明星，如成龙、章子怡等国际明星，又无知名的制片人或导演，如张艺谋或陈凯歌等。这就意味着观众面对这样的电影产品的时候，

① Belleflamme P, Peitz M. Inside the engine room of digital platforms: Reviews, ratings, and recommendations [R]. CRC TR 224 Discussion Paper Series, 2018.

② 余雅琴.《雄狮少年》试水现实题材：可以找真人演，为何拍成动画［N］. 南方周末，2021-12-23.

③ 余雅琴.《雄狮少年》试水现实题材：可以找真人演，为何拍成动画［N］. 南方周末，2021-12-23.

基于电影口碑的评级与评论就变得异常重要。

首先，看看《雄狮少年》于2021年12月10日推出的首款预告片——《雄狮崛起，少年发光》。据制片人张苗介绍，“这部电影就像是一位少年迎着风，朝着太阳去奔跑。我们这样一个历史特别悠久的民族在奋进的时候恐怕也是一个少年的姿态……每一代人都会希望自己能是少年的状态，这代表着一种朝气”①。在这款预告片下面能看到当天消费者的豆瓣评论。其中最早评论的是“苏烈橘虎”，他（她）的评论只有一个词，即“第一！”，其后“囧奔的熊猫”也评论道：“燃起来了！”当然，也有负面的评价，如“英雄快跑”评论道：“中国人都是这样小眼睛、单眼皮、吊角眼、头发乱七八糟的吗？”截至电影2021年12月17日放映前，这款预告片的评论数量为30条，其中超过20条的意见都给予了正面的评价，只是其中有些对人物形象、台词等提出了批评，整体而言，对这款预告片的评论是积极的。

其次，再看看《雄狮少年》的超前点映环节。超前点映其实是影片造势的重要手段，多是制片方邀请媒体、影评人等提前观看，以便提前写好评论与评级稿件，从而达到宣传的效果。例如，大众日报就于12月9日晚在济南组织了一次《雄狮少年》超前点映活动，邀请提前观影的观众登录大众日报客户端留言抢票。当然，通过超前点映活动，该影片获得了更佳的口碑，正如张苗在接受采访时所言：“《雄狮少年》在全国点映的时候，特别让我欣慰的是很多小朋友，尤其是北方的小朋友，都是第一次知道什么是舞狮，他们告诉我们，很吃惊舞狮也可以这么酷炫，能有这么多细节。”②

最后，这部电影的评级与评论最终分值显然是这部电影最重要的信息。根据豆瓣评级系统显示，《雄狮少年》被豆瓣评为年度最佳华语电影，评分为8.3分，其他前十名的电影分别为《孤味》8.1分、《你好，李焕英》7.8分、《白蛇传·情》8.1分、《同学麦娜丝》7.9分、《悬崖之上》7.6分、《吉祥如意》7.7分、《无声》7.8分、《拆弹专家2》7.5分、《扬

---

① 余雅琴．《雄狮少年》试水现实题材：可以找真人演，为何拍成动画［N］．南方周末，2021-12-23.

② 余雅琴．《雄狮少年》试水现实题材：可以找真人演，为何拍成动画［N］．南方周末，2021-12-23.

名立万》7.5分。共有34 743人参与了对《雄狮少年》的评分，其中有34.6%的人给了5星好评，有46.9%的人给了4星，15.8%的人给了3星，而其他2.0%与0.7%的人则给了2星与1星评价。虽然《雄狮少年》获得了年度最佳华语电影，取得了理想的口碑。但是，这部电影的投资据称为2.8亿元，按照制片方收入大约43%的占比，其总票房应该不低于4.6亿元，但是，如今总票房只有2.49亿元。显然，这又是一部“叫好不叫座”的电影。当然，这部电影还有后续投资，希望能够改变这种尴尬局面，成为一部“叫好又叫座”的电影。

当我们将推荐、评级与评论作为拉动技术讨论时，并不意味着平台目前就没有推动式技术。以电影为例，好莱坞大制片厂仍然掌握着较大的话语权，其仍然在幕后推动产品的生产、销售。但需要注意的是，就信息不对称的文化产品而言，信息拉取技术仍然是其重要的分销方法，它们避免了营销和促销的固定成本，为新艺术家和小型发行公司打开了市场。正如有学者注意到的那样，“事实上，那些拥有少量观众或小众表演者的艺术家，如果不能与主流唱片公司签订合同，则可以将自己的作品上传至网上，以较低的机会成本接触P2P用户”①。

第三节　数字文化消费与社交互动

在卡西尔看来，宗教、艺术、科学等都是符号形式，人们凭借这种符号能力，产生“对自己和他人作出回答（response）的能力，使人成为一个‘有责任的（responsible）’存在物，成为一个道德主体”②。符号能力是人作为理性动物或“有责任”的存在物的本质属性，人类正是凭借这种能力认识自己以及这个世界。在卡西尔看来，“人不再生活在一个单纯的

① Anne Duchêne, Patrick Waelbroeck. The legal and technological battle in the music industry: Information-push versus information-pull technologies [J]. International Review of Law and Economics 2006 (26): 565-580.

② 恩斯特·卡西尔. 人论: 人类文化哲学导引 [M]. 甘阳, 译. 上海: 上海译文出版社, 2013: 34.

物理宇宙之中，而是生活在一个符号宇宙之中”①。也就是说，人类的生活最初面对的是物理世界——如早期哲学探讨自然的奥秘，到苏格拉底时代哲学研究的对象从物理世界转向人类自身，将“认识你自己”作为哲学的使命。从这个意义来讲，符号是人类交流的媒介。自消费市场崛起以来，消费一直是人类日常生活的重要符号，如凡勃仑的文化身份等理论对此有着深入的阐述。到了数字化时代，我们通过经典屏幕与符号之间有了更为亲密的接触，这种符号不仅呈现了自我，而且通过自我与其他群体沟通交流，从而形成不同的文化圈层与部落，这些都是人类生存的重要互动精神空间。作为重要的精神空间，我们认为它主要包括两个方面的信息：其一，在这种精神空间中，每个人的参与都是有梯度的，即社会学意义上的参与阶梯（participation ladder），以下我们将从参与阶梯的角度分析个体的参与的程度；其二，在内容互动方面，个体之间的互动是双向的，即社会学意义上的符号互动仪式链（interaction ritual chain theory），下文中我们也将分析文化消费作为符号的互动仪式链。

一、参与阶梯

参与阶梯是美国规划师于 1969 年提出的概念，其指称公民参与政府决策的程度。参与阶梯一般分为三个层次、八种形式。其中，第一层次是非参与，主要包括操作性与利诱性参与，公民并没有直接参与决策；第二层次是象征性参与，包括告知性、教育性与安抚性参与，即政府部门将相关信息告知公民，但公众没有多少反馈与谈判的砝码；第三层次是实质性参与，包括合作性、代表性与决策性参与，即相关信息全程公开，公众全程参与决策，发表意见，共同决策②。其后，城市规划层面多次引用这种参与阶梯概念，讨论如何吸引各种不同群体参与规划决策，也探索出了各种各样的经验，如《谢莉阶梯的意义：从公众参与到公民参与》就是这方面的代表作③。此后，学界也不断引用这一理论探讨互联网的社区参与问题。

① 恩斯特·卡西尔．人论：人类文化哲学导引［M］．甘阳，译．上海：上海译文出版社，2013：33.

② Sherry R. Arnstein. A Ladder Of Citizen Participation ［J］. Journal of the American Institute of Planners，1969，35（4）：216-224.

③ Lauria M，Slotterback C S. Learning from Arnstein’ s Ladder：From Citizen Participation to Public Engagement ［M］. London：Routledge，2020.

例如，金（Kim）讨论了互联网社区建构的五个阶段的参与者：①参观者，表现出非持续性身份的参与性；②新手，他们投入时间和精力以便成为社区的一分子；③常客，轻松参与社区的经常性会员；④领导者，维持成员参与，引导他人互动；⑤长者，长期的领导者，在社区当中传递文化与规则①。李和伯诺夫（Li and Bernoff）则开发了一种社交图表，将参与者分别界定为四层：最底层是“不活跃分子”，这部分人在上网的所有美国成人（2007 年数据）中占 44%；阶梯高一层的人群是“活跃分子”，这一群体占全部网民的 25%，他们经常浏览 MySpace 等社交网络；“收藏者”是占全部网民 15%的“精英分子”，他们会搜集并整合信息；阶梯的最高层是“批评家”，也就是发布批评和评论、并向博客和论坛投稿的人②。对此，辛格（Singer）从参与尺度以及社交技术等方面对参与程度有着不错的总结，在此我们加以引述，如表 6-3 所示。

表 6-3　参与的阶梯

	实务社群（Wegner 1998）	参与程度（Kim 2000）	社交技术工具（Li and Bernoff 2008）	读者-领导阶梯（Preece and Schneiderman，2009）
内容消费	**外围** 不参与社团	**游客** 处于外围，非结构化的参与	**参与者与观众** 读取内容并创建用户页面	**读者** 只消费内容的文章
内容组织	**入站** 从最初的参与走向全面参与	**新手** 新来的人正参与社区投入	**收藏家** 标记内容、投票和进行简单的评级	**贡献者** 为网上社区贡献内容
社区参与	**内部人** 全面参与社区活动	**常规的** 全心投入的社区参与者	**批评人士** 发表评论，参与讨论	**合作者** 参与小组项目和合作

① Kim A J. Community Building on the Web ［M］. Berkeley，CA：Peachpit Press，2000：117.

② Li C，Bernoff J. Groundswell：Winning in a World Transformed by Social Technologies ［M］. Boston，MA：Harvard Business Review，2008.

续表

	实务社群（Wegner 1998）	参与程度（Kim 2000）	社交技术工具（Li and Bernoff 2008）	读者-领导阶梯（Preece and Schneiderman，2009）
社区领导	**边界** 跨越边界，开展连接社区的实践	**领袖** 维持会员参与，同经纪人互动	**创造者** 发布用户原创内容，发布博客	**领袖** 领导社区，主持讨论

资料来源：Gal Oestreicher-Singer，Lior Zalmanson. Content or Community? A Digital Business Strategy for Content Providers in the Social Age [J]. MIS，2013（2）：591-616.

辛格在《内容或社区？社交时代内容提供商的数字商业战略》一文中以 Last. fm 为研究对象，借鉴“参与阶梯”标准，衡量付费用户与非付费用户在不同层级参与方面的表现水平，结果发现：“与非付费用户相比，付费订阅者在该网站论坛上发表的文章增加了 199%，加入的群组增加了 70%，平均领导的群组增加了 142%，发表的博客文章增加了 111%。”① 这表明，虽然 Last. fm 提供的增值服务旨在改善内容消费体验，但是社交参与水平对付费服务意愿起到了更为重要的作用。我们不妨根据这篇文章对参与阶梯所分的四个层级，即参观者、新手、常客与领袖，分别予以表述。

（一）参观者

他们只是被动接受平台提供内容的用户，而不参与社区的活动。辛格在上面这篇文章里将参观者与其他用户分类为参与者与非参与者，两者有着明显的区别。作为非参与者的参观者人数众多，学术界往往以订阅用户与非订阅用户来加以区别。也就是说，参观者只是平台内容的非订阅用户，他们只是偶尔收看或收听平台提供的内容，并没有参与内容平台所展开的社交活动。但是，这些参观者是参与阶梯的重要基础，这些参观者数量庞大，既是平台用户双边效应的重要来源，又是参与阶梯迈进的重要前提。辛格的研究表明，用户在使用该网站平均 652 天后，才会作出是否订阅的决定。这表明，用户从免费转为收费是一个漫长的过程，需要网站所有者拥有极大耐心。

---

① Gal Oestreicher-Singer，Lior Zalmanson. Content or Community? A Digital Business Strategy for Content Providers in the Social Age [J]. MIS，2013（2）：591-616.

(二) 新手

新手是订阅用户的初阶，这时候用户不仅用金钱选择了订购行为，而且存在有意识的参与行为。这时用户不仅要判断内容的类型与品质，而且要关注平台产品的服务质量。在辛格看来，作为新手的订阅者会创建播放列表，标记自己喜欢的歌曲，并创建各种标签，以此在互联网虚拟空间呈现自我，并试图与他人沟通交流。但是，作为新手，不论是自我呈现还是互动交流都不够频繁，在社群当中无法引起他人的关注，他们只是入门级的参与者。

(三) 常客

常客是订阅用户的高阶，他们已经是长期的订购客户，并且与平台以及社群之间已经有了持续的交流，对平台也有了更高的认同度与归属感。在辛格看来，这些常客在社区中已经十分活跃，他们在社区网络中发布的文化信息、加入的群组甚至领导的群组明显增加，是社区活跃度的中坚力量。作为常客，他们与新手的最大的区别在于，其评论是对内容信息的强调或反驳，当然也可以是补充或修订，且已经引起社群用户较大的反响；其所贡献的评论甚至成为某个阶段社区的共同话题，引起大家广泛的关注。

(四) 领袖

社区领袖是用户参与的最高层次，这些群体对社区有着明显的义务感，他们认为自己作为社区的成员，有必要对社区作出贡献。当然，从社会学理论角度而言，这种义务与规范性承诺有关。例如，贝特曼（Bateman）等的研究显示出领导行为与一定程度的情感承诺有关，强调参与水平的主动性与累积性①。与常客比较起来，这些领袖常常具备特殊的才能，他们不仅贡献了社区中最有吸引力的评论（这种评论通过多元化传播在社区中通常会产生积极的影响），而且能够依托现有内容文本生产出大量的自制内容（UGC），这些内容在生动阐释原有内容的同时，也可能会在社区当中引发广泛的影响与共鸣，甚至引发社区内容的革命性变化。也就是说，作为社区领袖，他们可能与网络平台成为共创者，他们的贡献引导与启发了社区内容的再生产。

---

① Bateman P J, Gray P H, Butler B S. The Impact of Community Commitment on Participation in Online Commu- nities [J]. Information Systems Research, 2011, 22 (4): 841-854.

二、互动仪式链

美国社会心理学家米德（Mead）是符号互动论的创始人，他在《心灵、自我与社会》中描述了符号互动论的雏形，即人的自我是从社会中发展出来的，因而个体与社会存在广泛的互动关系。由此，他创造了“主我”（I）和“客我”（me）理论：“主我”是个人的主体意识；“客我”是他人对自己的态度、评价和角色期待，只有通过与他人的意义交换或互动才能得到。也就是说，所谓社会自我是由“主我”和“客我”的对话和互动而形成的[①]。后来，米德的学生布鲁默（Blumer）系统总结了符号互动论，并阐述了其中三个基本要义，即人是根据“意义”（关于对象事物的认识）来从事行动的，这个过程是在“互动”行为中产生的，同时“意义”是由人解释的。兰德尔·柯林斯（Randall Collins）此后在《互动仪式链》中正式提出了互动仪式链的运行机制，即互动仪式是人类的基本活动，由正式的典礼（如政治仪式、宗教仪式等）和没有模式化程序的自然仪式（如人们的谈话、肢体接触等）组成，如图 6-1 所示[②]。

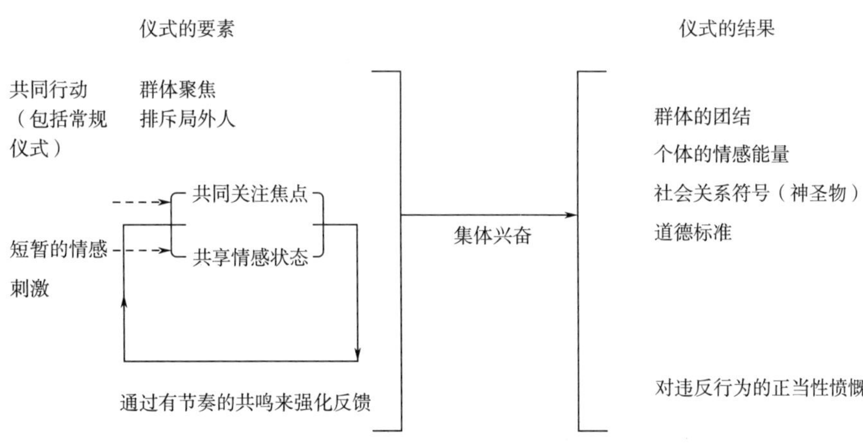

图 6-1　互动仪式链

① 米德．心灵自我与社会［M］．霍桂恒，译．北京：华夏出版社，1999.

② Randall Collins. Interaction Ritual Chains［M］. New Jersey：Princeton University Press，2005：48.

在柯林斯看来，“仪式是由各种成分组合而成的，并发展出不同的强度水平，而仪式的结果是团结、象征主义和个人的情感能量”。按此逻辑，我们可以将仪式链分为三个步骤：一是互动条件，即个体根据其价值资源要素，参与共同的行动；二是互动行为，即个体通过互动行为相互关注，并获得共通的情感；三是互动结果，即当这些互动有效开展时，就会形成群体的情感或符号①。以下我们不妨以微信读书为例，对互动条件、互动行为与互动结果加以描述。

（一）互动条件

在柯林斯看来，互动行为需要具有共同的条件，主要包括以下四点：“①两个或两个以上的人物理上共同聚集，他们由此通过身体相互影响，无论是否有意识；②对局外人是有界限的，这样参与者就能知道谁在参与、谁被排除在外；③人们把注意力集中在共同的物体或活动上，通过相互交流，会相互意识到彼此的注意力焦点；④他们产生共同的情绪或情感体验。”② 自 2015 年以来，腾讯推出微信读书，试图借助微信社交关系链，通过深度、严肃阅读打开市场，与阅文、QQ 阅读形成差异化协同。微信读书凭借无限卡模式、社交拉新激励机制以及阅文集团的内容优势，迅速打开市场，到了 2019 年其用户数据就已经超过 2 亿。另外，微信读书团队在 2020 年发布的公报显示：19～35 岁年轻用户占比超过 60%，本科及以上学历用户占比高达 80%，北上广深及其他省会城市/直辖市用户占比超过 80%。例如，笔者的微信朋友圈里大约有 780 位朋友，其中就有 165 位微信读书好友。这种数据其实显示了微信读书的互动条件，即主动搜索与被动推荐相结合。通常，互联网读书网站会将消费者分为无目标用户、模糊目标用户、明确目标用户等。对于无目标或模糊用户来说，他们往往会通过朋友圈推荐或算法推荐方式，如在微信读书的“发现”栏目，你可以看到朋友的想法，由于朋友圈的亲密关系，被推荐的图书往往会成为共同阅读的对象。对于明确目标用户而言，其只需要搜索目标对象，就可以直接阅读。当然，当所有目标用户都选择了一部书籍时，他就可以进入互联网的空间，就这部书进行互动沟通，并产生共同的情感体验。

---

① Randall Collins. Interaction Ritual Chains ［M］. New Jersey：Princeton University Press，2005：48.

② Randall Collins. Interaction Ritual Chains ［M］. New Jersey：Princeton University Press，2005：48.

（二）互动行为

柯林斯认为，互动行为是指参与各方相互携带情感和注意力，从而形成共同的情感体验，或者如迪尔凯姆（又译涂尔干）所说的主体间性的“微情景”：“随着人们越来越紧密地关注他们的共同活动，越来越意识到彼此的行为和感受，越来越意识到彼此的意识，他们就会更强烈地体验共同的情感，因为它开始主导他们的意识。欢呼的人群变得更加热情，就像宗教仪式的参与者变得更加尊敬和庄严，或者人们在葬礼上变得更加悲伤一样。在小范围的对话中也是如此：随着互动变得更加引人入胜，参与者就会沉浸在谈话的节奏和情绪中。”① 虽然，柯林斯在此并没有提及“心流”这个概念，但是从这些描述来看，这种互动行为创造出的正是心流体验：所有参与者都有着明确的目标，互动行为给予他们及时的反馈，并且这种互动行为难度适中，不会使参与者陷入无聊或焦虑②。

我们不妨看看微信读书中的精彩点评，其中《摇滚吧，经济学》的相关评论颇有意思。本书源于克鲁格（Krueger）（美国知名经济学家、曾任白宫经济顾问委员会主席）题为“摇滚经济学”（Rockonomics）的演讲，奥巴马对这场演讲大加赞赏，而作者据此不断拓展并写就了这本通俗经济学书籍。传统经济学家关注文化经济问题，自然引起了文化经济学界的关注。在评论的头条，有一名叫“火叔”的读者评论道：“稍有点失望的是，除了从经济学角度看待音乐产业的发展与兴衰外，我的收获并不大。大概因为自己曾经算是音乐产业的从业者吧，内心期待值过高了。当然，能换个角度去回望音乐产业的成败得失，已经是件挺不同的感受了，至于心得多少，可能也与我个人对商业环节的兴趣不大有关。”在笔者看来，这乃确评：对于音乐界的人士而言，这本书除了贡献业界所熟知的明星经济学之外，没有什么其他的贡献；对于经济学界而言，这本书只是“通俗”的演义而已，恐怕都不能算作其科研成果。所以，从平台所列举的推荐值来看，47 个评论人中，推荐率只有 66%。看到这些，笔者顿时感到：与我心有戚戚也。虽然，笔者与这些评论人的交流是异步的，但还是体验到了与这些评论的“共同的情绪”。

---

① Randall Collins. Interaction Ritual Chains ［M］. New Jersey：Princeton University Press，2005：48.

② 契克森米哈赖 . 心流：最优体验心理学 ［M］. 张定绮，译 . 北京：中信出版社，2017.

（三）互动结果

通过成员互动，让成员更加关注互动行为，并形成共同的情感或价值符号。在柯林斯看来，互动结果主要包括如下四个方面："①团体团结，一种有成员身份的感觉；②个人的情感能量，如采取行动时的自信、兴奋、力量、热情和主动性等；③代表群体的符号，成员认为与自己所在集体相关的象征或其他代表物（如视觉图像、词语、手势）等；④道德感，如坚守群体原则、尊重其象征以及反对违法者的正义感等。"① 例如，笔者在通过微信读书阅读《国富论》第一章第 9 页时发现，在当前阅读界面有 16 个消费者贡献了多种想法：有评论者指出"互联网时代作为大厂螺丝钉的我们，无异于工厂时代的流水线工人"，这是《国富论》的现代版演绎；有评论者指出"对这个进步社会的描述真的不敢苟同。在此处，作者是指财富和科技，还是指个人？"这是现代社会对《国富论》的质疑，当然这种质疑本身并没有考虑到当时工业革命刚刚起步这一写作背景……类似的评论不在少数，上述这些想法是基于《国富论》的文本的相互交流、相互碰撞，构成了当代人对《国富论》的现代解读。当然，对于微信读书而言，它营造出一种虚拟的读书社区，这些不同的想法在不同程度上扩展了我们对图书的理解，不同个体也在互动当中营造了共同的情绪，缔造了社区的黏性。截至 2021 年 10 月 1 日笔者朋友圈中有不少朋友年阅读时长已达 300 小时，年阅读的书近 50 本。

总而言之，在数字文化消费领域，内容与社交已经天然融合，社交技术已经高度渗入内容提供与交流过程中，这为以内容为基础的社交提供了各种技术手段。在本节中，我们主要提及与符号互动的角色与链条，其中的角色主要包括参观者、新手、常客与领袖等不同的层级，链条则包括互动条件、互动行为与互动结果三个。与传统内容消费只涉及内容不同，笔者认为在数字文化消费领域，社交的拉动作用而非企业推动作用，是数字消费的关键动力，因此，以上社交互动的角色与链条，自然也是我们分析内容社交互动的重要途径。

---

① Randall Collins. Interaction Ritual Chains［M］. New Jersey：Princeton University Press，2005：49.

第四节 数字消费的新付费方式：以打赏为例

其实，打赏行为早已有之，西方有句谚语叫做“He who pays the piper, calls the tune”，其含义就是“谁打赏，谁定调”，英语词典更是将其解释为“谁付钱，谁控制”。文化经济学家皮考克（Peacok）甚至以此为名写就《打赏艺术：音乐、艺术和金钱》一书，该书的内容讨论的是公共财政与艺术之间的“金钱”关系，只不过没有了控制的内涵[①]。在古代汉语中，打赏倒是没有西方语境中那种明显的控制含义，而更多强调的是欣赏与奖赏，更接近于赏赐，即“将把财物赐给有功或卑微与幼小的人”。在现代汉语中，由于社会的发展进步，打赏作为赏赐的意义便不复存在，打赏不论是作为语词还是行为似乎都已销声匿迹，甚至连权威的《现代汉语词典》中似乎都没有相关词条。就此而言，网络打赏行为确实是一个新鲜的事物，即便打赏曾经有着很长的历史。因此，这就需要我们对其重新加以界定与描述。老实说，新近兴起的网络打赏行为也只有区区 10 余年的时间，似乎我们很难给出一个能够被普遍接受的界定，因此，不妨退而求其次，从对打赏相关文献的梳理与总结入手，尝试界定网络打赏的概念及其行为特征。

一、从礼物到随你付（Pay What You Want）定价策略

从打赏这个语词的演变史可知，它在现代汉语语境中并无明确的参照物，目前所有的讨论主要集中在司法实践中。司法界关于打赏的学说主要有两大类，即“赠与说”与“服务合同”说。前者认为打赏行为不仅符合赠与双方的主观意志，而且符合赠与合同的形式构件，应该被视为民法典合同篇所规定的赠与行为[②]；后者则认为打赏是消费者向服务者购买服务

① Alan Peacock. Paying the Piper: Culture, Music and Money [M]. Edinburgh: Edinburgh University Press, 1992, 101.

② 李雪梅. 网络打赏背后的法律问题的研究 [J]. 法制与社会, 2018 (9): 43-48.

的非强制性付费，应该视为服务购买合同①。尽管学术界目前对此并无定论，不过我们倒是可以从此辨析出打赏行为的主要特征，即打赏是网络用户为了表达对服务者所提供的文字、视频、表演等内容的欣赏、感谢和鼓励，而通过应用软件平台向服务者提供电子化货币的行为。前者所表述的是网络用户针对特定产品或服务，为了表达情感而自愿的表达行为，具有礼物的性质；后者所表述的是网络用户使用电子化货币的支付行为，具有价格的属性。前者的学术资源可以追溯至莫斯的经典研究文献《礼物》，它们在人类学、社会学、经济学等领域积累了丰富的成果；后者的学术资源则可以追溯至新近崛起的“随你付”定价策略，较早的文献如朱英金、纳特和斯潘（Ju-Young Kim，Natter，Spann）的《随你付：一种新的参与式定价模式》②。

（一）有关礼物的文献

“礼”在许慎《说文》中的解释是：“礼，履也。所以事神致福也。”其原初含义是祭祀的仪式，后来被引申为广义的社会规范。《尚书·微子之命》较早提及“礼物”这个语词，其表述是“统承先王，修其礼物”，这里的礼物其实是承载礼制之物，因此，礼物的关键不在“物”而在“礼”。故此，孔子在《论语阳货》中强调说：“礼云礼云，玉帛云乎哉？乐云乐云，钟鼓云乎哉？”质言之，我国传统文化所强调的礼物是“有礼之物”，而非“无礼之物”③。如前所述现代学术意义上有关礼物的探讨，其实源自人类学家莫斯的《礼物》。正如萨林斯所言：“我们（资本主义）生产方式中对所有物品的商品化，令我们将所有的行为和欲求都用金钱来衡量，但这遮蔽了物质本身的联系，这种物质理性事实上根植于一个庞大的文化体系，这一体系由事物的逻辑——意义属性与人们之间的关系所构成。”④ 作为莫斯的重要衣钵传人，萨林斯在这里所强调的正是莫斯特别强调的礼物与商品之间的分野：前者是基于“整体社会”而建立的人与社会之间的情感联系，强调的是信仰、义务等质性要素；后者是基于货币量化

① 潘红艳，罗团．网络直播打赏的法律性质认定及撤销权行使［J］．湖北警官学院学报，2018，31（4）：92-99.

② Ju-Young Kim，Martin Natter，Martin Spann. Pay What You Want：A New Participative Pricing Mechanism［J］. Journal of Marketing，2009，73（1）：44-58.

③ 孙邦金，陈安金．论儒家的礼物观［J］．哲学研究，2013（10）.

④ 萨林斯．石器时代经济学［M］．北京：生活·读书·新知三联书店，2009.

功能而建立的人与物质之间的利益关系，强调的是可量化的数量因素。

对此，莫斯有着较为集中的阐述，在此不妨全文引述如下："在前人的法律和经济体系中，我们发现，几乎从未有过以个体为单位进行的财富交换。所有的交换由群体进行：缔结契约时出面的是法人、氏族、部落、家族或各自的代表，由他们来进行交易；交换的不仅是物品和财富、动产和不动产等有经济价值的东西，而且还有礼仪、宴请、军事、女人、孩子、舞蹈、节日、仪式及聚会等。在这些交易中，财富的流通只不过是契约关系持续的一种方式罢了。更有甚者，这些礼物的赠送和回报从表面上看似乎出于自愿，而其实却有着非常严格的义务性质，违反这种义务性会招致私下惩罚甚至公开战争。我们拟将这种交换体系称为'全面给予'。"① 在这篇论文中，莫斯辨析了礼物两个方面的鲜明特征。

第一，礼物的交换不同于商品的交换，不是发生于个体之间的简单经济交换，而是发生于群体之间、能够展示整体性社会事实的有灵之物（或者相当于传统儒家所谓的有礼之物）。莫斯通过对毛利人的人类学研究发现，这种礼物之灵就是该群体有关"豪"（hau）的信仰，它涉及整个社会的契约与制度。

第二，礼物的交换不同于商品的交换，商品的交换涉及物的分离，而礼物的交换并没有脱离礼物与赠礼者的依附关系，它通过"赠礼、收礼和回礼"这三重义务建立循环性回馈机制，其中回馈对于有灵之物尤为重要。

其后的学者分别从不同的角度研究了礼物问题及其相关社会现象，其中比较有影响的研究是施特劳斯。他从结构人类学角度将礼物视为象征性表象，所对应的是无意识层面的内在结构；布尔迪厄则从反思社会学角度认为，礼物本质是象征性资本，它表征个体在文化资本方面的差异。当然，在这些讨论中也不乏哲学家的参与，如德里达、拉康等，当然这显然超出了本书讨论的范围②。概括而言，与网络打赏这种赠礼行为有关联的特征主要在于象征性与回馈性，由于这里我们将打赏视为一种经济行为，以下我们将转向这方面的经济学文献。

---

① 莫斯．论馈赠：传统社会的交换形式及其功能［M］．卢汇，译．北京：中央民族大学出版社 2002：5-6.

② 严泽胜．礼物的逻辑［J］．国外理论动态，2009（12）．

显而易见的是，礼物作为人的行为，不仅仅可以从人类学、社会学等角度进行研究，经济学也是一个重要的研究视角，因为它也涉及稀缺资源的“分配与选择”问题。卡梅勒（Camerer）认为，按照规范的市场经济理论，如果消费者知道自己的偏好，市场也能很好配置资源的话，那么每个人都应该获得高效礼物（efficient gift，如现金），而不是通过揣测收礼者的偏好而给予低效礼物（inefficient gift）①。经济学似乎很难解释这个现象，而卡梅勒借用社会学的符号理论分析指出，这种看似低效的礼物，却在人际交往传递信号方面具有极高的效率：“因为送礼往往是互惠的，对接收者来说价值不大的低效礼物可能是比高效礼物更好的信号，因为其有助于传达接收者的意图。接受一顿定价过高的晚餐，而不是它的现金等价物，对接收者来说是一个机会成本。因此，承担这个成本同时也是送礼者和接受者的双重意图。”② 基于此，作者通过博弈论模型表明，礼物本质上是一种关系投资的“信号”，就此而言，低效的礼物较之高效的货币可能具有更好的象征作用。正如卡梅勒所言，这种象征性之所以存在，是因为礼物交换是双向的、回馈性的，或者说象征性与回馈性之间是相辅相成的，莫斯对此也有精确的说明：“实际上，人们将灵与物互相混淆，是因为人们的生活互相交错，物也因此与人的范畴混合——这恰好正是契约和交换的体现。”③ 文化经济学家克莱默（Klamer）则通过具体的例证形象地说明了礼物的互惠性：“在一个封闭的社群中，赠予礼物往往具有非自愿性的特征。如果你不参加在圣诞节或其他家庭场合的赠礼行为，你就有可能被边缘化（即便不是被排除在外）。如果你不能在与朋友的互惠关系中发挥作用，你就有失去友谊的风险。”④ 普卡亚莎（Purkayastha）则通过纳什博弈模型来显示如何在广义互惠礼物模型中确定符号价值，并且互惠礼物交换

① 沃德弗格尔（Waldfogel）通过实证研究分析道，相对于货币而言，人们所给出的圣诞礼物最起码有10%的净损失（deadweight loss），因而相较于货币而言，就有了低效礼物（inefficient gift）之说，参见Joel Waldfogel. The Deadweight Loss of Christmas［J］. The American Economic Review，1993，83（5）：1328-1336.

② Camerer C.. Gifts as Economic Signals and Social Symbols［J］. American Journal of Sociology，1988，94：S180-S214.

③ 莫斯．论馈赠：传统社会的交换形式及其功能［M］．卢汇，译．北京：中央民族大学出版社，2002：30.

④ Arjo Klamer. Gift economy［M］//Ruth Towse. A handbook of cultural economics. Northampton，MA：Edward Elgar，2003：243-247.

的参与者会根据弹性或其他因素来决定礼物的象征价值。举例而言，人们不会用 10 美元的回礼来回馈 10 美元的赠礼，因为即便是相同价值的礼物，其纳什博弈模型中的象征价值也不同。这就是为什么日常生活中的礼物交换虽然有互惠性，却并不总是对等的①。由于互惠性行为是在人与人之间发生的，当人群的规模达到一定程度时该行为就有了公共性。不少经济学者讨论了公共空间中的礼物交换行为，其中有学者认为礼物行为有助于人际的信任与协作②，有学者认为即便是捐赠性质的礼物，也不完全是利他主义，因为这种礼物交换行为会制造所谓的“温情效应”（warm glow），让赠礼者也由此受益③。

概括来看，经济学意义的礼物其实是人际互惠性互动中形成的象征性信号，象征性与互惠性是其本质属性。就此而言，它与商品意义上的物有着明显的区别：作为商品物仅仅是作为价格载体的物，它在交易中剥离了人与物、人与人之间的情感联系；而礼物交换的对象不仅仅是“物”，而是有礼之物（或人类学意义上的有灵之物），它承载了交换双方的情感，具有明显的象征性符号价值。

（二）有关“随你付”的文献

从谷歌学术的搜索结果来看，有关“随你付”的研究始于 21 世纪初，对此西方学者格波特（Gerpott）提供了一个十分周全的文献综述，是相关文献回顾的不错的起点，特别是其绘制的概念框架，值得重点推荐（见图 6-2）④。

按照这个概念框架，“随你付”研究的焦点问题主要涉及销售对象、市场背景、买方、卖方和程序等方面，我们将其概括为为什么（即为什么采用参与式定价、什么样的对象和情形才会采用这种定价方式）、怎么样（如何设计参与式定价程序）和有什么影响（参与式定价与买方和卖方的

---

① Dipankar Purkayastha. A theory of reciprocal gifts [J]. Atlantic Economic Journal, 2004, 32 (4): 312-319.

② H Lorne Carmichael, W Bentley MacLeod. Gift Giving and the Evolution of Cooperation [Z]. Boston College Working Papers in Boston College Department of Economics, 1997.

③ James Andreoni. Impure Altruism and Donations to Public Goods A Theory of Warm-Glow Giving [J]. The Economic Journal, 1990, 100 (6): 464-477.

④ Gerpott T J. A review of the empirical literature on Pay-What-You-Want price setting. Management & Marketing [J]. Challenges for the Knowledge Society, 2016, 11 (4): 566-596.

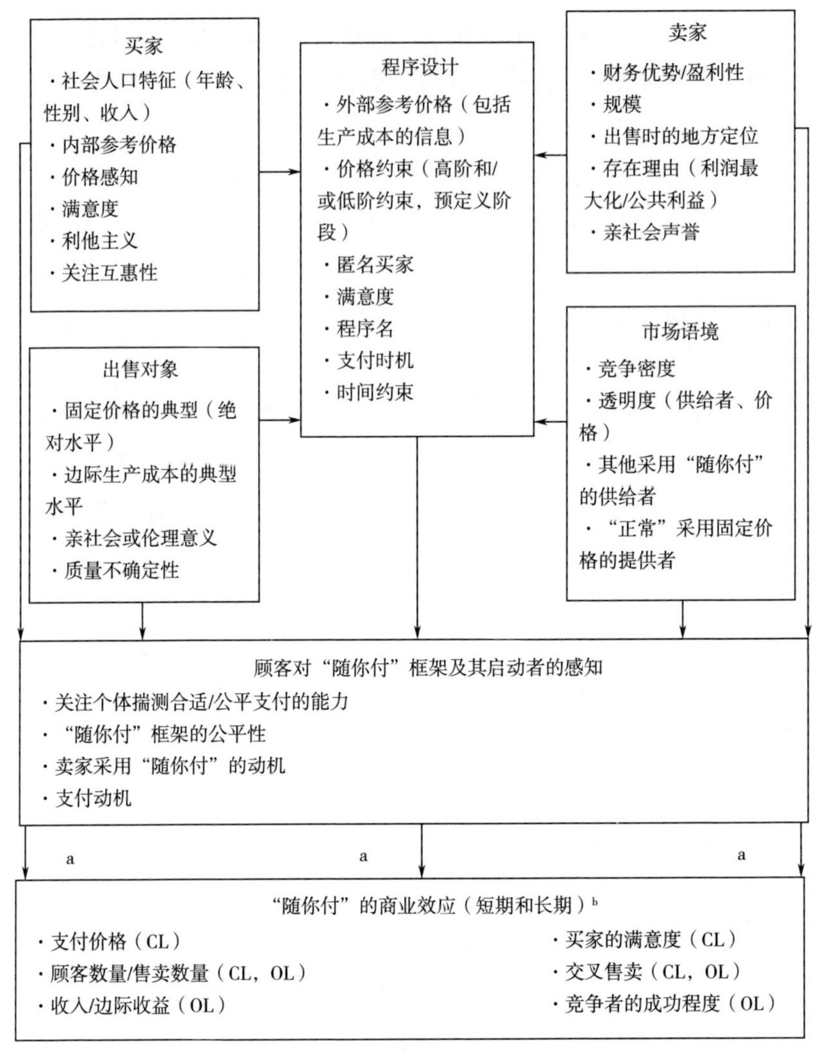

图 6-2 “随你付”研究领域之最重要变量及其联系的概念框架

说明：a 根据刺激-反应范式，显示变量对成功的效应，如程序设计、买方、卖方、销售对象和市场环境；

b 影响标准可以在微观/客户层面（CL）、宏观/组织层面（OL）或在上述两个层面进行衡量。

相互影响）等三类问题。对后一类问题，图 6-2 已有清晰呈现，这里仅就前两类问题展开综述。

首先，我们需要关注的问题是，固定定价、参与式定价在什么情形下采用以及原因何在。所谓“随你付”定价是一种与商家固定定价模式不同的消费者参与式定价，其价格由消费者自行选择任何大于或等于0的价格，而商家必须接受消费者选择的价格并交付产品和服务。但是，显而易见的是，采用“随你付”方式的卖方面临巨大的风险，因为消费者可能会乘机搭便车，根本不支付任何费用或支付低于卖方成本的价格①。为什么明知有风险，却仍然要采用参与式定价策略？这显然是个问题。亨里克（Henrik）等对这个问题给出一个颇为规范的回答，参与式定价其实是体验型产品的必然选择，因为对于体验型产品而言，消费者面临极大的信息不对称，因而面临支付不恰当高价的风险，只有极少数愿意承担风险的消费者还会留在市场当中，市场也将面临需求不足的问题。在此语境下，企业会采用各种信号手段来应对这种事前机会主义，如认证、品牌等，而“随你付”就是一种应对此类风险的价格机制。在这种机制中，消费者将决定购买与实际付费的行为分割开来，事前决定是否购买，事后决定付费多少（当然包括不付费），这显然有助于将那些风险厌恶型的消费者留在市场，从而提升整个市场的福利效果②。类似的分析还有格里夫（Greiff）等，他们均将信息不对称作为其重要原因③，当然，我们也得注意到阿罗（Arrow）所指出的信息产品“披露悖论”（disclosure paradox）问题：“在确定对信息需求方面存在一个基本的悖论：在知道信息之前，对购买者而言其价值是未知的，但对它的实际拥有则无需成本。”④ 也就是说，消费者需要接触信息才能判断其价值，但是，一旦信息被披露，其价值就为消费者所获取，消费者的支付意愿也将大大降低，甚至为零。值得注意的是，除了经济的动因之外，也有不少学者讨论了这种现象产生的社会原因，如

① Kim J－Y，Natter M，Spann M. Pay what you want：A new participative pricing mechanism ［J］. Journal of Marketing，2009，73（1）：44-58.

② Egbert Henrik，et al. Pay What You Want（PWYW）pricing ex post consumption：a sales strategy for experience goods［J］. Journal of Innovation Economics & Management，2015（1）：249-264.

③ Greiff M，Egbert H，Xhangolli K. Pay What You Want－But Pay Enough！Information Asymmetries and PWYW Pricing. Management & Marketing［J］. Challenges for the Knowledge Society，2014，9（2）：191-202.

④ Arrow K J. Economic Welfare and the Allocation of Resources for Invention［R］//Richard R Nelson. The Rate and Direction of Inventive Activity. Washington DC：National Bureau of Economic Research，1962：609-625.

利他主义、公平、互惠、社会形象（渴望被关注）和符合社会规范等①。这些在前面有关礼物部分的文献中已有描述，这里不再赘述。除了从经济和社会角度分析原因之外，还有不少学者直接从对象入手解析其原因，即采用参与式定价的产品具有共性的特征，如体验型产品、数字化产品等。何塞和都顿（José and Tudón）对此有着很好的总结："随你付"作为一个最佳定价策略，其适应的对象包括需求的不确定性、低边际成本、生产过剩不构成问题的消费品等②。其中，消费不确定性产品包括文化产品等，低边际成本的产品包括数字化产品等，不构成生产过剩问题的消费品则包括博物馆等公共品。

其次，"随你付"作为一种定价策略，该如何进行程序设计才能发挥更好的效果，这也是学术界关注的焦点。对此，格波特（Egbert）通过文献综述，将其概括为"随你付"程序设计的六大要素，即外部参考价格、匿名买家、支付时机、时间约束、满意度、程序名称框架等，这里仅就前四大要素予以综述。外部参考价格主要有三种方式：其一，强制性最低价格，即买方出价时不得低于最低价格；其二，分层式价格，即卖方设置不同价格区间，买方在这些区间进行选择；其三，强制性最高价格，即设定最高价格，买家不得超额出价。相关研究表明，外部参考价格与"随你付"的水平有着紧密的关联，虽然这种关联并非完全是积极的，且会受到额外情形的影响③。这里所谓的额外情形主要是指其他三种约束性条件，即买家是否匿名，支付时机是在产品体验之前还是之后，以及"随你付"定价策略是临时的还是长期性的。从现有文献的研究结论来看，如果"随你付"环境中的买家不是匿名的，那么，他们将受到社会规范的影响，就会支付"公平"价格④；反之，如果买家是匿名的话，那么其支付水平将

① Fehr E, Schmidt K M. The economics of fairness, reciprocity and altruism-Experimental evidence and new theories [M]//Kolm S-C, J M Ythier. Handbook on the Economics of Giving, Reciprocity and Altruism. Amsterdam: Elsevier, 2006: 615-691.

② José F, Tudón M. Pay-what-you-want because I do not know how much to charge you [J]. Economics Letters, 2015, 137: 41-44.

③ Greiff M, Egbert H. A survey of the empirical evidence on PWYW pricing [EB/OL]. [2022-05-03]. http: //mpra. ub. uni-muenchen. de/68693/.

④ Armstrong Soule C A, Madrigal R. Anchors and norms in anonymous pay what-you-want pricing contexts [J]. Journal of Behavioral and Experimental Economics, 2015, 57: 167-175.

降低①。就支付时机而言，现有为数不多的研究表明，事后较之事前采用“随你付”定价策略，更有利于提升支付水平，其重要原因是如果消费者事后获得相关产品或服务的充分信息，则更能给出一个公平的价格②。关于“随你付”定价策略之短期或长期的影响问题，有学者研究发现，其与支付水平之间并无直接的关联③。

综上所述，“随你付”本质上是一种参与式定价策略，买家在体验产品或服务之后根据其自身意愿支付任意的价格。这种价格策略的实施有着不少的前提条件与共性特征，如实施参与式定价的对象多为体验型产品、数字化产品等，这些产品的消费具有明显的不确定性，其生产的边际成本很低，且不会产生拥挤问题等等。

二、小结

行为经济学家贝克尔认为：“经济学的特点在于，它研究问题的本质，而不是该问题是否具有商业性或物质性。因此，凡是以多种用途为特征并在资源稀缺情况下产生的资源分配与选择问题，均可以被纳入经济学的范围，均可以用经济分析加以研究。”④ 既然这里所讨论的对象，不论是市场化产品固定定价或“随你付”定价，还是社会生活中的礼物赠与行为，抑或是最近兴起的网络打赏行为，都涉及经济学的本质问题——稀缺资源的配置问题，我们倒是可以从经济行为的角度来描述这四类行为。就此而言，我们将经济行为的核心特征概括为价值性与透明性。前者是指经济行为主体总是基于理性决策寻求价值最大化，而后者是指经济主体的决策基础是充分而透明的信息。按照巴塔耶的观点，规范的经济学本质是“有限经济学”——如何利用有限的资源，其核心特征是价值性与透明性；而礼

---

① Lee S R, Baumgartner H, Pieters R. Are you really paying what you wish? Interpersonal influences on price decisions [J]. Advances in Consumer Research, 2011, 39: 540-541.

② Regner T. Why consumers pay voluntarily: Evidence from online music [J]. Journal of Behavioral and Experimental Economics, 2015, 57: 205-214.

③ Kim J -Y, Kaufmann K, Stegemann M. The impact of buyer-seller relationships and reference prices on the effectiveness of the pay what you want pricing mechanism [J]. Marketing Letters, 2014, 25: 409-423.

④ 贝克尔. 人类行为的经济分析 [M]. 王业宇，陈琪，译. 上海：上海三联书店，上海人民出版社，1995：3.

物所涉及的经济学更准确地说是“普通经济学”——如何无私地消耗过剩的资源，其核心特征可以概括为象征性与互惠性①。由此，我们就可以将该四种行为的特征绘制成表 6–4。

表 6–4　几种不同的支付方式及其特征

特征	支付方式			
	固定定价	“随你付”定价	礼物赠与	打赏
价值性（理性最大化）	5	3	1	3
透明性	5	3	1	1
象征性	0	3	5	5
互惠性	0	3	5	3

说明：根据各项特征的符合程度按 0~5 依次排列，其中指标值为 0 则表明该方式不具备这种特征，指标值为 5 则表明该方式充分具备该特征。

资料来源：笔者整理。

如果在这个框架中解读打赏行为，则它其实是介于礼物赠与和“随你付”定价之间的行为模式：在价值性方面，它更接近“随你付”定价模式，虽然强调理性行为，却并非以个体价值最大化为核心诉求，而是有着利他主义的因素；在透明性方面，它更接近礼物赠与，存在明显的信息不充分性与消费不确定性，且更依赖于消费者体验时的氛围及其体验感；在象征性方面，打赏有着明显的象征性功能，其所支付的金额所代表的不仅仅是交换价值，更有着包括欣赏、感谢和鼓励之情在内的象征价值，是所谓有礼之物；在互惠性方面，打赏行为也更接近于礼物，它不像市场交换行为（物的交换就意味着物的让渡），有礼之物的交换只是物的让渡，其所承载的礼仍在交往之中流通，有着明显的互惠性特征。基于此，我们认为网络打赏是用户为了表达对服务者所提供的文字、视频、表演等内容的欣赏、感谢和鼓励，而通过应用软件平台向服务者提供电子化货币并期望获得回馈的社交行为。

① 乔治·巴塔耶．耗费的观念［J］．汪民安，译．国外理论动态，2003（6）．

第七章 数字文化产业政策

不论是传统文化产业，还是数字文化产业，都具有十分强的社会外部性特征，相比其他产业而言，其市场机制配置资源的效率更低，因此几乎所有国家都会基于公共利益的考虑，对数字文化产业的发展采取一定程度的政府规制手段。就数字文化产业而言，其规制手段既涉及内容方面，以保证其具有正确的意识形态，又要考虑平台方面，为此欧盟、美国和中国都相继制定了平台反垄断的措施。接下来，本章主要描述数字内容的政策规制，以及数字平台的反垄断规制。

第一节 数字内容的政策规制：以英国的自律性监管机构为例

一、PCC：新闻自我监管的过去时

2014 年 9 月 8 日，英国的新闻投诉委员会（Press Complaints Commission，PCC）被新成立的独立新闻标准组织（Independent Press Standards Organisation，IPSO）所取代，新闻投诉委员会作为媒体独立监管机构完成了其 23 年的使命。从新闻投诉委员会成立以来的发展历程及效果来看，其成功的关键在于三点：一是出台了编辑行为准则，并得到行业的认可与执行，这对提升新闻业的道德水准功不可没；二是设立了务实高效的投诉程序，获得了社会的认可与支持，也为其赢得了良好的社会声誉；三是稳定的财务来源为机构的可持续发展提供了重要的保障。与此同时，新闻投诉委员会所取得的成就也是有目共睹的：一方面，它建立了“快速、免费、公正”的投诉

服务体系，每年受理成百上千的投诉，赢得了民众的信赖，也对新闻从业者有着教育与威慑作用；另一方面，它通过调解手段处理了很多棘手的案件，也获得不少来自政治界的赞同票。但是，正如时任英国首相卡梅伦（Cameron）所言："坦率地说，新闻投诉委员会失败了。对于窃听事件而言，老实说，新闻投诉委员会完全缺位。因此，我们可以下这样的结论，新闻投诉委员会是无效且缺乏严肃性的。"① 质言之，新闻投诉委员会在效率性方面存在重大缺失，除此之外，如果按照莱韦森（Leveson）报告所确立的标准，新闻投诉委员会缺乏独立性、权威性与效率性，以下择要分析。

首先，新闻投诉委员会效率性存在重大缺失，其典型表现就是英国卡梅伦所批评的，新闻投诉委员会在诸如窃听等重大事件中完全缺位，自然也就毫无效率可言。当然，如果就新闻投诉委员会自我定位——调解者（conciliator）而非监管者（regulator）而言，新闻投诉委员会是一个富有效率的行为主体，它不仅具有高效的投诉体系，而且其争议调解机制相较于法律体系要有效率得多。但是，一旦这个体系在处理诸如窃听事件等社会重大关切问题时未能及时到位，来自政治与社会的各种力量就会质疑其效率性。其实，纵观新闻投诉委员会设立以来所经历的各种风波，其原因大多源于其未能有效处理社会关注程度高的重大事件，如1997年的戴安娜王妃事件与2011年的窃听事件等。在这些重大事件中，新闻投诉委员竟然让那些劣迹斑斑、不负责任的"大鱼"漏网，这是社会所无法容忍的，自然也谈不上什么效率②。

其次，新闻投诉委员会的独立性也广受诟病，正如莱韦森的报告所言，无论是从形式意义还是实质意义而言，新闻投诉委员会在独立性方面存在先天不足③。概括而言，莱韦森认为，正如一个法官无法对涉及自身

---

① The Independent. PM signals end of Press Complaints Commission [EB/OL]. [2011-07-08]. http://www.independent.co.uk/news/media/press/pm-signals-end-of-press-complaints-commission-2309210.html; 58-60, lines 19-4, David Cameron MP, http://www.levesoninquiry.org.uk/wp-content/uploads/2012/06/Transcript-of-Afternoon-Hearing-14-June-2012.pdf.

② Third Witness Statement of Lord Black of Bentwood [EB/OL]. [2022-01-05]. http://www.levesoninquiry.org.uk/wp-content/uploads/2012/07/Submission-by-Lord-Hunt-of-Wirral.pdf.

③ Leveson Report, Part K, Chapter 4, Section 3. Independence from the industry [EB/OL]. [2022-04-07]. http://www.levesoninquiry.org.uk/.

的案件作出公正判决一样，新闻投诉委员会就如同审理自身案件的法官，自然无法做到独立性。这集中体现在新闻投诉委员会自身的组织框架上：其组织框架呈三足鼎立之势，即新闻投诉委员会、新闻标准财务委员会、编辑行为准则委员会相互独立，其中新闻投诉委员会有17位委员，这些委员中的公众代表达到10人，主席也是公众代表。在莱韦森看来，这种三足鼎立的机构设置模式使新闻投诉委员会看似完全独立，但是从实质意义上来讲，无论是在资金来源还是执行标准等方面都完全听命于商业力量，其独立性犹如镜花水月，了不可得。

最后，导致新闻投诉委员会寿终正寝的另外一个重要原因就是该机构缺乏权威性，这也是该机构的致命短板。正如一位批评人士所指出的，“新闻投诉委员会设立的目标是为我们提供一个看门狗，而实践证明它只是一个没有牙齿的宠物狗”。新闻投诉委员会一直将自身定位为调解者，因而缺乏监管者所必要的权威以及确立权威的必要手段。一方面，新闻投诉委员会所有决策只对会员有效，而诸如《卫报》等国际性大报并未与其签约，这大大影响了其权威性；另一方面，新闻投诉委员会所作出的各种裁决并不具备强制力，也没有可靠的手段（如罚款）来执行其决定，所以其就成了“没有牙齿的宠物狗”。

正是基于新闻投诉委员会上述种种弊端，英国朝野上下达成普遍共识，“是时候不再抱残守缺，我们需要一个新的看门狗”。也就是在此背景下，英国新闻界以壮士断腕的气概实现自我革命，宣布新闻投诉委员会已成为过去时，并成立新的机构试图实现自我救赎。

二、IPSO：新闻界的自我救赎

正如其前身新闻投诉委员会一样，独立新闻标准组织的设立是新闻业在社会压力下特别是在政治压力下的自我救赎。直至《特许状》通过的当天，英国新闻界都一直都在“像捍卫荣誉那样捍卫自律的权力”，力图阻止通过《特许状》从而避免以法定方式监督媒体。与此同时，他们向相关政治力量提供了详细的革新方案，并新设独立的新闻标准组织，以取代备受诟病的新闻投诉委员会。当然，随着《特许状》的颁行，新闻界有关避免以法定方式监督新闻的希望彻底落空。然而，他们在新设机构（独立新闻标准组织）中所作出的努力，全面回应了《特许状》以及莱韦森报告对自我监管机构的诉求，充分显现了新闻界自律的信心与决心。以下我们将依据新闻标准财务委员会主席布伦特伍德（Brentwood）向莱韦森所提供报告中设计的新组织构架图，结合新闻自我监督机构之核心标准予以分析。

作为英国新闻界的自我救赎行为，它比以往任何时候都坚决，不仅坚决与以往那个缺乏独立性的新闻投诉委员会决裂，而且坚决地向莱韦森报告以及《特许状》所设定的标准靠拢，这特别体现在对新机构的设置及其组成安排上（见图 7-1）①。

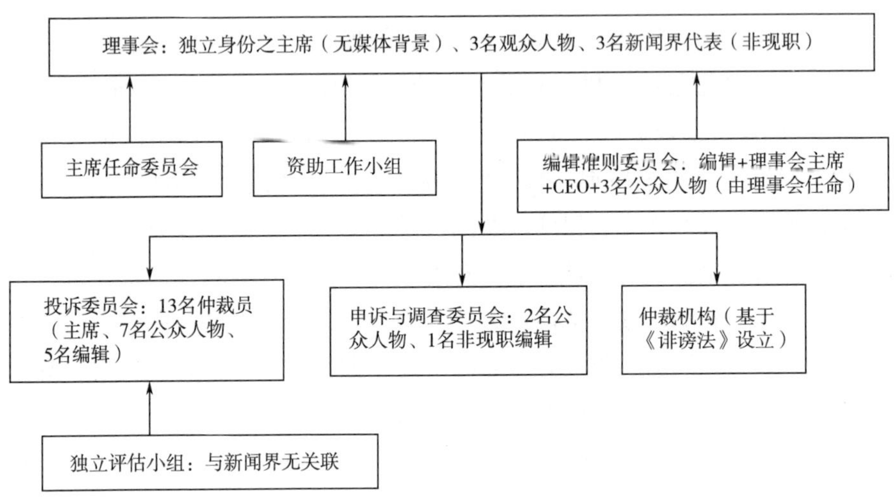

图 7-1　新闻标准组织之组织结构

众所周知，不论是新闻投诉委员会，还是新成立的独立新闻标准组织，其法律定位并无差异，都是依据英国《公司法》设立的社区利益公司（community interest company），即基于社会共同利益，按照“资产锁定、分红设限”原则设立、介于慈善组织和纯商业公司之间的公司。其中理事会是权力中心，而主席任命委员会、资助工作小组以及编辑准则委员会则是辅助理事会实现其职能的三个附属委员会，投诉委员会、申诉与调查委员会、仲裁机构则是理事会管辖下的具体执行部门；除此之外，还设立一个独立评估小组对投诉委员会的工作进行外部监督。以下结合这个结构就相

① Third Witness Statement of Lord Black of Brentwood [EB/OL]. [2022-07-02]. http://www.levesoninquiry.org.uk/wp-content/uploads/2012/07/Submission-by-Lord-Hunt-of-Wirral.pdf.

关标准展开分析。

首先，独立性的重构。从图 6-1 我们不难看出，新机构在重构独立性方面下了很大气力，也有了很大改观，概括起来主要体现在如下四个方面。其一，重建理事会的权力中心地位及其独立性。我们知道，新闻投诉委员会的机构设置呈三足鼎立之势，新闻投诉委员会、新闻标准财务委员会、编辑行为准则委员会相互独立，但是由于缺乏权力中心，新闻投诉委员会不论是资金来源还是执行标准等都受制于人，所以很难保证其独立性。新设立的机构则按照《公司法》重塑理事会，将理事会打造成独立的法人主体以及权力中心，打破了三足鼎立的格局，并将原来的财务委员会与编辑行为准则委员会调整为理事会的下属委员会，以实现其辅助功能。其二，调整各机构人员构成，增加社会公众人士的占比，以保障其独立性。从新设机构各委员会的人员构成来看，社会公众所占的比重均达到半数以上，且各个委员会的主席均由公众人士担任。以理事会为例，7 名理事中有 3 位来自非现职的媒体界代表，3 位为社会公众人士，主席则必须由社会公众人士担任。其三，增加独立评估小组，实施外部监督，以提升其独立性。独立小组由理事会按照独立程序任命，其人员完全独立于新闻界，其职能是审查投诉委员会所处理案件并提出独立意见，从而实施对投诉委员会的外部监督。其四，设立类似“影子理事会”的主席任命委员会，专门负责理事会的人员选聘，以保障程序的公平与独立性。其具体做法是，由前新闻投诉委员会主席任命 3 名社会公众人物、3 名新闻界人士组成该“影子理事会”，负责主席任命等事务，“影子理事会”成员不能在理事会任职，一旦理事会成立，其任务即告一段落。

其次，权威性的重构。新闻界人士深知，新闻投诉委员会只是“没有牙齿的宠物狗”，其原因在于缺乏必要的手段以树立权威，因此，新机构必须借助法律等手段重建权威，其主要手段如下。一是以《合同法》为法律基础，通过新机构与会员之间签订的合同赋予监管者以必要的权威性。双方签订的合同必须就如下事项作出明确约定：签约媒体必须遵守编辑准则、配合有关新闻标准的调查；必须遵守监管者的决定；必须缴纳会费；等等。质言之，通过《合同法》赋予监管机构在相关事项上的法律支撑，以保障其权威性。二是赋予监管者一定的处罚权力，从非正式的调解到公开道歉，直至通过仲裁方式作出包括罚款等在内的处罚决定。特别需要指出的是，新机构充分考虑了莱韦森报告中的建议，明确指出理事会对于某些系统性破坏新闻标准的行为有罚款的权力，其最高额度可达 100 万英镑。三是依照《诽谤法》设立仲裁机制，赋予新机构准司法权力，以增强其权威性。

最后，效率性的重构。如前所述，人们对于新闻投诉委员会效率性的批判主要在于，它既不能采取有效方式预防破坏新闻标准事件的发生，也不能对那些已经发生的重大事件实施有效处罚。对于后者，我们在权威性的重构中已有表述，这里就不再赘述。这里要分析的是两种预防性质的措施。一是新机构将督促各个新闻机构设立内部投诉系统，并由一名高级管理者专门负责此项事务，以加强新闻界的自律性。这名专责高级管理者，类似于我国新闻机构所设置的总编，或者西方政治系统的申诉专员（ombudsman），其任务是对新闻合规性进行自我审查，从而减少违规现象。二是改变“先投诉再审查”的传统程序，赋予新机构以事前审查的权限，即当监管机构认为某个媒体有潜在的、严重违反标准的倾向时，可以主动出击展开调查，这样能够避免类似窃听丑闻这样的事件持续发酵以致失控。

综上所述，作为新闻界的自我救赎行为，独立新闻标准组织的各种变革无不参考莱韦森报告及《特许令》所设定的标准，特别是其在独立性、权威性以及效率性等方面的重构，使之无限接近新闻认证委员会所设定的认证标准，成为《特许令》治下最合格的独立监管者。其实，自 2015 年开始，IPSO 就开始正式运行。以下，我们根据其历年报告和独立审查报告，就其实施与效果展开分析。

三、IPSO 的实施与效果

2014 年 9 月 8 日，独立新闻标准组织设立理事会与投诉委员会，作为一个独立、有效的监管机构开始正式运营。2015 年，该机构是英国唯一的新闻监管机构，致力于支持那些被媒体不公正对待的人，同时维持最高的新闻标准。当年 IPSO 监管了 85 家出版商，覆盖了 1 503 家印刷和 1 165 份在线出版物，其中包括发行量超过 90% 的全球性报纸，如《太阳报》《每日邮报》《每日电讯报》《镜报》等，甚至监管着苏格兰、威尔士和北爱尔兰的绝大多数报纸。普林（Pilling）在独立审查报告中从机构、独立性、投诉以及标准化等方面对 IPSO 进行了独立调查，其结论是肯定的："所有这些成绩以及所有参与方对 IPSO 的承诺都是其成就的重要基础。我们这里的建议并不是为了拯救一个失败的组织，而是为了帮助建立一个新的监管机构，它展示了早期的成就、希望和承诺，发展成一个值得信赖的、有经验的监管机构。"① 以下我们结合其 2020 年年报内容对 IPSO 的实施及其效果进行描述。

（一）投诉情况

显而易见，处理投诉是 IPSO 的核心工作，IPSO 现有一个规模精干的投诉专员小组（包括五名投诉专员和两名投诉联合负责人），并按照标准流程处理各种投诉。这个标准流程主要分为六个步骤：一是初步评估，如果投诉超出 IPSO 的受理范围则不予受理；二是提交，符合投诉范围的投诉将在 28 天内被提交给监管实体解决；三是调查和调解，如果受监管实体无法与申诉人达成和解，IPSO 将调查投诉并试图进行调解；四是投诉委员会审议，所有未经调解的投诉，均由全体投诉委员会审议；五是决议，委员会可以要求受监管机构公开更正和裁决决定，但是不能对受监管机构进行罚款或要求道歉；六是审查，任何一方都可要求审查该程序，只要程序存在重大错误，就可以要求复审。2020 年 IPSO 共接收 30 126 笔投诉或咨询，对其中 29 377 笔不予受理，受理 476 笔投诉，其中 204 笔投诉通过协商在出版商和投诉人之间解决，95 笔投诉不予支持，77 笔投诉获得支持，66 笔投诉通过 IPSO 调解而获得解决，54 笔投诉在 IPSO 调查期间不再继续。

（二）仲裁情况

仲裁其实是改变 IPSO 无约束力的根本方法，即将其从"没有牙齿的宠物狗"转换为"武装到牙齿的看门狗"。我们知道，在新闻投诉委员会（PCC）时期，被监管机构与监控机构之间是没有约束力的合同关系，所以 PCC 不得对受监控机构课以罚款，即便开出罚款也没有法律约束力。到了 IPSO 时期，所有受监管机构必须与监管机构签署合同关系，然后依照《诽谤法》设立仲裁机制，此举赋予新机构以准司法权力，从而增强了其权威性。IPSO 于 2018 年启动自愿仲裁计划，这就意味着所有个体都可以

① Sir Joseph Pilling. External Review of IPSO' s Independence and Effectiveness [EB/OL]. [2022-05-08]. https://www.ipso.co.uk/media/1325/ipso_review.pdf.

通过仲裁计划对 IPSO 监管的报纸进行索赔，这给双方提供一种高效、快捷和低成本的争议解决方式。据年报显示，2020 年共有 9 例仲裁案件，实际完成相关仲裁案 4 例，其中 2 例在仲裁过程中得以解决，1 例撤诉，实际进入仲裁的只有 1 例。

（三）编辑标准

其实自 PCC 开始，编辑行为准则就是其工作的基石，它涉及个人隐私、骚扰、儿童保障、新闻的准确性等，是编辑行为也是投诉行为的基本依据。特别是自 1995 年起，各报社将编辑行为准则列入记者的聘用合同，违反者将被处分，甚至开除。IPSO 严格遵循相关行为准则，并随着数字化时代作出相关调整，特别是 2020 年该规则在新冠疫情等内容的报道方面有所调整，参见表 7 1。

表 7-1　编辑标准的最新调整

主题	新出现问题	目标对策
新冠报道	公布有关新冠病例来源的不准确信息； 对违反社交距离的不准确报道； 关于遵守旅行限制的不准确报道； 作为可能潜在导致新冠疫情暴发原因时关注个人隐私的投诉	委托新冠疫情报道以调查人们对大流行的应对； 在 IPSO 网站、社交媒体渠道以及时事通信等公布 IPSO 关于新冠疫情报道的所有规定和决议的案例研究
法院报道	公布在法庭所听到的信息，可能违反编辑准则； 公布混合国家公诉与私人起诉相关的信息	为编辑和记者提供关于法庭报道的 IPSO 指导
伤痛重侵（intrusion into grief）	公布致命事件的录像片段； 发布可能引发个体重侵伤痛或令人震惊的图片和信息	培训记者如何报道死亡信息； 及时向公众更新有关死亡及其调查的预期信息
隐私来源	公布被记者承诺予以匿名的被访者身份； 在雇主联系报纸并要求匿名后，报纸仍然泄露了他们的身份	这种性质的投诉会被密切监测，以寻找相关证据

资料来源：IPSO Annual Report，2020.

四、小结

正如笔者在几年前所预测的那样，IPSO 取代了 PCC，成为独立的新闻监督机构。虽然有关独立性的报告给予其相当高的评价，但是我们可以想象其命运可能与其前任一样，不受政治和政府的青睐，甚至有时候其所获得的社会信任程度都不会太高。但是，历史已经证明并将继续证明它不失为新闻独立监管的一种“次优选择”，实际上这个世界上本来就没有所谓最优方案。正如时任英国首相卡梅伦所言，“仅仅依靠 PCC 这样的组织来实现媒体自我监管是不太现实的，现在需要一个全新的机制，这个机制必须真正独立，即独立于传媒，也独立于政府”。IPSO 及其所代表的独立性，似乎符合这个方案的基本精神，但这个独立性的关键仍然是媒体自制，就此而言，PCC 与 IPSO 并无多少差别。

第二节　数字平台的政策规制

众所周知，以 5G 通信技术、人工智能、物联网、云计算等为代表的新一代技术是工业革命以来人类历史上最具革命性的技术变革，它将极大改变人类的生产与生活方式，文化产业的生产方式与商业模式也将由此发生革命性变化，数字文化产业正在并将最终演变为文化产业的主导行业。国内首份权威数字文化产业报告——《中国数字文化产业发展趋势研究报告》称，我国文化产业在 2004—2017 年的增速达 GDP 增速的两倍。其中，2017 年数字文化产业增加值约为 1.03 万～1.19 万亿元，总产值约为 2.85 万～3.26 万亿元，占全行业增加值的比重已经接近 1/3，可见文化产业已经进入数字化发展的新时代。也正是在此背景下，中央高度重视数字文化产业的发展，将其列为战略性新兴产业，并出台一系列政策旨在推动数字文化产业创新和高质量发展。这些政策文件都无一例外地关注到数字文化产业不仅仅是一种新的产业形态，更是一种新的文化生态，需要启动新一轮的体制机制改革和创新，以构建一个完善的数字创意生态体系。这在国务院所印发的通知中有着明确表述：“推进数字创意生态体系建设。建立涵盖法律法规、行政手段、技术标准的数字创意知识产权保护体系，加大打击数字创意领域盗版侵权行为力度，保障权利人合法权益。积极研究解决虚拟现实、网络游戏等推广应用中存在的风险问题，切实保护用户生理和心理健康。改善数字创意相关行业管理规制，进一步放宽准入条件，简化审批程序，加强事中事后监管，促进融合发展。”这一政策表述概括了数字创意生态体系的几个关键行动者——创意者（或知识产权提供者）、消费者和企业的核心利益及其政策诉求，这些显然也是现阶段我国发展数字创意产业、构建完善的文化生态治理体系的关键任务。在此背景下，笔者认为数字创意产业正在经历重要的范式变革，即从传统的资源观转向数字语境下的生态观，它本质上是多元行动者构建的相互融合、相互促进、共创共赢的生态体系，其生态治理呈现可信、可竞争、有效、向善等新特征。为此，相关决策部门要远离认知误区，科学施策，营造良好产业生态，推动产业健康有序发展。

一、数字创意产业的范式变革：从资源观到生态观

众所周知，从学科规范的角度而言，作为战略性行业的数字创意产业，其实很难称得上库恩所谓的“常规科学”：“坚实地建立在一种或多种过去科学成就基础上的研究，这些科学成就为某个科学共同体在一段时间内公认为是进一步实践的基础。”① 就我国而言，关于文化产业概念即便在政府层面也还不统一，如北京、上海等地方政府就采用创意产业（或文化创意产业）等概念。以至于国家统计局还专门发文，要求各地统一文化产业的用法，以维护官方概念的权威性。就此而言，数字创意产业的提法其实是一种概念创新，其目的是适应实践创新，去包容文化与经济发展中所出现的新业态与新模式。当然，对于学术研究而言，这就需要相应的范式革新，毕竟传统的经济学或者文化产业范式已经很难给予科学的解释。对此，西方学者普拉特（Pratt）有着精炼的概括，“实证和规范经济学所预设的对象和程序，对于创意经济而言，要么已经消逝，要么正在减少或转变”。例如，“企业”不再是传统边界清晰的组织，而演变为“系列项目的组织者”，流动性与不确定性成为“企业”的基因；就业也不再是工业化

① 库恩．科学革命的结构［M］．金吾伦，胡新和，译．北京；北京大学出版社，2003：10.

企业的长期雇佣关系，而是临时性的自我雇佣；创意产业的需求原本就是非实体性的精神需求，供需平衡的观点就面临挑战；等等①。因此，本书觉得有必要先辨析一下：文化产业、创意产业、数字创意产业概念有什么区别？它们作为实践性概念到底对应什么样的革命性创新？又需要我们做何种学科层面的范式革命。

陶斯对于文化产业与创意产业概念的差异有着清晰地辨别："如今人们认为，这个'部门'是 21 世纪的经济引擎，它依靠受版权保护的创意来实现增长（UNCTAD，2008）。这个转变将那些以前所谓'文化产业'的行业与艺术结合起来，并统称为'创意产业'"②。质言之，创意产业作为范式，是对 21 世纪所崛起的、作为经济引擎的新行业的冠名，它在范围层面是传统意义上的文化产业与艺术的相加，在范式层面是基于创意核心资源的产业新模式。就此而言，创意产业从概念层面来说也是一种学术层面的新范式。其实，我们如今所使用的文化产业（或者文化工业）始于文化批评理论，后来被很多国家与国际组织所采用，其所描述的对象是大众媒介背景下，文化内容通过媒介被批量生产和分销的经济活动的集合。两相比较，我们不难发现，文化产业与创意产业之间的区别其实不是范围的差别，而是范式的区别：前者强调媒介语境中的规模化生产，后者强调创意资源基础上的融合性创造。就此而言，我们大概可将创意产业范式概括为一种基于创意核心资源的资源配置与平衡模式，特别是创意与非创意性资源之间的权衡。毕竟，经济学本质上就是资源配置的学问，只不过传统经济学的旨趣是资源稀缺背景下的优化配置问题，而创意经济的核心资源在于创意。其实，创意作为一种知识资本并不存在稀缺性问题，其关键要素是要做好激励与平衡问题，以便在释放主体积极性的同时，促进其商业的变现。

数字文化创意产业作为一个新兴现象，不论是在政策层面还是在学术层面，截至目前很难有一个规范的界定，国内比较权威的界定来自文旅部和发改委。这两种政策性界定所强调的重点都是新一轮数字技术革命所造成的创新性影响，除此之外则着墨不多。如果回到熊彼特意义上的创新，我们倒是

① Pratt A C. A research agenda for cultural economics [J]. Journal of Cultural Economics，2020，44（1）：185-187.

② Ruth Towse. Creativity，Copyright and the Creative Industries Paradigm [J]. KYKLOS，2010，63（3）：461-478.

可以比较完整地总结数字创意产业作为新范式的创新之处，而这恐怕也是我们把握这种新范式的不二门径。就此而言，相关学术领域也并非毫无建树，尤其是有关社会网络市场范畴的研究可以作为我们分析的起点。

澳大利亚学者波兹（Potts）、康宁汉（Cunningham）、哈特利（Hartley）和奥美罗德（Ormerod）等认为，传统的用于描述制造业的产业概念其实很难描述创意产业，因为创意产业本质上是服务产业，并且它具有很强的非市场性特征——“其重要目的是观察与呈现世界的新方式”。既然传统的方法已经无济于事，作为演化经济学家的波兹自然就想到演化经济学的溯因法，即从新的现象出发，试图运用新的概念框架观察和解释该现象，从而对该事物作出新的解释，并有可能形成科学假说[①]。“社会网络市场”显然就是这种方法应用的直接成果。这个概念当然称得上是新假说，却并非毫无出处，经济社会学家怀特就是其创造者，他的两篇代表作《市场从哪里来》[②] 和《市场来自网络：生产的社会经济学模式》[③] 就是这个概念的源头。在怀特看来，市场并非只是原子化、均质性竞争者的排列组合，而是竞争者在相互关联的社会网络中形成的结构性关系。基于怀特的结构主义市场观念，波兹进一步认为，在互联网时代，创意产业不再是一个行业，而是“由社会网络所自然形成的市场”，其界定是“在生产和消费的社交网络中，以创新观念取用为特征的系列组织”[④]。这个概念本身并无特异之处，倒是界定这个概念的方法所蕴含的范式革新值得关注。在笔者看来，这意味着对创意产业的界定从传统的资源观转向了新兴的生态观，对此，哈特利也有类似的看法：“考虑到创意产业理念的迅速传播，以及数字和社交媒体在同样快速全球化的市场上的快速增长，是时候考虑‘财产’方法是否仍然足以解释和组织复杂社会的创意”[⑤]。如果从生态视角给

---

① Potts, Jason. Evolutionary Institutional Economics [J]. Journal of Economic Issues (Association for Evolutionary Economics). 2007, 41 (2): 341-350.

② White, Harrison. Where do Markets Come from [J]. The American Journal of Sociology, 1981, 87 (3): 517-547.

③ White, Harrison. Market from Networks: Socioeconomic Models of Produ [M]. New Jersey Princeton University Press, 1981.

④ Jason Potts, Stuart Cunningham, John Hartley, Paul Ormerod. Social network markets: a new definition of the creative industries [J]. Journal of Cultural Economics, 2008, 32 (3): 167-185.

⑤ John Hartley, Wen Wen, Henry Siling Li. Creative Economy and Culture: Challenges, Changes and Futures for Creative Industries [M]. Los Angeles: Sage Publications, 2015: 34.

出一个工作性定义，那么数字创意产业可以被界定为在现代数字技术语境下，以创意生成、商业变现与社会交往为目标，由创意者、企业、社会、政府等多元行动者构建的相互融合、相互促进、共创共赢的可持续性社会网络。

二、数字创意产业生态及其治理体系①

（一）数字创意产业生态特征

生态系统（ecosystem）原本是自然科学的概念，是指生物与环境在一定空间中形成的整体，其中生物与环境相互影响与制约，并在一定时间内处于动态平衡状态。后来，这个概念向社会科学领域渗透，并陆续产生了城市生态学、社会生态学、网络生态学等学术领域，特别是 21 世纪以来，经济学领域的生态学研究蔚然成风，主要涉及产业生态、商业生态、平台生态和多元行动者网络等主题。根据已有研究来看，生态系统主要特征可以概括为三点：一是生态系统是有机的，这就意味着各个参与者的理性决策可能会产生意想不到的结果，并且参与者之间既有协作也有冲突；二是生态系统的边界是模糊的，它不受国家、集群的地域性或者合同关系的制度性因素的限制，甚至就连参与者主体是商业还是非商业这样的属性都很难以得到辨认；三是生态系统是动态演变的，但是在特定时空范围当中的这种动态演变又是有规律或模式可循的②。如果按照这样的生态系统观念，我们大致可以辨析出数字创意产业生态系统与传统文化产业概念存在明显差异的三大特征：其一，传统企业主导的市场主体观念被行动者网络概念所替代，个体的、企业的、政府的、社会的力量都是行动者，它们相互依存、相互影响，构成相互协调的行动者网络；其二，传统市场经济产权理论所强调的边界扩张至类似生态圈的无界状态，不仅企业（或平台）的边界不断扩张，而且市场与社会界限也逐步消失，甚至在平台生态圈之中出现了大量市场与非市场的模糊地带；其三，传统意义上作为资源创意者的身份逐渐模糊，创意者作为生产者的角色和用户的角色不断弥合，大量所

① John Hartley, Wen Wen, Henry Siling Li. Creative Economy and Culture: Challenges, Changes and Futures for Creative Industries [M]. Los Angeles: Sage Publication, 2015.

② Masaharu Tsujimoto, Yuya Kajikawa, Junichi Tomita, Yoichi Matsumoto. A Review of the Ecosystem Concept- towards Coherent Ecosystem Design [J]. Technological Forecasting & social change, 2018, 136: 49-58.

谓“产用者（produser）”① 得以涌现，或者说，这些“创意公民”取代了企业家或企业，成为生态可持续发展的核心驱动力。

（二）数字创意产业生态治理体系

本部分的核心任务不是描述创意产业的生态系统，而是要探索这个生态系统的治理体系，即我们能否从实践观察和理论分析的层面揭示其运行的基本规律和特征。以下我们将尝试结合本书所界定的数字创意产业生态的概念、特征和我国数字创意产业的实践（特别是平台生态的生动实践），来描述数字创意产业生态治理的若干基本规则。

首先，数字创意生态体系不再是传统企业所主导的线性体系，而是由多元、平等行动者构成的互动网络体系。这就意味着所有参与者可以自由、平等地参与生态，各方责权对等、共创共赢，特别是在互联网平台生态语境下，这种生态体系必须是可信、可竞争的。被称为“互联网保护神”的莱斯格认为：“第一代网络架构已经为非商业机构所创设——科研人员和黑客创设了网络空间；第二代网络架构已经为商业机构所创设；而尚未问世的第三代网络架构，将由政府来创设。”② 在他的视野当中，第一代互联网的核心特征是自由，第三代互联网的核心特征是可规制，但莱斯格对由商业机构所创设的第二代网络构架的特征则语焉不详。不过比起第一阶段匿名身份前提下的自由而言，第二阶段的身份则是实名化，每个网络参与者的三类信息都是透明的：“谁”，主要包括身份认证信息；“在哪里”，主要包括网络与物理地址信息；“做什么”，主要包括网络行为信息；等等。这就意味着网络是可信的。在笔者看来，这也是数字时代数字创意生态的重要基础，即所有参与者的身份是可信的，这是通过代码技术和网络跟踪技术实现的。当然对于数字创意产业而言，这种可信性当然还应该包括其所提供产品的可信性，即这些产品的版权具有可追溯性和可验证性，不能让网络成为盗版的温床，其实如今兴起的区块链技术正在使之成为现实。

如果可信性是数字创意生态体系形成的基石，那么可竞争性则是其健康运行的重要保障，否则参与者无法充分展开竞争，甚至都无法自由进入，也

---

① Axel Bruns. Produsage：Towards a Broader Framework for User-Led Content Creation [J]. Knowledge Management，2007，6（8）：99-106.

② 莱斯格．代码 2.0：网络空间中的法律 [M]．李旭，沈伟伟，译．北京：清华大学出版社，2009：24.

就谈不上什么生态。可竞争这个概念源于鲍莫尔（Baumol）在美国经济学会年会主席演讲——“可竞争市场：产业结构理论的一次革命”。在这次演讲中，他和潘扎尔（Panzar）、威利格（Willig）突破传统经济学的“马歇尔冲突”——规模经济与完全竞争相互矛盾，即规模经济带来市场集中度和效率提升，而市场集中度提升又可能导致垄断，从而扼杀竞争。他们创造性地认为，规模经济与竞争之间并非天然对立，只要保持充分的市场进入自由且进入成本不高，那么即便是在垄断性市场结构中，潜在进入者也会对现有厂商的行为施加很强的约束力，使其向消费者提供与竞争并无区别的好处①。可见，竞争理论对于我们理解数字创意平台语境下的生态体系有着十分重要的理论价值，这意味着所谓的平台生态体系并不天然地反对垄断，而是强调垄断下的自由进入与充分竞争。平台生态中的所有行动者都有自由进入的权利，平台对任何参与者，无论是作为个体的创意者，还是作为企业的创意者，都保持高度的开放度与充分的竞争性，不能实施反垄断法所禁止的进入限制行为，如“拒绝与交易相对人进行交易”“在交易时附加其他不合理的交易条件”等。当然，这里我们还需要适当拓宽可竞争市场概念，将其延伸至具有公共属性的社交平台之上，它们要承担公共承运人的角色，秉持中立性原则，既不能设置不正当条件限制用户的进入，也不能为用户提供歧视性服务。

其次，数字化创新所催生的数字创意产业生态，是一种数字技术赋能的高效体系，它不仅赋能创意者，最大限度地激发并提升其创造力，而且赋能平台，使之更加高效地实现资源的聚合、配置以及货币变现②。澳大利亚数字媒体学者布伦斯注意到，在数字语境中，人类生产方式已发生了变化，在这种模式中，理念的生产处于一种协同的、参与式环境之中，其中生产者与消费者之间已无边界。与此同时，这种环境让所有的参与者既是信息与知识的用户，也是其生产者——他们常常内在、不可分地实现角色融合，此时使用本身就具有生产性，而参与者就是产用者（produsers）③。这

---

① William J. Baumol. Contestable Markets：An Uprising in the Theory of Industry Structure［J］. The American Economic Review，1982，72（1）：1-15.

② 谢卫红，林培望，李忠顺，等．数字化创新：内涵特征、价值创造与展望［J］. 外国经济与管理，2020（9）：19-31.

③ Axel Bruns. Produsage：Towards a Broader Framework for User-Led Content Creation［J］. Knowledge Management，2007 6（8）：99-106.

种身份模糊的创意者在数字技术赋能的前提下，已经成为数字创意产业的重要新生力量：“我国收入最高的作家是网络文学作家，影响最大的漫画出自网络漫画家之手，一些优秀的网络视频从业者开始制作大电影并获得票房成功，甚至直播、网红等 UGC 商业模式都开始反向输出到美国。”[①] 这种情形让我们能够充分理解为什么《时代》周刊将 2006 年度人物颁给“你”，因为每一个“你”，在数字技术的赋能之下都可以成为一个创意者，成为这个行业源源不断的创新之源。互联网天然就是一个内容资源聚合的平台，它不仅以社交媒体平台的身份聚合无数“无名”创意者的内容资源，而且以商业服务平台的身份汇聚海量具有版权的资源，而这是传统方式所无法比拟的。

以腾讯音乐为例，其所掌握的各类音乐版权数量达 2 000 万首，反观传统音乐巨头（如索尼）所掌握的版权数量也只有 200 万首，可见数字技术使数字音乐产业拥有了传统音乐产业无法企及的商业基础设施。更为重要的是，互联网平台让数字内容有了更大的传播广度和更快的传播速度，不仅能够满足多元的消费需求，而且能够让内容多渠道、多样态地传播与开发，并最终通过商业模式创新实现资源最大限度的价值变现。同样以腾讯音乐为例，其所拥有海量版权的流媒体服务——在这个数字音乐平台，主流的业务收入仅占其总收入的 28%，更多的收入来自社交音乐服务，特别是直播业务，这种模式通过共享版权不仅能够节省成本，而且能通过差异化服务提供新的营利点。例如，腾讯音乐旗下的明星产品酷狗直播，2018 年该平台有超过 50 万主播歌手在线直播，全年直播超 6 000 万小时，主播唱歌超 9 000 万次，主播歌曲全年播放量超 200 亿次，全年高清演出直播超 1 000 场，覆盖过亿用户，全年收入据估计超过 10 亿美元[②]。质言之，数字技术同样可以赋能平台，使其整合海量内容资源，并通过多渠道传播和多元开发实现商业模式创新，从而充分实现内容资源的商业变现。

最后，数字创意产业生态作为生态体系具有自组织特征，相关行动者

---

① 黄斌，卓杰．不仅仅是创意：从 UGC 爆发到创意者经济［Z］．腾云（内部资料），2017（58）：20-23.

② 腾讯音乐年报并没有提供酷狗直播的具体收入数据，相关数据由自媒体平台今日网红根据其服务播客数据整理得出，特此说明。参见腾讯音乐赚钱真相：你以为它是做音乐的，实际它是一家直播公司［EB/OL］．［2022-07-05］．https：//36kr.com/user/1079400627.

无法依靠外来指令（如行政命令）行动，而是按照相互默契的某种规则，各尽其责而又相互协作地形成有序结构。有学者明确指出："在快速变化的数字生态系统中，面对高度的不确定性，人们可能会认为，没有任何干预或者宽松的方法具有优越性。其他分析人士认为，政策干预不太可能发挥作用，因为变化的速度很快。"[①] 这就意味着，行动者的行为既是自利的、竞争的，又是向善的、协作的，因此，数字创意产业生态必须是一个向善的体系。这种向善的体系主要包括科技向善和契约向善。科技向善是指数字技术特别是人工智能、大数据、算法技术要与人为善，如技术协议不能过多索取用户隐私，不能利用人性的弱点过度索取商业利益；契约向善是指平台与创意者所签订的使用或合作协议必须与人为善，不能利用平台的优势地位侵占创意者的权利，相关契约要体现合作共赢的宗旨。其实，Facebook 的创始人扎克伯格对此就有着清晰的认知，"他保持着将 Facebook 打造成一个对互联网和社会都是良性动力的深切愿望。'你必须得善良，才能得到人们的信任。'他说，'在过去，人们从来不指望商业公司能够善良，我认为现在这种观念正在改变'"[②]。扎克伯格关于 Facebook 的"善良"愿景就是社交媒体在"链接"方面的公共价值："让人们有能力建立社区，使世界更紧密地联系起来。"但是，作为营利性企业，这些公司又不得不面临道德哲学问题，因而如何均衡商业价值与公共价值无疑是这些企业需要解决的最为重要的问题。就此而言，平台公司在处理用户、创意者关系时就应该秉持与人为善的理念，用户和创意者不应该是被剥削的对象，而应该是与之相互协作的伙伴。为此平台公司在制定技术代码或法律契约时要努力"向善"，激发各方行动者的积极性，呵护生态的自组织功能，构建数字创意产业生态的有序结构。

综上所述，如果从生态治理的角度来看，数字创意产业生态是一个由多元行动者互动参与而形成的具有可信（包括可竞争）、高效与向善特征的自组织体系。其中，可信（可竞争）是基础，只有多元行动者能够自由进入生态系统，在可竞争的环境中平等协作、充分竞争，生态系统才能保持持续的活力；高效是保障，只有充分借助数字化创新的效率优势，充分

---

① Robin Mansell. The public' s interest in intermediaries [J]. Info, 2015, 17 (6): 8-18.

② 柯克帕特里克 . facebook 效应［M］. 沈路，梁军，崔筝，等译 . 北京：华文出版社，2010：272.

赋能各方行动者，并通过商业模式创新，提升资源配置与货币化水平，生态系统才会有足够的竞争力；向善是趋势，随着数字创意产业平台化发展，生产与消费、企业（产业）与社会的边界越来越模糊甚至消失，平台企业要应势趋善，要主动承担更多的公共职责，这样生态系统才能行稳致远。

三、数字创意产业生态治理的认知困境与政策建议

（一）生态治理政策的认知困境

著名经济学家陈清泰对我国的产业政策有着十分深刻的反思：“中国产业政策执行了20多年，总体上看，在我国经济发展追赶的前期，产业政策的实施有得有失，得大于失。在经济发展追赶的中后期，产业政策的实施有失有得，失大于得。”[①] 其实，我国文化领域的政策也都没有脱离这种窘境，特别是在新兴的数字创意产业领域，基本上采用的是选择性产业政策，即由政府相关部门选择关键性技术、行业或企业然后给予资金或政策方面的支持。对此，哈特利的认知颇为中肯：“在这种情况下，我们要处理的是复杂系统，在行业规模内相互作用和转变，致力于促进创意和创新的政策设置，如果不考虑富有反思性与生产力的创意群体——他们不断制造社群（自我生成），参与（经常是破坏性的）互动，创造可能更广泛‘用途’的创意和知识——就没有多大价值。因此，政策需要从‘机械’方法（专业实验室的工程创新）转向‘概率’方法（全部人口范围的随机变化，并通过跨群和知识领域的制度化‘搜索’功能加速），整个经济和文化中的每个人都是参与者，是系统整体生产力的一部分。政策设置需要从中央控制、‘挑选赢家’和对企业的大量投资，转向分布式控制（自组织系统）、尝试、容错和试验，以及对人口的投资（教育、连接、培育协会）。”[②] 就此而言，我们要根据数字创意产业的生态特征，充分认识现有产业政策制定存在的认知困境。

第一，数字创意产业作为新兴产业，其关键技术与领军企业是政策关切点。例如，文化和旅游部出台的相关政策就明确指出，“培育若干社会效益

① 陈清泰．新时期应把竞争政策提到基础地位［N］．经济参考报，2016-11-28.

② John Hartley，Wen Wen，Henry Siling Li. Creative Economy and Culture：Challenges，Changes and Futures for Creative Industries［M］. Los Angeles：Sage Publications，2015：212.

和经济效益突出、具有较强创新能力和核心竞争力的数字文化领军企业……动漫、游戏、网络文化、数字文化装备、数字艺术展示等重点领域实力明显增强”。这就意味着，国家要在数字创意产业发展过程中人为选择关键技术、领域和企业。但实际的情形是，所有这些都是由市场自发形成的，人为选择无法替代市场，甚至会干扰市场机制，常常会适得其反。

第二，数字创意产业作为幼稚产业，外部规制能够规范市场秩序。作为一个处于快速成长期的产业，数字创意产业的发展似乎有些野蛮、无序，常常伴随着过度投资与无序竞争等“不良”现象。对此管理者常常认为，可以通过供给侧改革或者其他类似的行政措施规范市场秩序。但是，数字创意产业作为生态体系，其本质是因自组织而“涌现”的现象，它会逐渐从无序走向有序，从低级走向高级。外部强行的规制无法取代其自组织功能，甚至会扭曲生态的规则，影响生态体系的自组织演化。

第三，数字创意产业呈现平台化态势，防止垄断能够优化平台生态。在数字技术条件下，数字创意产业的发展愈来愈呈现平台化态势，占据优势地位的平台往往又在各自的领域中处于垄断地位，如腾讯在音乐、文学等行业占据绝对的市场份额，存在实质意义上的市场垄断。于是监管当局理所当然地认为，根据现行反垄断法的相关规定，防止垄断就能优化行业生态与效率。但是，在数字经济语境下，平台垄断是发挥数字技术所带来的网络与规模经济优势的重要途径，且平台垄断并不必然抑制竞争。借用可竞争理论的说法，数字创意生态体系并不天然地反对平台垄断，而是强调平台垄断下的自由进入与充分竞争。

第四，没有数字经济统计数据支撑，也能按照传统思路制定政策。现有文化产业 GDP 所反映的是行业的经济增加值，它是以产品或服务的价值为基础的，但是，现有大量数字产品和服务要么免费，要么通过广告、交叉补贴甚至是数据资产等“多边市场”呈现出来，而这些价值都无法在经济增加值中得到体现。例如，按照现行统计制度，美国的音乐市场规模已从 1999 年的 209 亿美元下降到了 2016 年的 76 亿美元①，但是实际的情形是，人们通过各大数字音乐平台欣赏了更多的音乐，而这些音乐平台也通

---

① 施凤丹，马源．加快构建工业经济向数字经济过渡的统计制度体系［N］. 中国经济时报，2019-11-08.

过广告等延伸服务创造了更多的价值，而这些都无法反映在统计数据当中。在我国，国务院发展研究中心发布的《数字文化产业发展趋势研究报告》也关注到了其中的“漏统”现象，这在某种程度上意味着现有的产业政策其实缺乏必要的数据支撑，亟待引起有关决策部门的高度重视。

（二）生态治理的政策建议

第一，加强制度建设，夯实可信体系。正如莱斯格所言，如今由商业机构所创设的第二代网络构架的核心特征是可信性。对于数字创意产业而言，这种可信性既包括所有行动者身份的可信性，也包括产品与服务的可信性，这是数字创意产业生态体系的重要制度基础。为此，相关部门要围绕市场主体、版权等重点对象完善制度、标准，确保可信身份，引导可信行为，从而构建一个健康有序、善意可信的网络空间。

第二，坚持审慎监管，建构可竞争市场。根据可竞争理论，垄断并非天然与竞争对立，只要市场进入自由且进入成本不高，那么这个市场就是可竞争的，垄断企业的行为也会因潜在进入者的存在而受到约束，其市场效率与竞争性市场并无二致。这就意味着，相关行政部门要坚持审慎监管，不能随意挥舞反垄断的大棒，只为了反垄断而否定一切垄断行为，而是要关注市场进入的难易程度、消费者的福利水平，要对那些阻碍市场进入、危害消费者福利的行为进行监管与制裁，以保持市场的可竞争性。

第三，坚持制度创新，落实第四方治理。如前所述，数字创意产业已呈现平台化发展趋势，这些平台普遍地都是多边市场，不仅涉及多方行动者，而且面临诸多不同且冲突的价值诉求——如结果价值层面的商业价值与公共价值、程序价值层面的集权与民主等，这些冲突需要相关制度予以权衡。按照现行民法的规定，上述平台属于营利法人，可是它们实质上也承担了不少非营利法人甚至特别法人的公共职责，现有营利法人之相关法律显然无法就此提供相应的制度约束，显然，我们也无法变更其营利法人的基本定位。基于此，我们要坚持制度创新，“将大型平台称为第四方法人，并将其所具备的、传统企业所没有的各项（准）公权力统称为第四方治理”①。

第四，加强数字经济统计，夯实决策的数据支撑。现有数字经济所涉

① 李广乾，陶涛．电子商务平台生态化与平台治理政策［J］．管理世界，2018（6）：104-109.

及数字治理的基础是数据财产化：个体用户拥有数字财产的自决权，但由于网络可信性要求，消费者必须让渡数据才能获得使用；各类企业按照适度性原则收集数据，拥有其所有权与经营权，并构成其核心竞争力。但是，上述数据资产以及企业经营行为的数据信息都无法与政府共享，导致数据漏统与信息孤岛等现象的出现。为此，有必要完善相关法律基础，强调数据的公共属性，通过联网直报等方式，实现政府、企业之间数据的互联、共享，从而夯实相关决策的数据支撑。

第八章　元宇宙的崛起与数字文化产业的未来

关于数字文化产业未来的预测，令笔者想起马克思关于共产主义的伟大设想："在共产主义社会高级阶段，在迫使个人奴隶般地服从分工的情形已经消失，从而脑力劳动和体力劳动的对立也随之消失之后；在劳动已经不仅仅是谋生的手段，而且本身成了生活的第一需要之后；在随着个人的全面发展，他们的生产力也增长起来，而集体财富的一切源泉都充分涌流之后——只有在那个时候，才能完全超出资产阶级权力的狭隘眼界，社会才能在自己的旗帜上写上：各尽所能，按需分配！"① 在马克思看来，随着物质的极大丰富，人类将自由地从事各项活动，而元宇宙显然是物质尚未极大丰富的情况下人类借助技术条件实现自由的重要前提，这种前提不仅具有艺术学的价值，而且是人类社会未来发展的哲学命题。本章我们将在元宇宙背景下思考数字文化产业的未来。

第一节　元宇宙的概念及其特征

一、元宇宙的概念

德国哲学家莱布尼兹曾经在用可能世界描述了上帝缔造世界的场景后指出："由此推知，上帝是绝对完美的。这完美并非其他，而只是精确意

① 马克思．哥达纲领批判．马克思恩格斯文集：第三卷［M］．北京：人民出版社，2009：435-436.

义上的实在现实（positive realitat）之伟大——这是由于人们在有限的事物上消除了限制或樊篱。凡是没有樊篱的所在，那在上帝身上，完美性便是绝对无限的。”① 莱布尼茨从唯心主义的立场出发，认为上帝在创造世界时有无数个方案，而现实的世界就是那个最好的方案。当然，这也意味着人类生存于无数个可能世界，人类曾经通过文学塑造过不同的可能世界，元宇宙就是一个可能世界，不过这个可能世界通过各种技术手段已经变成一个真实的世界。

元宇宙的英文表述为 Metaverse，其中 meta 有超越之意，即一个具有超越性的版本，哲学家赵汀阳认为这种超越性不是根本之意，而是有另外的含意，即元宇宙是人类真实世界之外的一个世界。元宇宙这个概念来自1992 年的科幻小说《雪崩》，斯蒂芬森（Stephenson）在该小说中描述了一个超现实主义的数字空间——元宇宙，人们可以通过化身在数字空间相互交往，度过闲暇时光，是一个“超越”现实世界的更酷的宇宙。当然，这是文学家的想象，想象一个比现实世界更酷、更超越的世界。我们这里所理解的元宇宙并不强调这种超越性，而是强调“另一个”可能的世界。就此而言，目前已涌现的科技企业显然是我们解读的主要对象，这里仅以元宇宙概念股 Roblox 为例。

在 Roblox 上市公告书中，它们首次概括了元宇宙的概念，即“用来描述虚拟宇宙中持续的、共享的、3D 虚拟空间的概念。元宇宙的想法已经被未来学家和科幻小说作家叙说了 30 多年。随着越来越强大的计算设备、云计算和高带宽互联网连接的出现，元宇宙的概念正在实现”②。作为元宇宙的新物种，Roblox 展现了元宇宙概念的基本要素（见图 8-1），“身份：所有用户都以化身的形式拥有独特的身份，使之能够以任何想成为的人或任何人的身份表达自己；朋友：用户与朋友互动，其中有些是他们在现实世界中认识的，而有些则是在 Roblox 上认识的；沉浸感：Roblox 上的体验使用 3D 技术，效果让人身临其境，它与现实世界没有区别；任何地方：Roblox 上的用户、开发人员和创作者来自世界各地；低摩擦：在 Roblox 上

① 莱布尼茨．神义论［M］．朱雁冰，译．上海：生活·读书·新知三联书店出版社，2007：488-489.

② REGISTRATION STATEMENT ON FORM S-1［EB/OL］．［2022-05-08］．https：//www.sec.gov/Archives/edgar/data/1315098/000119312520298230/d87104ds1.htm.

设置账户很简单，用户可以免费在平台上享受体验；内容多样：Roblox 有庞大且不断扩展的开发者和创作者构建的内容世界；经济：Roblox 拥有建立在自有货币之上的充满活力的经济；文明：Roblox 平台也缔造自己的文明体系，集成了多个系统，以促进文明并确保我们用户的安全”①。其实，业界常常误以为 Roblox 就是游戏，那就大错特错了，其实它是一个以虚拟现实的工具（如应用云计算、高带宽等方式）塑造的可能的虚拟世界：“我们的使命是建立人类共同体验平台，使数十亿用户之间共享体验。”我们甚至可以现实世界与虚拟世界为界，划分出这两个世界的关系，见图 8-1。

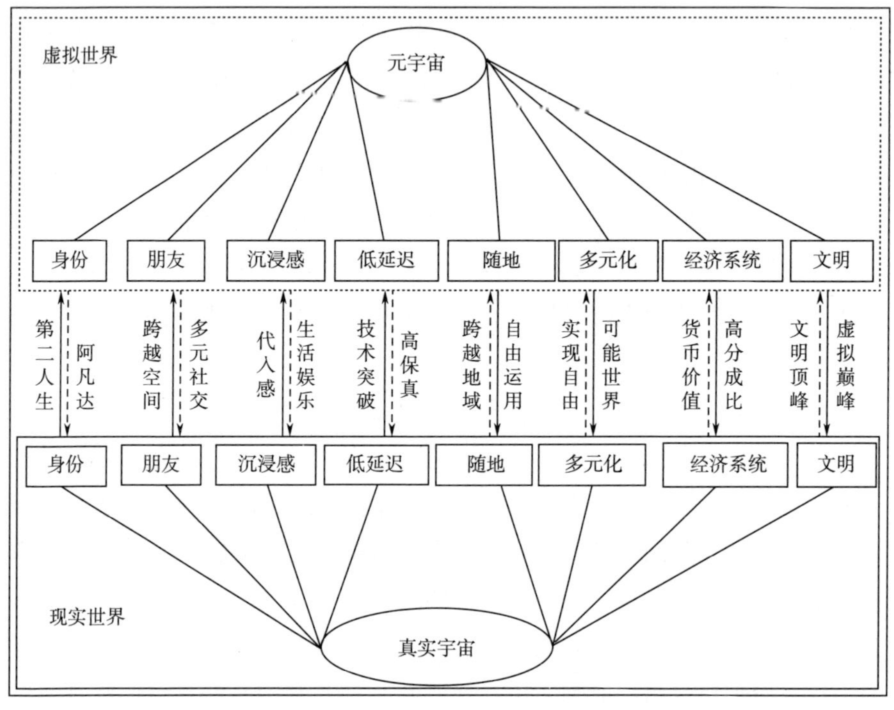

图 8-1　Roblox 元宇宙与真实世界关系图

资料来源：REGISTRATION STATEMENT ON FORM S-1［EB/OL］.［2022-05-08］. https：//www. sec. gov/Archives/edgar/data/1315098/000119312520298230/d87104ds1. htm.

① REGISTRATION STATEMENT ON FORM S - 1 ［EB/OL］. ［2022 - 05 - 08］. https：//www. sec. gov/Archives/edgar/data/1315098/000119312520298230/d87104ds1. htm.

二、元宇宙的特征

由此可见，元宇宙其实是一种真实宇宙的虚拟世界，只是由于现代数字技术进步，人类可以进入超越空间与时间的虚拟世界。据 Roblox 的上市报告称，其 54%的用户未满 13 岁，他们能够利用 Roblox 提供的游戏工具箱自由设计游戏软件，自行与朋友交流。当然，如果他们的游戏有收益，也可以通过 Robux 货币系统回收收益。这让我们想到马斯洛学说中自我满足的层次性，这种自由创造显然是最高层次的自我需求。当虚拟世界能够满足这种高层次的需求时，它自然成为人类的理想世界。由此，我们可以概括元宇宙作为另外一个世界的几点特征：数字身份与现实身份融合、数字世界与实物世界融合、数字生活与社交生活融合、数字资产与实物资产融合等（见图 8-2），以下我们分别予以叙述。

图 8-2 元宇宙经济体系示意图

资料来源：笔者整理。

（一）数字身份与现实身份融合

正如莎士比亚所言，“世界是个大舞台”，我们每个人在电脑或者手机屏幕这个“舞台”上都是表演者，在游戏中我们扮演不同的角色，在微信群体中我们有着不同的身份……显而易见的是，窗口是一个最为贴切的隐喻，它表明人类在不同场景下扮演着不同的身份。这就意味着与传统语境不同，我们不再拥有一个真实的社会身份，而是谋划与操持着不同的身份，正是这些身份构建了一个灵活、多样的去中心化的自我[①]。与此同时，不同于以往的屏幕技术，如镜子或照相技术等，现今的自我技术，如电脑、手机乃至 VR 等虚拟技术，能够让我们身处其中，即使我们不仅呈现于屏幕之上（on the screen），而且生存于屏幕之中（in the screen），它塑造了一个技术自我或呈现于屏幕之中的数字化自我。

（二）数字世界与实物世界融合

我们知道，随着数字技术特别是 VR 虚拟技术与 5G 网络的普及，数字世界与实物世界越来越融合，从技术层面来说，这就是技术所造就的沉浸感。所谓沉浸感是指当参与者置身虚拟环境之中时，其感觉系统与真实环境一致，以协同方式处理虚拟世界的视觉和其他感知数据。这显然是各种技术综合运用的结果，其中包括图形图像技术、人工智能、网络传输技术等。就 Roblox 所创造的虚拟世界而言，个体参与其中会缔造出心流体验[②]，从而获得最大化的沉浸感：其一，游戏者有着清晰的目标，他们会集中精力实现游戏目标，而不会陷入忧虑、恐惧和无聊等情绪之中；其二，游戏者有着即时反馈，以保证游戏没有偏离轨道，因而他们始终保持在亢奋状态之中；其三，游戏者挑战的难度与能力匹配，不会因为没有难度而陷入无聊，也不会因为超出能力而变得焦虑。

（三）数字生活与社交生活融合

正如 Roblox 在上市公告书中引用一个 14 岁美国男孩的话，“Roblox 最大的好处是，让我与全球范围内的朋友们轻松交流”。其实，按照索伊的 IT 融合观点，如今游戏网站和社交技术之间已超越连接、沉浸阶段而进入高度融合阶段，我们已经不能将游戏与社交运算元素分开[③]。因此，在这个阶段，如果游戏等平台仍然将社交技术仅仅视为某种技术工具，而不是从战略高度将其融入内容业务之中，就很难造就成功的商业模式，这不论对理论界还是实业界而言，都值得深思，而这也将是文化产业研究的一个

---

① William D，Taylor Suzanne，et al. The second self：Computers and the human spirit ［M］. Cambridge：The MIT Press，1985：14-15.

② 契克森米哈赖．心流：最优体验心理学［M］. 张定绮，译．北京：中信出版社，2017.

③ El Sawy O A. The 3 Faces of Information Systems Identity：Connection，Immersion and Fusion ［J］. Communications of the AIS，2003（12）：588-598.

富矿。我们都有着类似的体验，每当面对满屏的弹幕时，很怀疑自己是在看电影，还是在就电影内容与他人进行社交互动。甚至当我们打开屏幕，如果发现没有任何弹幕时，常常会有些沮丧地关上它，转而寻找其他的内容。质言之，如今的数字生活与社交生活已高度融合，或者说数字生活已成为社交生活的一个不可或缺的部分。

（四）数字资产与物质资产融合

在虚拟世界中，所有资产都是数字的，这些数字资产如何通过货币化变现就是一个难题。对于 Roblox 而言，它自创的 Robux 就是系统内部的货币系统，为开发者和创作者社区提供构建、发布、运营和货币化内容，以便开发者和创作者通过 Robux 创收。一方面，Robux 为参与者提供增强体验，这包括两种购买方式，即一次性购买或通过 Roblox Premium 购买按月计费的订阅服务。另一方面，Robux 为开发者和创作者提供了 4 种货币化盈利方式，包括出售或增强他们的经验，基于参与度奖励开发者，开发者之间内容或工具的销售收入，以及通过 Avatar Marketplace 向用户出售物品等。截至 2020 年 9 月 30 日，这 9 个月开发者和创作者的收入为 2.092 亿美元，高于截至 2019 年 9 月 30 日的 9 个月中的 7 220 万美元。当然，随着区块链技术的兴起，NFT（non-fungible token，指非同质化代币）具有独一无二、不可分割的特点，其利用区块链技术发行，具有权属清晰、数量透明、转让留痕等特征，自 2021 年 NFT 火爆于市场以来，给数字资产的货币化变现提供了重要推动力。

第二节　元宇宙解放数字文化生产力

元宇宙经济的快速发展，显然构成了数字文化产业发展的重要引擎，将带领数字文化产业产生革命性变化。特别是自 2021 年 11 月 28 日美国 Facebook 公司正式更名 Mate（元宇宙）以来，数字文化产业从数字社交领域向元宇宙经济场景迈进，从而迎来空前爆发。被誉为“数字经济之父”的唐·塔普斯科特（Don Tapscott）曾经以音乐艺术为例描述元宇宙崛起对文化产业的解放与影响：“基于区块链平台和智能合约的结合，加上艺术社区在交易谈判、隐私、安全性、尊重权利和公平交换价值等问题上的包容性、正直性和透明性等标准，可以让艺术家和他们的协作者共同建造一个新型的音乐生态系统。”① 在唐·塔普斯科特看来，这种生态系统具有九大特征，包括价值范本、包容性版税、透明账本、微量计费、数据管理、动态定价以及声誉度系统等，这里我们择其要点加以说明。

一、价值范本

在元宇宙经济体系下，文化产业将建立起新型的价值范本，其中艺术家与企业家将成为平等合作的伙伴，在整个价值体系中将拥有更多的话语权。正如陶斯所言，20 世纪的音乐行业越来越集中于三大巨头——索尼/ATV、环球和华纳，它们几乎控制着产业链的每个环节②。因此，这些垄断巨头与音乐家之间并不存在对等关系，后者往往掌握不了收益与控制权，双方签署的条款涉及不少隐秘条款，特别是后者的收益权始终得不到保障。当然，这种现象并不只存在于音乐产业，在图书出版、戏剧等领域也大都存在这种现象。但是，这些都是推动型的商业模式，由企业预测市场，然后设计标准流程并签署各种合约，以保证各类资源各就其位。随着元宇宙的出现，推动力变成了拉动力，“在数字化时代，随着社交网络站点、强大的搜索引擎以及其他类似的工具持续地发挥民主化影响力，拉动的力量将会成为成功的主要原则”③。由于市场运作是通过消费者的拉动力而非企业的推动力，所以消费者可以在元宇宙中直接接触各类资源，其多元化趋势会逐渐增强，当然其收益权也就随之不断增加。其实，这一点也不难理解。例如，在美国上市的虎牙直播就是这种模式，消费者在虚拟空间中“拉动”主播资源，然后以打赏方式给予激励，因此消费者是更为重要的“拉动力”，而主播在与消费者的互动中也站在台前，更加具有自主性。

---

① 唐·塔普斯科特，亚力克斯·塔普斯科特．区块链革命：比特币底层技术如何改变货币、商业和世界［M］. 凯尔，孙铭，周沁园，译．北京：中信出版社，2016：312.

② Towse R. Economics of music publishing：copyright and the market［J］. Journal of Cultural Economics，2017，41（4）：403-420.

③ 哈格尔三世．拉动力：变推动力为拉动、解放个人与企业潜力的全新商业模式［M］. 刘国红，译．北京：中信出版社，2013：14-15.

二、透明账本

我们知道，现代会计制度肇始于15世纪的欧洲，其复式记账法不仅提升了效率，而且给资本主义带来了共同信守的道德准则。例如，当时美第奇家族就“通过在付款人的银行账户上记‘借’，而在收款人的账户上记‘贷’这样的复式记账方法，使银行家可以在没有运输实物钱币的情况下就能实现资金的转移”①。但是，雷曼兄弟的破产让人们质疑这种信用体系，人们开始尝试新的、更加透明的账本，这就是基于数字技术的“三式记账法”（triple-entry accounting）②。格里格（Grigg）对此解释道，用户各方维持各自的复式记账账本，但是这些账本都将嵌入时间戳，即由密码写成的收条以便共同访问。唐·塔普斯科特将其描述为世界账本，其说法更为形象：“他们可以轻松加上第三个输入项，并且让需要进行检查的人——包括公司股东、审计人员和监管者即时访问账本。可以设想一下，当一家像苹果公司这样的大型企业要出售产品、采购原材料、支付员工薪资，或者在资产负债表上记录资产及债务情况时，世界账本会记录该交易并在区块链上发布一个时间戳凭证。这样公司的财务报表将变成一种活化的分类账本，具有可审计性、可搜索性以及可验证性”③。在我们看来，“三式记账法”所建立的就是一个透明账本：其一，这个账本存放于区块链之上，是以密码形式写成的时间戳凭证，可以多方共享，因而被《经济学人》称为信任的机器④；其二，这个账本以区块链形式首尾相连，每个节点每隔一段时间就一起记账、确认信息，从而形成一个透明共享的总账本。例如，音乐行业就有类似的先行案例，Peertracks是一个音乐流媒体服务及销售平台，它通过区块链将创作者、音乐人和乐迷联系起来，由于区块链可以添加智能合同，并且所有账本都是透明的，因此音乐人可以基于

---

① 唐·塔普斯科特，亚力克斯·塔普斯科特．区块链革命：比特币底层技术如何改变货币、商业和世界［M］．凯尔，孙铭，周沁园，译．北京：中信出版社，2016：127.

② Grigg I. Triple Entry Accounting ［EB/OL］．［2023-06-28］. http：//iang. org/papers/triple. entry. html.

③ 唐·塔普斯科特，亚力克斯·塔普斯科特．区块链革命：比特币底层技术如何改变货币、商业和世界［M］．凯尔，孙铭，周沁园，译．北京：中信出版社，2016：127.

④ The Trust Machine：the Technology Behind Bitcoin Could Transform How the Economy Works［J］. The Economist，2015（03）：38-42.

透明账本划分收入，其最高收入可达95%。

三、数据管理

对于元宇宙场景中的数字文化产业而言，其根本的属性就是“信息产品”或者“数据经济”：“它们本质上是由象征性内容组成的，这些内容能够刺激玩家的思维，让其获得独特的经历或沉浸体验”①。由于元宇宙的到来，数字文化产业的核心要素不仅“包括了歌词、作曲和录音，上面附带了所有的元数据、唱片封套说明、插图和照片、单曲、作曲家和演出家愿意授权的权利、授权的条款、联系信息等，这样信息不完整的版权数据库就会成为历史了”，而且所有这些数据都将作为元数据存放在数字账本上，以便任何人查看与应用②。由于掌握了大量的数据，这就为数据管理奠定了良好的基础，特别体现在数据分析与数据版权管理两个方面。

首先，由于元宇宙提供了大量的数据，就连艺术家也掌握了消费者的大量数据，这给产品研发设计提供了大量的机会。正如唐·塔普斯科特引用的对希普的访谈：“很多在以前丢失了的数据，如你的拥护者在哪里、他们年纪多大及他们的兴趣是什么等，通过这些信息，我们可以对巡回演出进行量身定制，可以与我们有共鸣的品牌和组织连接起来，或者推广我们喜欢及支持的艺术家、产品或慈善组织。我并不是在说像姓名、电子邮箱地址这类信息，而是一些范围更小但很有用的信息。我们可以将这些数据与其他乐队的数据参考对照，这样支持者和艺术家们就可以将这些信息用于很多有趣的事情上了”③。

其次，由于版权产品本身就是数据，那么版权产品的管理与分发将获得极大的便利。例如，我们可以部署智能合约，让版权产品的授权、经销、收益等皆通过智能合约来完成，这既增加了合约达成的便利性，也提升了艺术品利益的最大化。例如，PeerTracks为每个艺术家上传的艺术作品都赋予了智能合约，而该智能合约会智能地授权与分发产品，并根据合

---

① 露丝·陶斯，特里尔赛·纳弗雷特．文化经济学手册［M］.3版．周正兵，译．北京：首都经济贸易大学出版社，2022：361-366.

② 唐·塔普斯科特，亚力克斯·塔普斯科特．区块链革命：比特币底层技术如何改变货币、商业和世界［M］.凯尔，孙铭，周沁园，译．北京：中信出版社，2016：275-276.

③ 唐·塔普斯科特，亚力克斯·塔普斯科特．区块链革命：比特币底层技术如何改变货币、商业和世界［M］.凯尔，孙铭，周沁园，译．北京：中信出版社，2016：276.

约进行收入分配。

四、小结

对于元宇宙给数字文化产业之未来所缔造的崭新世界，唐·塔普斯科特有着很好的总结："这些故事能让你感受到一种未来——为每一个人带来繁荣，而不只是给富人和强权者带来更多的金钱和权力；你甚至能感受到一个我们能拥有自己的数据并保护隐私权和个人安全的世界；那是一个开放的世界，每一个人都可以为我们的技术基础设施贡献力量，而不是由被围墙包围起来的大公司给我们提供私有的应用程序；那是一个当前数十亿被排除在主流经济秩序之外的人群能够参与全球经济并分享其成果的世界。"① 2021 年，作为一家世界顶级的互联网企业，Facebook 改名为 Meta，标志着它开始转型成为元宇宙企业。这似乎是实现唐·塔普斯科特所描述的崭新世界的一个大胆尝试，的确值得期待，即便其建设周期需要 10 年甚至更长的时间。

① 唐·塔普斯科特，亚力克斯·塔普斯科特．区块链革命：比特币底层技术如何改变货币、商业和世界［M］.凯尔，孙铭，周沁园，译．北京：中信出版社，2016：61.

参考文献

[1] PEACOCK A. Paying the piper: culture, music and money [M]. Edinburgh: Edinburgh University Press, 1992.

[2] ALEX BURNS. Blogs, wikipedia, second life, and beyond: from production to produsage [M]. New York: Peter Lang, 2008.

[3] CASTELLS M. The rise of the network society [M]. Oxford: Blackwell, 1996.

[4] CAVES R. Creative industries: contracts between art and commerce [M]. Cambridge: Harard Unirersity Press, 2000.

[5] CHRISTIAN FUCHS. Digital labour and karl marx [M]. London: Routledge, 2014.

[6] CHRISTIAN FUCHS. Social media: A critical introduction [M]. London: Sage, 2014.

[7] CLAUDIO CELIS BUENO. The attention economy: labour, time and power in cognitive capitalism [M]. Rowman & Littlefield International, 2016.

[8] CSIKSZENTMIHALYI M. Flow: The psychology of optimal experience [M]. New York: Harper Perennial, 1990.

[9] FLORIDA R. The rise ofthe creative class [M]. New York: Basic Books, 2002.

[10] FUCHS, CHRISTIAN. Digital labour and larl marx [M]. New York: Routledge, 2014.

[11] GINSBURGH VA, THROSBY C. Handbook of the economics of art and culture [M]. North-Holland: Amsterdam, 2006.

[12] GREGORY SPORTON. Digital creativity: something from nothing [M].

Palgrave MacMillan, 2015.

[13] RUTH TOWSE, TRILCE NAVARRETE HERNÁNDEZ. Handbook of cultural economics [M]. 3ed. Edition. Cheltenham, UK: Edward Elgar Publishing, 2020.

[14] HENNING-THURAU, THORSTEN, MARK B HOUSTON. Entert-ainment science: data analytics and practical theory for movies, games, books, and music [M]. Berlin Springer, 2018.

[15] HESMONDHALGH D. The cultural industries [M]. 2nd Edition. London: Sage, 2007.

[16] HESMONDHALGH D, TOYNBEE J. The media and social theory [M]. London: Routledge, 2008.

[17] HOWKINS J. The creative economy [M]. London: Allen Lane, 2001.

[18] International federation of the phonographic industry. Music piracy report 2000 [M]. London: IFPI, 2000.

[19] JOEL WALDFOGEL. Digital renaissance: what data and economics Tell Us about the future of popular culture [M]. New Jersey: Princeton University, 2018.

[20] JOHN HARTLEY, WEN WEN, HENRY SILING LI. Creative economy and culture: challenges, changes and futures for creative industries [M]. London: Sage Publications, 2015.

[21] JOS É VAN DIJCK, THOMAS POELL, MARTIJN DE WAAL. The platform society: public values in a connective world [M]. Oxford: Oxford University Press, 2018.

[22] JOS É VAN DIJCK. The culture of connectivity: A critical history of social media [M]. Oxford: Oxford University Press, 2013.

[23] KIM A J. Community building on the web [M]. Berkeley, CA: Peachpit Press, 2000.

[24] LANDRY C, BIANCHINI F. The creative city [M]. London: Demos, 1995.

[25] LAURIA M, SLOTTERBACK C S. Learning from arnstein's ladder: from citizen participation to public engagement [M]. New York: Routledge, 2020.

[26] LI C, BERNOFF J. Groundswell: winning in a world transformed by social technologies [M]. Boston, MA: Harvard Business Review, 2008.

[27] LUSCH R F, VARGO S L. Service - dominant logic: Premises, perspectives, possibilities [M]. Cambridge: Cambridge University Press, 2014.

[28] MOSCO V. The political economy of communication [M]. Los Angeles: Sage Publication, 1996.

[29] RANDALL COLLINS. Interaction ritual chains [M]. New Jersey: Princeton University Press, 2005.

[30] RICHARD A LANHAM. The economics of attention: style and substance in the age of information [M]. Chicago: University of Chicago Press, 2006.

[31] RUTH TOWSE, CHRISTIAN HANDKE. Handbook on the digital creative economy [M]. Cheltenham, UK: Edward Elgar Publishing, 2013.

[32] RUTH TOWSE. A handbook of cultural economics [M]. Cheltenham, UK: Edward Elgar Publishing, 2003.

[33] TRINE BILLE, ANNA MIGNOSA, RUTH TOWSE. Teaching cultural economics [M]. Cheltenham, UK: Edward Elgar Publishing, 2020.

[34] WALDFOGEL, JOEL. Digital renaissance: what data and economics tell us about the future of popular culture [M]. New Jersey: Princeton University Press, 2018.

[35] WHITE, HARRISON. Market from networks: socioeconomic models of production [M]. New Jersey: Princeton University Press, 1981.

[36] WILLIAM D, TAYLOR SUZANNE, et al. The second self: computers and the human spirit [M]. Cambridge: The MIT Press, 1985.

[37]托夫勒. 财富的革命 [M]. 吴文忠，等译. 北京：中信出版社出版，2006.

[38]托夫勒. 第三次浪潮 [M]. 朱志焱，潘琪，张焱，译. 北京：三联出版社，1983.

[39]布劳. 社会生活中的交换与权力 [M]. 李国武，译. 北京：商务印书馆，2008：165-175.

[40]安德森. 看板：科技企业渐进变革成功之道 [M]. 章显洲，路宁，译. 上海：华中科技大学出版社，2014.

[41]柯克帕特里克. facebook 效应［M］. 沈路，梁军，崔筝，等译. 北京：华文出版社，2010.

[42]诺斯. 经济史中的结构与变迁［M］. 陈昕，陈郁，译. 上海：生活·读书·新知三联书店出版社，1991.

[43]希尔斯. 意愿经济：大数据重构消费者主权［M］. 李晓玉，高美，译. 北京：电子工业出版社，2016.

[44]卡西尔. 人论［M］. 甘阳，译. 上海：上海译文出版社，2004.

[45]戈夫曼. 日常生活中的自我呈现［M］. 黄爱华，冯钢，译. 杭州：浙江人民出版社，1989.

[46]贝克尔. 人类行为的经济学分析［M］. 王业宇，陈琪，译. 上海：上海人民出版社，1995：165.

[47]波兰尼. 大转型：我们时代的政治与经济起源［M］. 冯钢，刘阳，译. 杭州：浙江人民出版社，2007.

[48]库恩. 科学革命的结构［M］. 金吾伦，胡新和，译. 北京：北京大学出版社，2003.

[49]罗宾斯. 经济科学的性质和意义［M］. 朱泱，译. 北京：商务印书馆，2000.

[50]莱布尼茨. 神义论［M］. 朱雁冰，译. 上海：生活·读书·新知三联书店出版社，2007.

[51]莱斯格. 代码 2.0：网络空间中的法律［M］. 李旭，沈伟伟，译. 北京：清华大学出版社，2009.

[52]李泽厚. 美的历程［M］. 合肥：安徽文艺出版社，1994.

[53]凯夫斯. 创意产业经济学［M］. 孙绯，等译. 北京：新华出版社，2004.

[54]布劳格. 经济理论的回顾［M］. 姚开建，译校. 北京：人民大学出版社，2009.

[55]莫斯. 论馈赠：传统社会的交换形式及其功能［M］. 卢汇，译. 北京：中央民族大学出版社，2002.

[56]马歇尔. 经济学原理［M］. 宁琦，译. 长沙：湖南文艺出版社，2012.

[57]萨林斯. 石器时代经济学［M］. 上海：生活·读书·新知三联书

店，2009.

[58]波特. 竞争优势［M］. 陈小悦，译. 北京：华夏出版社，1997.

[59]米德. 心灵自我与社会［M］. 霍桂恒，译. 北京：华夏出版社，1999.

[60]契克森米哈赖. 心流：最优体验心理学［M］. 张定绮，译. 北京：中信出版社，2017.

[61]潘云鹤,丁文华，孙守迁，等. 数字创意产业发展重大行动计划研究［M］. 北京：科学出版社，2019.

[62]色诺芬. 经济论［M］. 张伯健，陆大年，译. 北京：商务印书馆，1961.

[63]邵燕君. 网络时代的文学引渡［M］. 桂林：广西师范大学出版社，2015.

[64]塔普斯科特,威廉姆斯. 维基经济学：大协作如何改变一切［M］. 何帆，林季红，译. 北京：中国青年出版社，2007.

[65]唐·塔普斯科特,亚力克斯·塔普斯科特. 区块链革命：比特币底层技术如何改变货币、商业和世界［M］. 凯尔，孙铭，周沁园，译. 北京：中信出版社，2016.

[66]西托夫斯基,无快乐的经济：人类获得满足的心理学［M］. 高永平，译. 北京：中国人民大学出版社，2008.

[67]勒维斯. 非摩擦经济：网络时代的经济模式［M］. 卞正东，王宇，王志娟，等译. 南京：江苏人民出版社，2000.

[68]本雅明. 机械复制时代的艺术作品［M］. 王才勇，译. 北京：中国城市出版社，2001.

[69]吴晓波. 腾讯传（1998—2016）：中国互联网公司进化论［M］. 杭州：浙江大学出版社，2017.

[70]祖博夫. 监控资本主义时代［M］. 温泽元，译. 台北：时报文化企业出版有限公司，2020.

[71]斯密. 国民财富的性质和原因的研究［M］. 郭大力，王亚南，译. 北京：商务印书馆，1997.

[72]哈格尔三世,布朗，戴维森. 拉动力：变推动为拉动、解放个人与企业潜力的全新商业模式［M］. 刘国红，译. 北京；中信出版社，2013.

[73]凯恩斯. 预言与劝说［M］. 赵波，包晓闻，译. 南京：江苏人民出版社，2000.

[74]派恩,吉尔摩. 体验经济［M］. 夏业良，等译. 北京：机械工业出版社，2002.

[75]周正兵. 文化产业导论［M］. 2 版. 北京：经济科学出版社，2014.

[76]周正兵. 文化经济学经典导读［M］. 北京：首都经贸大学出版社，2020.

后　记

1994年，中国首次接入互联网；2022年，国家制定文化数字化发展战略。在不到30年的时间内，文化产业与数字技术高度融合，出现了不少新现象与新模式：一方面，传统文化产业转型升级，涌现出新的产业形态，如电子书、网络音乐、网络直播等，其生产者从传统的专业人士变换为普罗大众；另一方面，新的商业模式推陈出新，数字平台成为控制行业生态的引领者，BAT不仅成为商业帝国，更成为中国人“存在”的“家”。

与此同时，笔者最近几年指导或评阅的各个层次的学位论文都表明，学生们对于新兴的数字文化产业确实“兴趣倍增”，作为老师常常被拖入数字化的潮流之中，尚未有过主动性的思考和研究。因为笔者深知这是一个未成型因而也是高风险的研究领域，我们很难对尚在变化中的对象做什么研究。但是，如果不是局限于数字文化产业领域，我们会发现数字经济领域已有不少的理论贡献，从信息产品的公共产品属性、数字平台的网络效应，到数字劳动力的虚拟属性，以及数字消费的拉动效应等，都为数字文化产业解释提供了重要工具。而且包括陶斯教授在内的西方学者已经出版了《数字创意经济学手册》(2013)，为这个领域提供了结构性的认知框架，这让笔者有底气结合中国语境做些尝试。

自2010年以来，笔者就连续发表文章以及工作论文，试图解释我国数字文化产业所出现的新现象与新模式。先是解释实体书店为什么倒闭，国内学术界（包括本人）常常归因于房租、劳动力成本与价格战这三座大山，其实数字技术通过“去媒化”所引发的价格战才是其真实原因。其后，笔者尝试运用平台经济学原理解释腾讯音乐平台，它基于免费增值模式，吸引关键数量消费者同时培育消费意愿，奠定商业性基础设施，同时通过商业模式创新，充分发掘消费者的支付意愿，实现各类资源价值的货币化变现。以上诸多尝试让笔者觉得有必要将其汇总起来，按照现有结构框架为数字文化产业提供必要的分析工具，而不是就未来的方向提供主观的“占卜”。

诚如马克·布劳格在1976年主编《艺术经济学文集》时所言：“对于文化经济学研究而言，尚缺乏足够的资源来写一部教材，也许就目前阶段而言出版一本论文集是恰当的，也是有益的。”面对如此崭新的学科，我们还缺乏材料编写规范的教材，只能编撰类似导论的文集，提供这个领域核心问题的分析框架。就当前发展阶段而言，这是必要的且务实的，它能够为我们解读数字文化产业提供必要的分析工具。

最后，依然要特别感谢笔者所教过的学生们，他们对数字文化产业浓厚的兴趣以及对于新兴知识的无限渴求，让本人不敢懈怠，这也是这本导论出版的重要初衷。